中学校職員室の建築計画

教員の教育活動を支える学校・校舎

藤原直子［著］

九州大学出版会

目　次

序　章 1
　1. 研究の背景 3
　2. 教員空間の定義 5
　3. 研究の目的 5
　4. 研究の方法 6

第1章　わが国の学校における職員室の史的考察 11
　1.1　はじめに 13
　1.2　職員室の成立とその機能 13
　　1.2.1　教員の呼称 14
　　1.2.2　学級担任の誕生 14
　　1.2.3　校長の誕生と学校運営 15
　　1.2.4　教員空間の名称および設置状況の変化 16
　　　（1）学制から明治20年代前半まで 16
　　　（2）明治20年代後半以降 17
　1.3　職員室の定型化 20
　　1.3.1　法令からみた職員室 20
　　1.3.2　教員空間の改変事例 20
　1.4　小　結 25

第2章　職員室の計画学 33
　2.1　はじめに 35
　2.2　新制中学校の教育 35
　2.3　教科教室型運営と分離型職員室の提案 36
　　2.3.1　（1）終戦後から昭和40年代半ばまで 36
　　2.3.2　（2）昭和40年代半ばから昭和50年代後半まで 42
　　2.3.3　（3）昭和50年代後半以降 45
　2.4　小　結 60

第3章　教員空間の改変からみた中学校職員室　　69

3.1　はじめに　　71
3.2　教員空間の改変と運営方式の変更の過程　　71
　3.2.1　調査対象校と分析方法　　71
　3.2.2　教員空間の改変の時期と運営方式の変更の時期　　72
　3.2.3　教員空間の改変の実際とその過程　　73
　　（1）A中学校　　73
　　（2）B中学校　　75
　　（3）F中学校　　76
　　（4）G中学校　　78
　　（5）J中学校　　84
3.3　教員空間の改変と運営方式の変更の要因　　88
　3.3.1　教科指導と教科経営　　88
　3.3.2　生徒指導　　90
　　（1）教室移動と学級経営　　90
　　（2）学年経営　　92
　3.3.3　校務分掌と学校経営　　93
　3.3.4　考察　　94
3.4　小結　　98

第4章　教員の行動特性からみた中学校職員室　　109

4.1　はじめに　　111
4.2　教員の執務と生活　　111
4.3　教員の一日行動　　113
　4.3.1　調査対象と調査概要　　113
　4.3.2　教員の一日行動記録　　116
4.4　中学校教員の10分休み時間の行動　　123
　4.4.1　移動距離　　123
　4.4.2　行為の種類と行為数　　123
　4.4.3　教員空間の使用状況　　126
　4.4.4　10分休み時間に対する教員の意識　　127
　4.4.5　10分休み時間における生徒指導問題の対処　　128
4.5　統合型職員室の使われ方とその評価　　130
4.6　分離型職員室の使われ方とその評価　　134
　4.6.1　M中学校の職員室　　134
　4.6.2　K中学校の職員室　　136

4.6.3　分離型職員室の問題点――教員の移動距離―― ……………………… *136*
　4.7　教員休憩室 ……………………………………………………………………… *145*
　4.8　小　　結 ………………………………………………………………………… *147*

第5章　教科教室型運営における統合型職員室のケーススタディ …… *151*

　5.1　はじめに ………………………………………………………………………… *153*
　5.2　調査対象と調査概要 …………………………………………………………… *153*
　　5.2.1　O中学校 ………………………………………………………………… *154*
　　5.2.2　P中学校 ………………………………………………………………… *161*
　5.3　教科教室型運営と教員空間 …………………………………………………… *165*
　5.4　小　　結 ………………………………………………………………………… *166*

第6章　終　　章 …………………………………………………………… *171*

　6.1　結　論 …………………………………………………………………………… *173*
　6.2　今後の課題 ……………………………………………………………………… *177*

　謝　　辞 ……………………………………………………………………………… *179*
　後　　記 ……………………………………………………………………………… *181*
　索　　引 ……………………………………………………………………………… *183*

序　章

1. 研究の背景

　明治5年の学制の公布を第一の教育改革，第二次世界大戦後の教育の民主化・自由化・平等化を第二の教育改革，教育の個性化・個別化・国際化を目指した昭和46年の中教審答申以降の一連の改革を第三の教育改革[1]とすれば，平成14年4月の教育改革はその集大成[2]とみることもできる。しかし，総合的学習，絶対評価などカリキュラムや評価方法に関する改革に加え，週5日制，学校選択制や公立学校での中高一貫制の導入などの制度上の改革も包含していることから，第四の教育改革と捉えることもでき，その成果や動向が世界的にも注目を集めていた。

　一方，学校内における生徒の状況については，平成18年9月14日付の毎日新聞朝刊の第1面に'公立小で2000件突破'の見出しで小学生の校内暴力が前年度比6.8％増を示した事実を伝え，そのうち対教師暴力が464件で過去最多の発生数で前年度比38.1％増と報じている。さらに，同記事のデータからは，校内暴力の総数30,283件のうち23,115件と圧倒的に多いのは中学生であることが確認できる。そのような状況のなかで，学校現場では生徒・生活指導の困難性が増していると考えられ，中学生や高校生のいじめや自殺が連日のように報道されるなか，平成18年12月15日，第165回臨時国会において新しい教育基本法が成立し，同年12月22日に公布・施行され，昭和22年以来，わが国の学校教育の根幹となってきた教育基本法が改定された。

　また，教科・学習指導については，いわゆる'ゆとり教育'が学力低下論争を引き起こし，平成14年の実施から5年後の平成19年には学力の向上の方向に舵がきられ，総合的学習の時間の削減や普通教科の授業時数の増加（復活）が盛り込まれた見直しがなされ，平成20年には新しい学習指導要領が発表された。

　評論家小浜逸郎氏が，義務教育機能の縮小を骨子とする著書の中で，「日本の教育の矛盾をいまいちばん肌で感じ，実際に悩み苦しんでいるのは，子ども一般でもその親でもなく，中等教育（中学，高校）の現場の先生である（括弧：原文のまま）」[3]と記し，さらに，教育改革は，教師の苦しみを軽減することを第一義とすべきであると述べている。縮小論の是非は別として，的を射た論述であると考えられる。また，PACT（Professional Actions and Cultures of Teaching：International Studies of Teachers' Work in Changing Contexts）日本チームの研究代表者である藤田英典氏も研究報告書のなかで，「学校五日制の実施，新しい学力観の導入，教育情報の公開，高校の多様化，教育制度の弾力化など，種々の改革が進められている。そうした一連の改革は，日本の学校の在り方，教育の組織と慣行，教師の役割と実践に重要な影響を及ぼしている。しかし，そうした動向とは対照的に，学校教育の中心的な担い手である教師の問題についてはほとんど何も考慮されていない。教師の重要性や教員資質向上の緊急性が言われ，教員養成課程の改訂や教員研修の改善が図られてはいるが，実際に教師がどのような状況のなかで教育活動をしているのか，一連の改革や社会の変化は教師の役割と活動にどのような変化をもたらしているのかといったことは，改革論議でも具体的な施策面でもほとんど考慮されていない。教師のバーンアウトや精神障害や登校拒否の増加が指摘されて久

しいが，ほとんど対策が講じられていない」[4]と述べているように，一般的に，学校における教員の生活の実態はあまりにも知られていない。さらに，マスコミの過敏ともいえる反応[5]は，教員への風当たりを強め，教員の疲弊や苦悩を拡大し，深刻化している。

　平成18年12月21日付の毎日新聞朝刊の'新教育の森(九州・西中国)'欄には，'休職教員が過去最多'の見出しで，2005年度に精神性疾患で休職した小中学校の教員は全国で4,178人と過去最多を記録し，13年連続の増加を示したと記述されている。さらに，同記事の中で，過去に数百人の教員を診察してきたとする丹生聖治医師は，診察に来るのは学年主任などの中堅クラスの教員でその8～9割が過労による自律神経失調症や軽いうつ病で，早急な対策をとらないとフォローする教員に負担がかかり，体調を崩す教員がさらに増えるという悪循環が起きていることを指摘している。

　以上のように，教員を取り巻く現実は極めて厳しいなかで，教師研究は，教育社会学の中では主要な研究分野の一つで多くの研究が蓄積されてきた。それらの研究は，(1)教師の社会的地位，(2)教職論・教師専門職論，(3)教師集団論・教師文化論，(4)教師の職業的社会化，(5)教師の教育行為，(6)教師のライフスタイルに関する研究に大別できるが[6]，とくに(3)では，教員同士の人間関係や行動様式などについて多数の調査や研究がなされ，教師のモラールや規範，同僚性・協調性・自律性についての検討がなされてきた。

　これに対し，教師研究で乏しい部分は，①教師の日常の活動に即して，そこから教師文化の特徴を考察した研究，②組織・集団としての教師をその組織的・集団的コンテクストのなかで考察した研究，③学校・教師を取り巻く環境と教師の教育活動との関係に関する研究，および，①～③を通じて，④教育活動や教師文化の構造・機能・意味についての概念化・理論化に関する研究であるといわれている[7]。そのような状況の中で，教育学でもエスノグラフィ的な研究が注目されてきており，(5)教師の教育行為については，日常的な教師・生徒間の相互作用や実態に関して，フィールドワークやインタビュー調査に基づいて考察した研究が散見される[8]。しかしながら，教員が執務や生活をする職員室についての考察はほとんどなされていない[9]。

　また，教育学と建築学の研究者による近年の共同研究である「学校教育の新たな展開を支えるための学校施設の整備に関する調査研究」[10]においても，イギリスとドイツの職員室の写真が紹介されているが日本の職員室に関する記述はない。なお，これらの写真からは，いずれも，わが国の統合型の職員室とは極めて異なる空間であることが確認される。

　さらに，科学的に優れたエスノグラフィを作成・提示する，つまり研究の信頼性と妥当性を備えるための要件として，先述した藤田英典氏は，記述・分析・解釈の3点をあげるとともに，異文化性の基礎になるのは'行為者の視点'であると述べている[11]。したがって，教員空間の研究には，ユーザーである教員の行為を分析するなど，教員の視点が重要であると考えられる。

2. 教員空間の定義

　中学校の職員室の空間形態は，大きく「統合型職員室」[12] と「分離型職員室」[13] に二分できる。前者は全教員が一室に集合した従来型の集中型の職員室であり，後者は教科教員集団ごとに設置された研究室，教官室，教員室，および，教科研究(研修)センターなどの「教科職員室」と，学年教員集団ごとに設置された「学年職員室」に分けられる。なお，小規模校の計画の中には関連が深い数教科をまとめて教科ブロックを形成し，そのブロックごとに教官室を設ける「系列教科教官室」の事例もある。

　本研究においては，上述した教員の主たる執務空間・生活空間を「職員室」と総称することにする。

　さらに，職員室に加えて，教員用の空間としては校長室，事務室，会議室，応接室，印刷室，用務(員)室などの執務空間，さらに，更衣室，休憩室・ラウンジ，湯沸し室，職員トイレなどの生活空間がある。また，分離型職員室には，一般的に，教頭が常駐する教務室・教務センター，校務室・校務センターなどの教務・会議用スペースが併設される。

　本研究では，職員室を含むこれらの教員用の執務空間，および，生活空間を総称して，「教員空間」と呼称することにする。

3. 研究の目的

　第二次世界大戦後の校舎不足が解消され，その後，建築計画研究においても学校建築を対象とする研究が増加したが，その研究対象の大半が小学校で[14]，しかも教室やオープンスペースなどの生徒用のスペースが大半をしめ，さらに，主たる利用者を児童・生徒とする研究が中心であり，本研究が対象とする中学校の職員室に関する研究は少なく[15]，さらに，教員の行動特性などに視点を置いた研究は極めて少ない[16]。

　ところで，「職員室」は明治初期には，休息の場であった[17]。その後，学校規模の拡大や教育システムの変化とともに変容し，現在はその狭小な一室で，事務処理や校務，会議に加えて，情報交換，打ち合わせ，授業準備，教材の作成や保管，生徒の指導，保護者との面談，業者との応接などの執務行為，さらに，食事，喫茶，洗面などの生活にかかわるさまざまな行為が，同時進行的になされている[18]。

　学級崩壊が話題になって久しいが，「学級が崩壊する前に職員室が崩壊している」[19] といわれている。職員室に加えて学級教室が教員の執務や生活の拠点となっている小学校に対して，中学校では，通常，教員空間は職員室およびその周辺に限定されているため，円滑な学校運営に寄与する職員室の役割は小学校に比して大きいと考えられる。さらに，指導の対象である中学生は心身の発達段階の個人差が大きく，加えて，心理的にも青年前期の不安定な時期にあるため，指導する中学校教員

の身心の負担は極めて大きいと推察される。一方，中学校において，教科教室型運営と連動して計画される事例がみられる分離型職員室，さらには，オープンな職員室は教員の行動特性との整合性に疑問がある。

　以上のことから，教員が教育活動をスムースに実施するための執務遂行の場，さらには生活行為の場としての職員室および教員空間の計画に関して，その適正な設置についての考察を行う必要性や有用性は高いと考えられる。

　そこで本研究では，中学校の教員空間を研究の対象とし，職員室および校長室の史的考察を行うとともに，教員空間の改変が実施された中学校における検証研究，さらに，学校現場での調査をもとに，わが国の中学校の運営の実態，および中学校教員の行動特性を明らかにし，教員の視点から中学校職員室に関する建築計画的知見を得ることを目的としている。

4. 研究の方法

　本研究では以下の構成によって研究を進める。本章である序章は，研究の背景，教員空間の定義，研究の目的，研究の方法について述べている。続く，第1章から第5章が研究の本体であり，第6章では結論と今後の課題について述べる。

　まず，第1章では，明治5年の学制公布以降，わが国の近代教育の成立とともに確立されてきた教育システム，それに連動して変化した教員の呼称，および，教員空間の名称および設置状況の変遷から，職員室および校長室の成立過程の史的考察を行う。

　次いで，第2章では，第二次世界大戦後の6・3制実施による新制中学校は，現実には従来型の統合型職員室による特別教室型運営が大半を占める一方で，文部省(現，文部科学省)や建築計画学の研究者グループからは，プラツーン(プラトーン)型運営や教科教室型運営，教科センター方式による教科教室型運営が提案され，さらに，それらの運営方式と連動して教科教員集団による分離型職員室，すなわち，教科職員室が提案された経緯を整理する。

　なお，中学校の運営方式の代表的な4つを下記に示す。

---

①**特別教室型運営**

　わが国の中学校で一般的に採用されている運営方式であり，通常，国語，数学，英語などの教科は学級教室で授業が実施され，理科，家庭科，美術，音楽などの教科は教科専用の特別教室で授業が実施される。なお，理科や家庭科なども講義形式の授業の場合は学級教室で授業が実施されることもある。教員空間としては，通常，統合型職員室が設置される。

②**プラツーン(プラトーン)型運営**

　各学年の学級を2つのグループに分け，1つのグループは国語，数学などの普通教科の授業が普通教室(もしくは教科教室)で実施され，もう一方のグループは，特別教室・体育

> 館・運動場などにおいて授業が実施され，通常，午前午後などで2つのグループを入れ替えて授業が実施される。なお，学級教室は2学級に1つの普通教室（もしくは教科教室）が割り当てられるケースや，特別教室が割り当てられるケースもあり，教室の利用効率が極めて高い運営方式である。
>
> **③教科教室型運営**
>
> すべての教科に専用の教室が設置されており，それぞれの教科教室で授業が実施されるため，生徒は授業ごとに教室を移動することになる。また，通常，教科教室が学級教室として割り当てられ，別に生徒用のロッカールームやホームベースが設置される。教科経営が優先されることから，教員空間は，通常，教科教室群の近辺に，教科ごとの分離型職員室である教科職員室が設置される。
>
> **④教科センター方式**
>
> 教科用オープンスペース，教科教室群，および教科職員室から構成される'教科センター'によって教科教室型運営が実施され，オープンな教科教室や教科職員室が計画される事例もみられる。

次に，第3章では，教科職員室が設置されてプラトーン型運営，教科教室型運営，および教科センター方式の教科教室型運営の専用校舎が建設されて学校運営が開始された中学校のうち，施設の使用過程のなかで，運営方式の変更および教員空間の改変がなされた事例について，資料およびヒアリング調査によってその過程を検証し，中学校の職員室，および教員空間について考察する。

続いて，第4章では，統合型職員室が設置されている中学校と分離型職員室が設置されている中学校における，教員の精密詳細な行動記録調査，アンケート調査，インタビュー調査，並びに，教員空間の使われ方の精密観察記録調査から，中学校教員の行動特性を抽出し，中学校職員室の計画に関する考察を行う。

さらに，第5章では，教員が学校の建設計画に関わった結果，統合型職員室が設置されて教科教室型運営が開始された中学校における，観察調査やヒアリング調査の分析から，教員が求める中学校職員室のあり方について考察する。

最後に，第6章では，中学校教員の行動特性，および学校運営上の視点から，わが国の中学校職員室に関する建築計画的考察の結論を述べ，さらに，今後の課題について言及する。

注

1) 参考文献［1］pp.6-9を参照。
2) 第三の教育改革については，上記の参考文献［1］pp.7-8にも記されているように，昭和46年の中教審答申以降の改革を示すとする資料と昭和59年の臨教審答申以降の改革を指すとする資料があるが，一般的には，それらは一連の改革と捉えられている。
3) 参考文献［2］p.97，5-7行を引用。
4) 参考文献［3］p.1，2-11行を引用。なお，著者の藤田英典氏は教育改革国民会議(2000年)のメン

バーの1人である。
5) 参考文献［4］pp.2-8，'創られた危機と無視される実態'において，新聞やテレビで報道されているいじめ，不登校，学級崩壊，少年犯罪などは，いずれも，一部の子どもの現象であり，わが国の場合は，他の先進諸国に比較して非常に発生率が低く，問題性は低いとしている。
6) 参考文献［5］p.101，左11-14行を引用。
7) 参考文献［6］p.32，右11-21行を参照。
8) 参考文献［3］，参考文献［5］，参考文献［6］などがある。
9) 参考文献［5］，参考文献［7］などがある。
10) 参考文献［8］を参照。
11) 参考文献［6］pp.34-35を参照。
12) 本研究においては，校長室，事務室，印刷室，更衣室などが隣接・近接し，全教員が一室に集合した従来型の集中型の「職員室」を「統合型職員室」と定義することにする。なお，「統合型職員室」は概念としての定義であり，図面や写真の名称として，通常は「職員室」を使用する。
13)「統合型職員室」に対する概念であり，教員の主たる執務場所が教科教員集団ごとの「教科職員室」や学年教員集団ごとの「学年職員室」として分散設置されることを示し，一般的に，校長室，事務室，印刷室，更衣室などから離れて設置される。
14) 日本建築学会HPの論文検索によると，1976年1月-2002年3月の学校建築に関する447本の論文のうち，小学校に関する研究は229本(51.2％)，小・中学校に関する研究152本(34.0％)，中学校に関する研究は66本(14.8％)である。
15) 参考文献［9］，参考文献［10］，参考文献［11］，参考文献［12］，参考文献［13］，参考文献［14］などがみられる。
16) 参考文献［15］などがみられる。
17) 参考文献［16］p.116，14行に，教員席の説明として，「教員教授ノ暇休息又ハ喫飯ノ席トス」とある。
18) 参考文献［17］による。
19) 参考文献［4］p.6，4-5行を引用。

参考文献
［1］藤田英典：教育改革——共生時代の学校づくり——，岩波新書511，岩波書店，1997
［2］小浜逸郎：子どもは親が教育しろ！，草思社，1997
［3］藤田英典(代表)：教職の専門性と教師文化に関する研究，平成6～7年度文部科学省研究費総合研究（A）「教職の専門性と教師文化に関する国際比較共同研究」研究成果報告書，1997.3
［4］佐藤　学：「学び」から逃走する子どもたち，岩波ブックレットNo.524，2000
［5］藤田英典，山田真紀，秋葉昌樹：教師の仕事の空間編成に関する実証的研究，東京大学大学院教育学研究科紀要，第38巻，1998
［6］藤田英典，油布佐和子，酒井　朗，秋葉昌樹：教師の仕事と教師文化に関するエスノグラフィ的研究——その研究枠組と若干の実証的考察——，東京大学大学院教育学研究科紀要，第35巻，1995
［7］賀　暁星：学校建築空間の一考察——潜在的カリキュラム論の視点から——，教育社会学研究第44集，1989
［8］後藤　裕(代表)：学校教育の新たな展開を支えるための学校施設の整備に関する調査研究，平成11～12年度文部科学省研究費補助金　特別研究促進費　研究課題番号11800015，2001.3
［9］岡田尚之，長倉康彦，木村信之，柳　浩襞：職員室の現代化のための現況調査，日本建築学会大会

学術講演梗概集，pp.397-398，1990.10
- [10] 佐々木史恵，長沢　悟，狩野雅貴，吉田将史，陳　慶聲：教職員スペースの再構築に関する研究　その3　V型運営方式の中学校の場合，日本建築学会大会学術講演梗概集，pp.351-352，1992.8
- [11] 佐伯和彦，長澤　悟，片山泰絵，鏑木　剛，川村泰弘，高橋　徹：三春町の学校建設における建築計画的提案に対する教員の評価　その2　教職員スペースの構成について，日本建築学会大会学術講演梗概集，pp.321-322，1995.8
- [12] 吉村　彰，伊藤俊介：生徒と教師のふれあいから見たオープン型・クローズ型校務スペースの比較，日本建築学会大会学術講演梗概集，pp.239-240，1998.9
- [13] 朝倉啓之，長澤　悟：職員室の再構成に関する研究　中学校における教頭スペースについて，日本建築学会大会学術講演梗概集，pp.259-260，1999.9
- [14] 廣瀬和徳，長澤　悟：教科教室型中学校の建築計画に関する研究　その2　生徒と教師の居場所，日本建築学会関東支部研究報告集，pp.65-68，2000
- [15] 藤原直子，竹下輝和：教員の行動特性からみた中学校職員室に関する考察，日本建築学会計画系論文集　No.632，pp.2041-2048，2008.10
- [16] 青木正夫：吉武泰水編　建築計画学8　学校Ⅰ，丸善，1976
- [17] 藤原直子，竹下輝和：10分休み時間の行動にみる中学校教員の行動特性——教科研究センター方式の評価について——，日本建築学会大会学術講演梗概集，E-1分冊，pp.77-78，2003.9

第1章

わが国の学校における職員室の史的考察

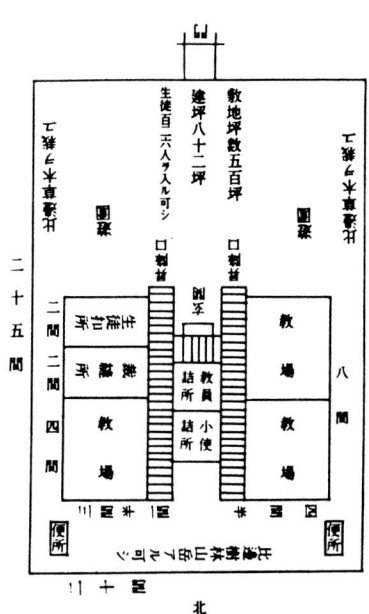

愛媛県小学校建築心得の附図
出典：日本の学校建築
（菅野 誠, 佐藤 譲：文教ニュース社, 1983)

1.1 はじめに

「教師という職業が『個人主義』(individualism)の文化に支えられている」[1] 欧米の学校では，一般的に教員間の情報交換や執務の協働は行われていない。また，教員の主要な教育活動が教科指導に限定されており，オリジナルなカリキュラムをつくることが教員の重大な関心事であり[2]，学級経営や生徒・生活指導は主たる教育活動とはみなされていない[3]。一方，わが国では，教科・学習指導[4]と生徒・生活指導[5]を合わせて教育と捉えられており[6]，教員同士の協働性・協同性や同僚性が重要視されており，職員室が執務の場であるとともに教員の人間関係を構築する場としても機能してきた[7]。これらのことは，教員の行動にも表れており，生徒との日誌の交換や家庭訪問などによって，休み時間や放課後，ときには休日までも生徒との交流や教員の協働による生活指導に腐心する日本の教員に対して[8]，欧米の教員は授業以外の時間帯は休息の時間と捉えているため，通常，わが国にみるような職員室は設置されておらず，教員空間はテーブルと椅子やソファを配置したスタッフルームであり，休憩室兼会議室として設置されている[9]（写真1-1）。なお，イギリスの私立校には知育中心の公立校に対して，わが国と同様，知育，徳育，体育による人格形成を目指し，執務室としての職員室が設置されている事例がある[10]。

本章では，明治5年の学制公布以降，わが国の近代教育の成立とともに確立されてきた教育システムを考察し，さらに，それに連動して変化した教員の呼称，および教員空間の名称や設置状況の変遷から，職員室の成立・定型化の過程についての史的考察を行う。

1.2 職員室の成立とその機能

明治初期から中期までの学校運営に関しては，地方の実資料に立脚して記述された教育史は乏しく，その運営の実態を述べることは極めて困難であるといえる。そこで，学校行事や日々の教育活動の実態が記録された学校日誌や学校沿革史，および明治以降のさまざまな地域の学校建築の図面

写真1-1 スタッフルーム
出典）参考文献［2］p.16による。

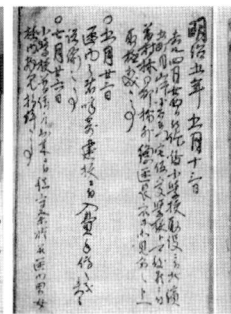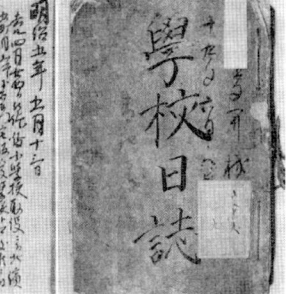

写真1-2 北浜学校日誌
出典）参考文献［7］p.8による。

などによる分析を行う[11]。具体的には，学校日誌(以下，日誌：写真1-2)の翻刻が明記されている文献をもとに，北浜小学校[12]を具体事例として論を進めたい。

1.2.1 教員の呼称

　学制の施行当初は，学制による有資格の教員は存在せず，さまざまな人々が教員講習所などで短期間の教育を受けて小学校の教師になった[13]。全国的にみれば，就学率は明治6年28.1％，明治7年32.3％，明治8年35.4％と低く[14]，さらに，明治8年についてみると，1校の生徒数は平均56名，教師も1校に1名の学校が58％を占め[15]，また，校舎についても新築は18％に過ぎず，寺院40％，民家33％，神社その他9％であり[16]，寺子屋や私塾と同等な規模の学校が大半を占めている。さらに，入退学は随時であり，等級制による授業は個別指導に終始していたと考えられる[17]。

　一方，寺子屋の普及率が全国で最も高かった大阪で[18]，学制発布前の明治5年8月1日に開校し，明治6年には400名を超える生徒が在籍し[19]，地域の先進校であったと考えられる北浜小学校では，授業は専科教授制(教科担任制)であり，さらに科(課)目選択制で，各科目の在籍数は異なっていた[20]。授業科目は読(含暗誦)・書・算であり，それぞれ，句読教師，習字教師，算術教師が担当したため，三教師と総称された[21]。しかし，明治8年には北浜小学校に，「一名ニテ，専ラ各教科ヲ受持」[22]，すなわち，「訓導」が誕生して全科担任制に移行し，移行後の日誌では訓導と教師が明確に区別されている。

　さらに明治9年以降は，各等級の訓導，訓導補およびその総称としての「教員」以外に女工教師，夜学教師，裁縫科教師，容儀教師，体操伝授教師の記述があり，さらに，「教師ホーゲン氏来校」[23]との記述があることから，教師は教員以外の単科や専科担当者などを示す呼称で，北浜小学校では明治8年を境にして，指導者の主役が単科担当の教師から全科目を担当する訓導すなわち教員に変わっている。また，明治6年の「小学校教師心得」が，明治14年には「小学校教員心得」となり，さらに，明治14年1月の「小学校教員免許状授与方心得」では，1ないし数科の教授免許状取得の者は「教員ト称スヘカラサルハ勿論タルヘシ」[24]とあることからも，全科目の免許を持つ者を教員としたことが確認される。その後，明治23年の「第二次小学校令」によって専科免許状を持つ専科教員，全科免許状取得の本科教員がともに正教員となり，免許状を持つ者すべてが教員になった。

　また同時に，明治14年の教則の画一化や明治19年の教科書検定制度によって中央集権化が進み，教員も官吏の一員として位置づけられ，明治33年の「第三次小学校令」では，教員以外に「職員」とも呼称されている[25]。

1.2.2 学級担任の誕生

　学制施行から明治10年代までは，学校の運営や教育方法・内容などの地域間，および，学校間の差は極めて大きく，漸次，訓導・教員による全科目担任制に移行したとはいえ，学年・学級という編成はみられず，学力別編成による等級制であり，試験による進級制であった[26]。

　大阪では，試験は公開のもとに数校合同で実施され，客観的な評価基準があり厳正公平であった。

科目ごとの小試験は年10回，4科とも合格した者に受験資格が与えられる大試業(大試験)は年2回実施されており，合格者は進級，不合格者は原級留置と生徒の実力次第であった。また，大規模校の北浜小学校においては，「第六教場受持」[27]との記述があることから，教授の場である教場において，教員は科目や等級ごとに生徒との関係を個々に結んでいたと考えられる。その後，試験による随時進級制度は明治19年まで継続し，大阪では明治20年以降は，試験制度は残るものの4月新学期の学年進級制となり，事実上の「学級」が誕生した。

　一方，生徒指導に関しては，明治5年5月制定の大阪府の「教師心得」ではその八条に「教師ハ方正ニシテ生徒ヲ監護シ，学業ノ進歩ニ心ヲ用ヒ，其他校中ノ諸規則ヲ審カニスヘシ」[28]と学習・生活両面の指導について規定しており，明治7年には「試験及第セサルモノハ，将来進歩ノ障碍ニナラサルヨウ，試験ニ落ルヤ即教師ヨリ懇々説諭ヲ加フヘシ」[29]と試験に落ちた生徒の個人指導を指示している。加えて，北浜小学校では明治5年の開校式以降，生徒一人ひとりに生徒心得書が手渡され，自宅に掲示する指導がなされている。

　全国的には明治18年の「改正教育令」において半年進級制が1年(学年)進級制になり，明治19年の「第一次小学校令」において等級制が廃止され，法制上は明治23年の「第二次小学校令」において教員数と生徒数を基準にした「学級」が成立し，徳育・訓育・体育重視の方向性が示され，学級および指導の場としての教室については明治24年の「学級編制等ニ関スル規則」で定義された[30]。

　しかしながら，現実には1学校1学級の単級学校が最も多く，約90%の学級は異学年が混在する複式編成であり[31]，以後，明治33年の「第三次小学校令」の試験制度の廃止・授業料の無償化によって就学率が急上昇し，明治末には「同学年学級」が定着していった[32]。

　以上のように，学年進級制は，全員進級の方向性を強めるとともに，「学級担任」教員の学級経営を必要とした。そこで，学力・能力や性格などが異なる生徒の指導には，検定教科書・教則による教科・学習指導に加えて，生徒・生活指導においても，会議・打ち合わせなどによる教員間の意思の疎通や統一が必要となった[33]。

1.2.3　校長の誕生と学校運営

　学制当初は，学校の創設や運営・経営上の責任者は戸長および区長であり，その後明治6年には，区長兼任の学区取締がこれに代わり，次いで明治8年には，戸長が学校世話掛を兼任して学区取締の補助となった。明治10年には学童監護人を置いて就学督励などの教育面を担当し，学区取締は財政面を受け持った。続いて，明治12年には学区取締，学校世話掛，学童監護人が廃止されて公選の学務委員に引き継がれ，さらに，明治15年には任命制となり，明治18年にはその職務が区長に引き継がれて学務委員は廃止された[34]。

　一方，学校内には首長，首席教員，首座教員などと呼ばれていた責任者が自然発生していたが[35]，明治14年には制度上の「校長」が誕生し，さらに，明治23年の「第二次小学校令」で校長の教員兼務制が示され，明治24年には校長の設置が規定されたが，校長職の定着は明治後期の40年頃であると考えられる[36]。

日誌では，明治 14 年以前は，学区取締，学校世話掛，学童監護人，学務委員の記述があり，明治 15 年には学務委員に加えて「首座教員」，明治 16 年には「教頭」，明治 17 年には「校長心得」，明治 18 年には「校長」が登場し，明治 19 年には校長の記述のみである。

　明治 24 年の「小学校長及教員職務及服務規則」によると，校長の職務には校務の整理と教員の監督が，教員の職務には生徒の指導に加えて，教材準備，校具の整理，成績処理などの事務が明記されている[37]。しかしながら，学校規模の拡大とともに，校長 1 人での校務の遂行は困難になり，教員への諮問の必要性が生じ，上述した教員の意思統一の必要性からも，明治 20 年代には教員会，職員会，教員会議などと呼ばれる「職員会議」の発生がみられる[38]。

　開校時から大規模校であった北浜小学校では，すでに明治 9 年に「学事会議」[39]，明治 14 年には「教員一同校則会議」[40]が開催されている。全国的には，明治 20 年代末には校務を教員に分掌させるという分業制度の萌芽がみられ，明治 40 年前後には，教員の執務が生徒の学習・生活指導，および成績処理などの事務に加えて，校務を分掌するという二重の職務構造が確立された[41]。

1.2.4　教員空間の名称および設置状況の変化

　次に，等級制から学級制への移行が概ね定着したと考えられる明治 20 年代の中頃を分岐点として，上述したような教師および教員の役割，および，校長の誕生に応じて，学校建築における教員空間の変遷を辿ってみよう。

（1）　学制から明治 20 年代前半まで

　図 1-1 に示すように，学制当初は，「教員控所」，「教員詰所」[42]などの表記が多数を占め，「教員教授ノ暇休息又ハ喫飯ノ席トス」[43]とあるように，その初源的機能は休息であった。一般的に，教員が 1 名程度の学校が大半を占め，教場は授業・試験時のみの使用であったことから[44]，生徒控所とともに必須の空間であったといえる。

　さらに，明治 10 年前後からは，「事務室」，「校務室」などの執務の場としての表記に加え，「教員室」や「職員室」の表記がみられ，加えて，教員控所と事務室の併置例もあり，教員の執務の変化とともに，教員空間が休息という単一機能から変化したと推測される。

　次に，小使室に加えて，応接室も学制当初から設置事例が多い。図 1-1 の［注 1］の○は「区長戸長並ニ小使詰所」，［注 4］の●は「教員世話掛控所」と，校長職の前身である区長・戸長や学校世話掛の部屋が小使室や教員室との兼用である事例がみられる。学制当初から，学校には区長や府庁の役人，試験時の知事の来校，さらに，文部大臣の視察もあり，［注 5］◇の「面謁所」や［注 7］◇の「貴賓室」の室名にもみるように，来訪者の応接が重要視されており，建築の法令などの図面にも学制当初からみられる応接室が，学校に常駐していない学校世話掛などの部屋として使用されていたと推察される。

（2） 明治20年代後半以降

「第一次小学校令」，「第二次小学校令」による等級制から学級制への移行によって教室が誕生し，同時に，教員控所，教員詰所などに代わって，教員室，職員室が主流になっており，校務分掌組織や職員会議の発生と時期が重なることから，明治20年代後半以降は，漸次，事務や校務に加えて会議の場ともなり，学校経営の場として定着していったと判断される。

次に，「校長室」は明治20年前後から設置されている事例がみられる一方，各校の図面には（◆）・（◇）で示された校長室と応接室の兼用（［注10］，［注14］，［注19］，［注22］，［注23］）がみられ，通常，外来者の応接は校長の役目であり，現実には，この2室の兼用はさらに多かったと推察される。また，明治20年代中頃以降は事務室の設置が減少し，法令などの図面では教員室が多数を占める一方，各校の図面では職員室が増加している。さらに，［注11］の（◆）・（■）は校長室と職員室の兼用であり，［注20］の◆と■は空間の一部が連続している。職員室は校長室をも包含する呼称であり，校長の主要な執務である教員の監督，および，校務運営上の会議の開催が容易であることから，職員室が校長室を兼ねていた事例が少なくないと推察される[45]。また，［注18］の（◆）・（▽）は校長室と会議室の兼用である。後述するように，当時，必置の空間ではなかった校長室は，応接室，職員室，会議室などとの兼用がみられるが，校長職の定着とともに，漸次，独立して設置されたと考えられる。

以上，校長室は，明治40年代以降は設置事例が増加し，職員室に隣接・近接して設置されていった。こうした教員空間の名称や設置状況の変化には，教員・校長の呼称や役割，執務内容や学校運営など，等級制から学級制に移行した明治20年代中頃の教育システムの変化の影響がうかがわれる。

次に，教員控所・教員室などが2室設置された分離型職員室のケースが13例あり，［注2］，［注3］では，そのうちの1室が教員食事所である。同様に，職員室と併置されている［注6］の教員詰所は，休息・食事室であると推察される。一方，［注16］は男女別の教員室である。用途が明記されていない残りの9事例も2室が隣接・近接しており，上記の機能別，もしくは，男女別のいずれかであると推察される。また一方，教員控所，教員室，職員室などが設置されていない事例では，［注12］，［注17］の教員事務室の表記が示す通り，事務室が職員室を兼ねていたと判断され[46]，さらに加えて，事務室も設置されていない事例では，会議室や小使室，宿直室，校舎内の教員住宅[47]が職員室を兼ねていた事例があると考えらえる。なお，小使室，宿直室は別棟に設置された事例も少なくないが，通常，畳や湯沸し設備などが設置されることから，休息・食事空間としても使用されていたと推察される。

また，学制当初には，教員控所，教員詰所などは校舎端部や2階に設置された事例もみられるが，明治20年代中期以降，教員空間は1階にまとまって設置されている事例が大半を占める。［注8］の明治17年の日吉小学校では，教員控所が2階に設置され，［注15］の明治38年には1階に職員室，2階に校長室が設置され，［注21］の大正13年には，校長室および職員室が1階に隣接して校庭に面して設置されており，教員空間の変遷を示す典型事例の1つといえる。

年	校長室	職員室	教員室	校務室	事務室	教員控所	会議室	応接室	小使室	宿直室	学校名（＊：地方や政府から公布された学校建築に関する法令等に掲載されている図面）	出典
M6						●▼		◇	○		東大組第15区小学校（大阪）	C
6						●		◇	○		＊小学校建築図(1) 文部省	B
6						●		◇	○		＊小学校建築図(2) 文部省	B
6						●		◇	○		＊小学校建築図(3) 文部省	B
6						●		◇	○		＊小学校建築図(4) 文部省	B
6						●		◇	○		＊小学校建築図(5) 文部省	B
6						●		◇	○		＊小学校建築図(6) 文部省	B
6									○		＊若松県令指示絵図面（福島） [注1]	B
6			■2								花園小学校（山口）	C
7						●2			○		神東小学校（兵庫） [注2]	A
7						●			○		花隈小学校（兵庫）	A
7						●2			○		神西小学校（兵庫） [注3]	A
8						●		◇	○		＊新潟県小学校建築図（新潟） [注4]	B
8			■					◇	○		＊学校建築心得(1)（長崎）	B
8			■					◇	○		＊学校建築心得(2)（長崎）	B
8						●			○		睦沢小学校（山梨）	A
8			■▼						○		中込小学校（長野）	A
8		■						◇▼	○		西之島小学校（静岡）	A
9					△▼			◇▼	○▲		金透小学校（福島）	A
9	◆▼				△▼	●		◇	○2		開智小学校（長野） [注5]	B
9			■								小石原小学校（福岡）	C
10						●		◇			深川小学校（山口）	A
10						●2			○		五戸小学校（青森）	B
10		■							○		今津小学校（福岡）	C
11			■				▽		○		神田小学校（東京）	C
12									○▲		岡東小学校（福岡）	C
12				■					○▲	◎▲	吉木小学校（福岡）	C
12					△				○	◎	旧共立学校（長野）	B
12						●					旧東上田学校（長野）	B
12					△						旧東田沢学校（長野）	B
12						●2					和学校（長野）	B
12		■						◇	○		龍翔学校（福井）	B
12		■				●					伊沢学校（三重） [注6]	C
14				■				◇	○▲		唐津小学校（佐賀） [注7]	C
15						●			○		＊小学校建築心得の付図（愛媛）	B
15						●			○		＊小学校建築心得所蔵平面図(a)一字型(愛媛)	A
15					△	●		◇	○		＊小学校建築心得所蔵平面図(b)凹字型(愛媛)	A
15					△			◇	○		＊小学校建築心得所蔵平面図(c)回字型(愛媛)	A
15						●2					石原小学校（山口）	A
15					△				○		今津小学校（兵庫）	B
17						●		◇			大津郡小学校（山口）	A
17						●			○		那珂郡小学校（山口）	A
17			■						○▲	◎	秩父小学校（埼玉）	A
17					△	●▼		◇▼	○▲		下田小学校・予定図面（静岡）	A
17		■							○		旧渋民小学校（岩手）	B
17						●▲					広瀬小学校（山口）	A
17									○▲		神戸小学校（兵庫）	A
17		■									英発学校（三重）	C
17						●▼					日吉小学校（大阪） [注8]	C
17				■							黒山小学校（山口）	C
18	◆	■					▽▼		○		原市小学校（群馬）	B
18		■2						◇	○		中船場小学校分校（大阪）	C
18					△					◎	西中野目小学校（青森）	C
18				■2▲					○▲		厚西小学校（山口）	C
19		■						◇			湧谷小学校（宮城）	A
19	◆	■								◎	吉川小学校（福岡）	C
20						●		◇	○	◎	船場尋常小学校（大阪）	C
21		■						◇▼	○	◎▼	登米小学校（宮城） [注9]	A
21					△	●			○		二本松小学校（福島）	A
21						●2		◇	○		佐沼小学校（宮城）	A
21									○	◎	壱岐小学校（福岡）	C
22		■						◇	○		愛日尋常小学校第２分教場（大阪）	C
22				■							八木山小学校（福岡）	C
22		■									三尻尋常小学校（埼玉）	C
23		■									伊船尋常小学校（三重）	C
24				■							剣南小学校（福岡）	C
24			■								市木村東尋常小学校（島根）	C
24		■									市木村西尋常小学校（島根）	C
25	◆				△▼				○	◎	金透小学校（福島）	A
25			■		△▼						＊開智小学校尋常科·高等科併置稟議書(長野)	A
25			■								出合尋常高等小学校（山口）	C
25					△				○	◎	塔尾尋常小学校（石川）	C
26				■						◎	高倉尋常小学校（福岡）	C
26			■						○		杁小学校（福岡）	C
26			■					◇	○▲	◎	静岡高等小学校（静岡）	A
27	(◆)	■						(◇)	○	◎	稲取小学校（静岡） [注10]	A
27				■							黒山尋常小学校（山口）	C
28			■						○		＊学校建築図説明及設計大要(岡山:文部省)	B
28			■						○▲		＊学校建築図説明及設計大要(埼玉:文部省)	B
28			■						○		＊学校建築図説明及設計大要(神奈川:文部省)	B
28			■						○▲		＊学校建築図説明及設計大要(栃木:文部省)	B
28			■						○▲		＊学校建築図説明及設計大要(東京:文部省)	B
28			■						○▲		＊学校建築図説明及設計大要(仮想設計:文部省)	B
28			■						○	◎	東本町小学校（新潟）	A
29	◆	■						◇	○		愛日尋常小学校（大阪）	C
30		■							(○)	(◎)	勧與小学校（佐賀）	C
30					△				○		小坂尋常小学校（石川）	C
30			■						○▲		厚陽尋常小学校（山口）	C
31			■					◇	○	◎	雷山小学校（福岡）	C
31			■						○▲	◎	新川尋常小学校（愛知）	B
31	◆	■								◎	小鴨小学校（鳥取）	B
31	(◆)	(■)					▽	◇	[○▲]	[◎▲]	畝野小学校（熊本） [注11]	A
31			■2		△			◇	○▲	◎▲	宝水小学校（福井）	A
32	◆▼	■									栃木第二小学校（栃木）	B
32			■					◇	○▲	◎	川内北尋常高等小学校（徳島）	C

図1-1　教員空間の名称および設置状況の変化

第1章　わが国の学校における職員室の史的考察

年	校長室	職員室	教員室	校務室	事務室	教員控所	会議室	応接室	小使室	宿直室	学校名（*：地方や政府から公布された学校建築に関する法令等に掲載されている図面）	出典
34									○	◎	福川小学校（山口）	A
34	◆			△				◇	○▲	◎▲	喜入小学校（鹿児島）　　　　[注12]	A
34						●6			○▲	◎▲	唐津小学校（佐賀）　　　　　[注13]	A
35		■							○		塩崎小学校（山梨）	C
35									○▲	◎	八幡高等小学校（福岡）	C
36	◆	■			△					◎	那智小学校（和歌山）	B
36	◆	■						◇	○	◎	船場尋常小学校（大阪）	C
36			■						○▲	◎	小石原小学校（福岡）	C
36			■					◇	(○▲)	(◎▲)	木屋瀬小学校（福岡）	C
37		■							○	◎	神田小学校（東京）	C
37		■						◇	○	◎	福富小学校（島根）	C
38									○	◎	川口小学校（岩手）	B
38	(◆)	■						(◇)	○▲	◎▲	前原高等小学校（福岡）　　　[注14]	C
38	◆▽	■						◇▽	○	◎▽	日吉尋常小学校（大阪）　　　[注15]	C
39		■▽						◇	○	◎	循誘小学校（佐賀）	C
39			■						○▲	◎	矢矧高等小学校（福岡）	C
39			■							◎	八木山小学校（福岡）	C
39		■							○▲	◎▲	厚西尋常高等小学校（山口）	C
41	◆						▽			◎	巻堀小学校（岩手）	B
41	◆				△			◇		◎	二俣小学校（静岡）	A
41		■							○	◎	壱岐小学校（福岡）	C
41									○		胡桃館尋常高等小学校（青森）	C
41		■						◇	○		精明尋常小学校（埼玉）	C
42		■									*小学校建築図案(1)（文部省）	A
42		■									*小学校建築図案(2)（文部省）	A
42		■							○▲	◎	*小学校建築図案(3)（文部省）	A
42		■						◇	○▲	◎	*小学校建築図案(4)（文部省）	A
42		■						◇	○▲	◎	*小学校建築図案(5)（文部省）	A
42		■						◇	○▲	◎	*小学校建築図案(6)（文部省）	A
42		■						◇	○▲	◎	*小学校建築図案(7)（文部省）　[注16]	A
42		■2							○		誠化高等小学校（三重）	C
43			■							◎	小石原小学校（福岡）	C
43		■			△					◎	上頓野小学校（福岡）	C
43					△				○	◎	市木村尋常高等小学校（島根）	C
43									○	◎	東谷口尋常小学校（石川）　　[注17]	C
44			■						(○▲)2	(◎▲)2	吉木尋常高等小学校（福岡）	C
44		■							○▲	◎▲	村上村尋常高等小学校（新潟）	C
45	(◆)	■					(▽)		○▲	◎▲	松崎小学校（山口）　　　　　[注18]	A
45	◆	■							○	◎	太刀洗小学校（福岡）	C
45	◆								○	◎	吉川小学校（福岡）	C
45	◆	■							○▲	◎▲	日新小学校（佐賀）	C
T2									○▲	◎▲	若菜尋常小学校（福岡）	C
2									○	◎	鶴ヶ崎尋常小学校（青森）	C
2		■							○▲		西畑小学校（山口）	C
2	(◆)		■					(◇)	○▲	◎▲	高田尋常小学校（大分）　　　[注19]	C
3			■							◎	黒山尋常小学校（山口）	C
4			■						○	◎	厚陽尋常小学校（山口）	C
5		■						◇	○	◎	出合尋常小学校（山口）	C
5	◆		■				▽		○▲	◎▲	直方南小学校（福岡）	C
6	◆							◇	○▲	◎▲	前原尋常高等小学校（福岡）	C
7		■2							○	◎	千代小学校（福岡）	C
7		■							○▲	◎▲	立岩尋常小学校（福岡）	C
8									(○▲)	(◎▲)	唐津尋常小学校（佐賀）	C
8			■						○	◎	雷山小学校（福岡）	C
9	◆								○	◎	寿小学校（神奈川）	B
9	◆	■							○▲	◎	市木村尋常高等小学校（島根）	B
9	◆								○	◎	荒田小学校（兵庫）	B
10	◆	■							○▲	◎	愛日尋常小学校（大阪）	C
10	◆	■							○▲	◎	倉敷東小学校（岡山）	A
10	◆						▽		○	◎	山手小学校（兵庫）	B
10	◆	■▽						◇2	○	◎	神興小学校（福岡）	A
10	◆								○	◎	奥野尋常高等小学校（徳島）	C
10									○	◎	飫肥小学校（宮崎）	C
11	◆						▽		○▲	◎	神戸小学校（福岡）	B
11	◆	■						◇	○▲	◎	神楽尋常高等小学校（兵庫）	A
12	◆	■			△▽			◇2	○2	◎▽	船場尋常高等小学校（大阪）	C
12	◆	■					▽▽	◇3	○▲	◎▲	久宝小学校（大阪）　　　　　[注20]	A
12									○▲	◎▲	三国小学校（福岡）	C
12									○	◎	三河尋常高等小学校（福岡）	C
13									○▲	◎	西中野目尋常高等小学校（青森）	C
13	◆							◇2▽	○▲	◎▲	日吉尋常小学校（大阪）　　　[注21]	C
14		■								◎	*東京市訓導協議会仮想設計(1)（東京）	A
14					■			◇	○	◎	*東京市訓導協議会仮想設計(2)（東京）	A
14	◆	■						◇			碑小学校（東京）	C
15	◆								○	◎	若菜尋常小学校（福岡）	C
S2	(◆)							(◇)	○	◎	雷山小学校（福岡）　　　　　[注22]	C
4	◆							◇	○▲	◎▲	愛日尋常小学校（大阪）	C
4	◆		■						○▲	◎▲	山口第一尋常高等小学校（山口）	A
4	◆	■							○▲	◎▲	川内北尋常高等小学校（徳島）	C
5	◆	■							○▲	◎▲	灘高小学校（兵庫）	A
7	◆								○	◎	静岡城内尋常高等小学校（静岡）	C
7									○▲	◎	市木村尋常高等小学校（島根）	C
7									○	◎	小石原小学校（福岡）	C
9		■							○	◎	厚陽尋常小学校（山口）	C
9	◆								○▲	◎▲	東谷口尋常小学校（石川）	C
10	◆				△				○▲	◎	八幡小学校（福岡）	C
10									(○▲)	(◎▲)	若菜尋常小学校（福岡）	C
14	◆								○	◎	西畑小学校（山口）	C
15	◆	■							○	◎	壱岐小学校（福岡）	C
15	◆	■							○	◎	太刀洗小学校（福岡）	C
15								◇2	○	◎	静岡城内尋常高等小学校（静岡）	C
15	(◆)					▽		(◇)	○	◎	山之上尋常小学校（岐阜）　　[注23]	C
15	◆								○	◎	高田尋常小学校（大分）	C
16	◆								○▲	◎▲	厚狭国民学校（山口）	C
19	◆		■						○▲	◎	中国国民学校（福岡）	C

凡例　◆校長室等

■職員室，教員室，校務室・校務所等

△事務室・事務所等

●教員控所・教員詰所，訓導控所等

▽会議室

◇応接室・応接所等

○小使室・小使所等

◎宿直室

*法令の図面，▽2階以上に設置，

▲別棟に設置

なお，(◆)(◇)や[○][◎]等は空間の兼用を示し，■2，●6等の数字は室数を示す。

出典）A：参考文献［4］，
　　　B：参考文献［5］，
　　　C：各校の沿革史（p.32に示す）

注）年号は建設年，改築・増築年，および教員空間の名称や設置状況の変更が確認された年である。また，学校名はそれぞれの出典に基づく。

1.3 職員室の定型化

1.3.1 法令からみた職員室

　教員空間について，学校建築に関する地方の法令をみると，明治10年の「兵庫県公立小学校建築法」には，訓導及助教控所が示されているが[48]，その機能は記されていない。一方，明治10年の「山梨県学校建築法ノ概略」では，注43に示したように，教員席は休息・喫飯の場であり，次いで，明治15年の「愛媛県小学校建築心得」には「教員詰所ノ位置ハ生徒監督ニ便ナル所ヲ撰定スベシ」[49]と記述され，明治16年の「宮城県小学校建築心得」にも同義の記述があり[50]，明治10年代には生徒の監督が必要視されている。

　一方，中央政府の法令では，明治24年の「小学校設備準則改正」においても，「校舎ハ学校ノ種類学級ノ編制児童ノ数等ニ応シ之ニ必須ナル教室教員室等ヲ備フヘシ」[51]との記述があるのみで，機能についての言及はみられない。なお，以後，政府からの法令には教場，教員控所の記述は確認されなかった。

　次いで，長期間にわたって学校建築の範となった明治28年の「学校建築図説明及設計大要」においては，「教員室ハ成ルヘク体操場ニ面スルヲ要ス」[52]と設置場所に関する記述がある。さらに，明治32年の「小学校設備上ノ注意」では，「教員室ハ生徒ノ監督ニ便ナラシムル為メ成ルヘク体操場ニ面シテ之ヲ設クルヲ要ス」[53]と記述され，ようやく明治30年代になって教員室の機能についての記述がみられるようになり，体操場，すなわち，校庭・運動場で活動する生徒の監督が必要であるとされている。なお，明治期の政府からの法令には小学校の校長室に関する記述は確認されなかった。

1.3.2 教員空間の改変事例

　次に，明治期の小学校の建設に建築家が関わった極めて珍しいケースについて述べる。佐賀県唐津市出身で，当時，日本建築学会会長であった辰野金吾氏が設計した唐津小学校である[54]。明治34年12月に完成した校舎は，北側廊下が定着しつつあった明治の後半には珍しい南側廊下であり，講堂を中心とした左右対称の典型的なフィンガープランであった。全国的には統合型の職員室に加えて校長室の設置が主流になりつつあった当時，唐津小学校では職員室，校長室がいずれも設置されずに，6つの教員控所が各6棟に設置された分離型職員室になっており，極めて特異な事例といえる（図1-1［注13］）。

　しかしながら，新校舎が完成した翌年には，辰野氏が強くこだわったと考えられるシンメトリーが崩され，西側の3棟に各1教室，計3教室が増築されている（図1-2）[55]。

　一方，この唐津小学校の旧校舎は2階建てで校庭があり，建設された明治14年当時，生徒数が約300名の大規模校であり，図1-1にみるように，全国的には，教員控所や教員詰所が多数を占めるなか，すでに，1階に「応接所」に隣接して「校務所」，すなわち，職員室が設置されていた（図1-1

[注7］，図1-3）。その後も生徒数，教員数ともに増加している唐津小学校では[56]，校務や会議の場および応接の場の必要性はより高くなっていたと考えられる。また当時，学校の玄関は他の教員空間に近接して建物正面に設置される事例が大半を占めるなかで，唐津小学校の玄関は奥まった講堂の出入り口として設置されている。さらに，生徒増が建て替えの要因であり，学校ごとの運動会が定着しつつあった時期であったことを勘案すると，校舎を2階建てにして広い運動場を確保するのが一般的であると考えられるが，平屋造にして，中庭を分散して設置したことについては疑問の余地が残る。

以上のことから，わが国の学校にはみられない6ヵ所に分散配置された教員控所は，学校や教員の側からの要請とは考えにくく，辰野氏のアイデアであると推察される[57]。

続いて，辰野氏の弟子の関野貞氏の東京大学の卒業論文「SCHOOL Architecture」[58]（明治28年）をみると，その扉には指導教官の辰野氏のサインがある（写真1-3）。

同論文は図1-5の目次に見る通り小学校の教育制度の歴史に始まり，次に敷地について述べ，次いで，学校校舎に関しては玄関・昇降口，廊下，階段，教室，講堂，その他の主要室，運動場と屋内体操場，便所，校舎の計画，学校家具の設計・計画について各論として論述し，さらに教室に関しては，外国の事例，学級数の編成規定，広さと形状，採光，窓，ドア，床，内壁，腰羽目，天井について詳述し，続いて，通風・換気，暖房など環境面に関しても詳細に論述している。

ここで，職員室は第IV章VI節"Other Important Rooms（その他の主要室）"で論述されているが，同じ第IV章VI節で"Drawing Room（図画室）"，"Sewing Room（裁縫室）"と"Singing Room

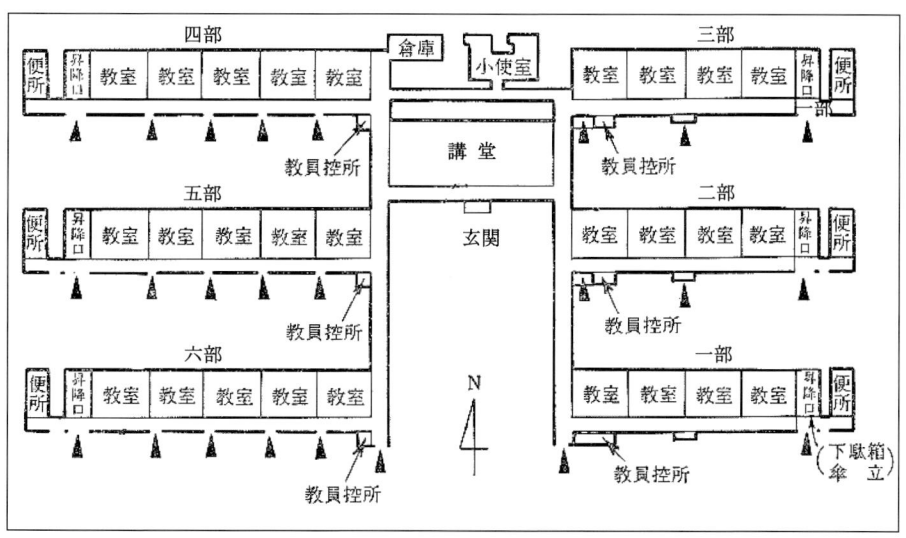

図1-2　唐津小学校（明治35年）

注）参考文献［4］p.153の図面に，参考文献［6］p.81，p.82の図面や本文の記述をもとに加筆，修正を行った。

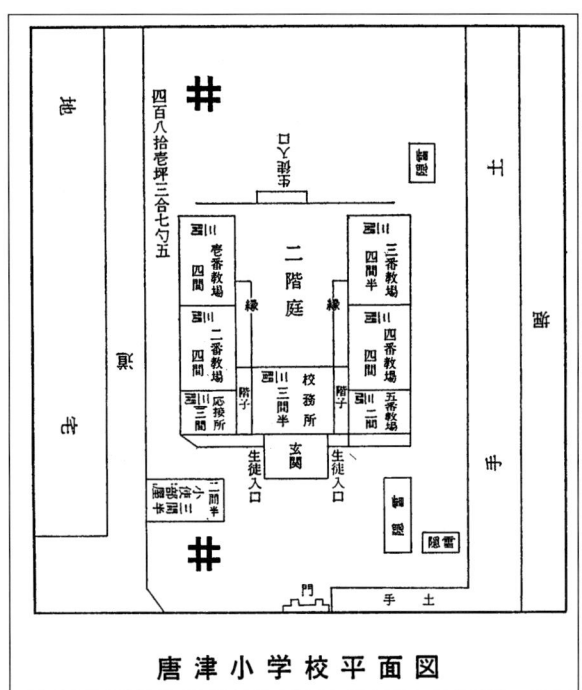

図 1-3 唐津小学校(明治 14 年)

注) 参考文献 [6] p.45 による。玄関の正面に校務所が確認できる。

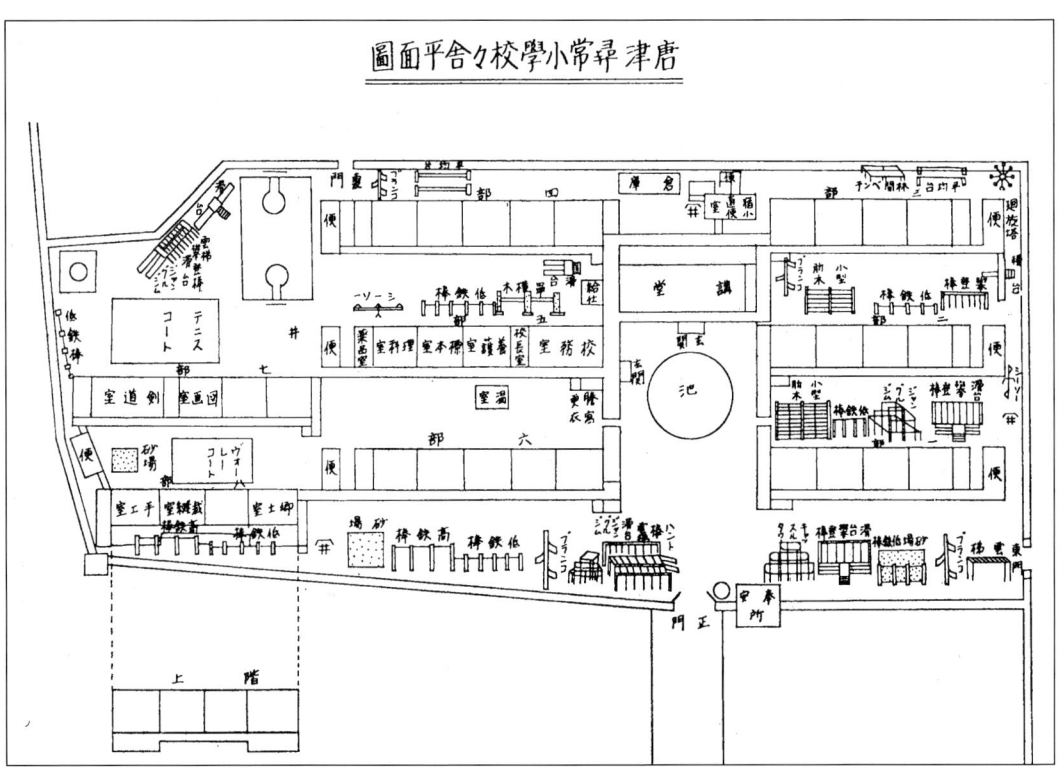

図 1-4 唐津尋常小学校校舎平面図(大正 8 年)

注) 参考文献 [6] p.161 による。西側の五部(棟)は，右から校務室，校長室，養護室，標本室，理科室，薬品室がある。また，各棟間には鉄棒，砂場，シーソー，ブランコなどがあり，中庭が校庭の代替スペースであったことが確認できる。

（唱歌室）"については個別に記述されているのに対して，職員室に関しては，"The remaining other rooms such as teachers' room, dinning room, waiting room ac, are neither so important in the school building nor shall be so hard on designing them. We shall therefore, for brief, be ceased to discuss and describe them no more."[59]（職員室，食事室，控室のような残りの他の諸室は，学校建築においてはそれほど重要ではないし，それらを設計することはそれほど難しいことではないであろう。それゆえ，簡略化のため，これ以上議論したり，記述することはやめる。：筆者訳）と記されており，

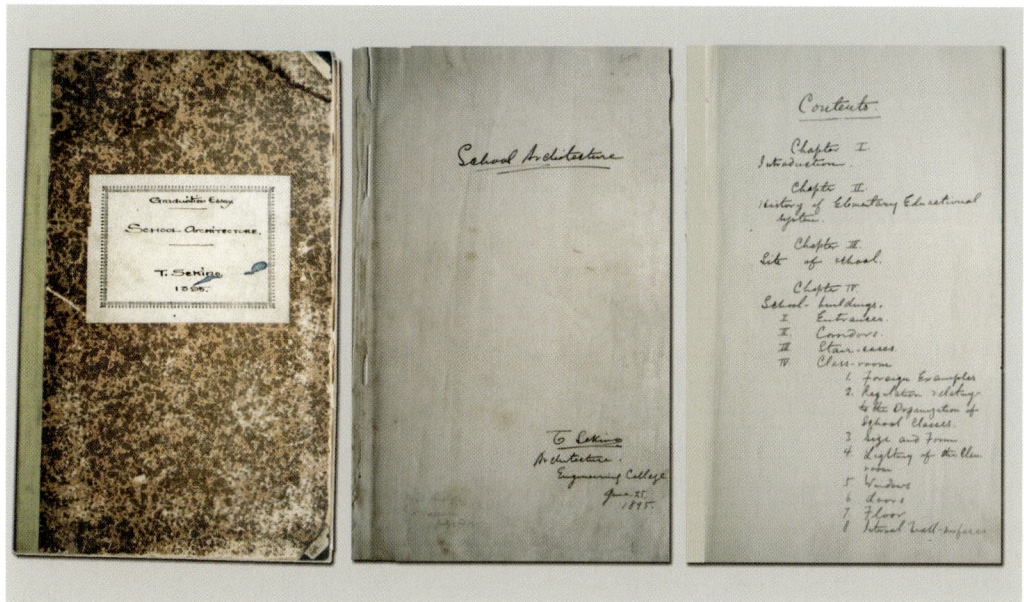

写真 1-3 "SCHOOL Architecture" 表紙（左），扉（中），目次の一部（右）

注）扉（中）の左下に辰野氏のサインがあり，肉眼では確認できる。筆者撮影

```
Contents
  Chapter I    Introduction                                       8. Internal Wall-Surfaces
  Chapter II   History of Elementary Educational System           9. Dado
  Chapter III  Site of School                                    10. Ceiling
  Chapter IV   School buildings                                V  Lecture Hall
     I  Entrances                                              VI Other Important Rooms
     II Corridors                                              VII Playground and Gymnastic Hall
     III Stair-cases                                           VIII Privies
     IV Class-room                                             IX Planning of School-house
        1. Foreign Examples                              Chapter V   School Furniture
        2. Regulation relating to the Organization of School Classes
                                                         Chapter VI  Ventilation and Warming
        3. Size and Form                                    I   General Principle
        4. Lighting of the Class-room                       II  Natural Ventilation
        5. Windows                                          III Ventilation by Windows
        6. Doors                                            IV  Ventilation and Warming
        7. Floor
```

図 1-5 "SCHOOL Architecture" の目次

注）参考文献［25］をもとに筆者が作成した。

職員室の機能および，設計・計画に関する具体的な記述はない。

また，関野氏には教員の経験があり，上述の論文には同じく明治28年に出された「学校建築図説明及設計大要」（以下，設計大要）に関する記述があるとともに，設計大要と同じ図面が掲載されており，関野氏および辰野氏が設計大要の作成に関与していた可能性も否定できない[60]。

さらに，辰野氏はイギリスに2回の滞在経験があり，継続して建築情報を入手している[61]。また，最初の滞在先はロンドンで1880年から2年間であり，1872年，ロンドン教育委員会から学校建築に関して全権を委任された建築家 E. R. Robson の活躍の時期と重なる。さらに，辰野氏がロンドン大学で師事した T. Roger Smith は，E. R. Robson の要請を受けて "central hall" 形式の最初の建設事例となった小学校を設計している[62]。加えて，上述した関野氏の卒業論文には E. R. Robson の研究[63]に関する複数の記述があり，さらに，欧米諸国の学校建築に関する情報が多岐にわたって確認される。

以上から唐津小学校の分離型職員室は，イギリスなどの欧米諸国の学校建築を範として，ラウンジ，すなわち教員控所として計画された事例であると判断される[64]。

一方，唐津小学校では統合型の職員室，および，校長室が必要であったと考えられ，時期は特定できないが，大正8年以前に改修が実施されて，五部（棟）に校務室，すなわち職員室と校長室が隣接して設置され，以後，校務室と教員控所が併用されていた[65]。また，五部（棟）の教員控所は増築されて謄写室・更衣室に転用され，校務室側の中央廊下に玄関が別に設置されている（図1-4）。さらに，明治41年から大正元年の間には，七部（棟），八部（棟）が増設されている。またさらに，運動会は中央の2つの廊下を保護者の観覧席にして講堂前の中庭で実施されていたが[66]，近くに用地を確保し，大正8年に運動場が整備されている。

以上のように，唐津小学校の設計では分離型職員室を採用した辰野氏は，約10年後の明治43年，明治専門学校（現，九州工業大学）の附属小学校にあたる明治尋常小学校（現，明治学園小学校）の設計では統合型の職員室を採用している[67]。辰野氏が小学校における統合型職員室の必要性を認識し，教員空間の設計に影響を及ぼしたものと推察され，明治40年代には統合型職員室が定着したことを示す事例であるといえる。

以上から，明治40年代以降，教員空間は学制当初の休息機能に加えて，事務・校務・会議・打ち合わせの場としての「統合型職員室」が定型化し，生徒の監督に加えて教室の男女区分も併せて実現できる場所として[68]，運動場を見渡すことができる校舎一階中央の玄関付近に，校長室，応接室などに近接して設置されていった。

なお，図1-1にみるように，大正中期以降には分離型職員室はみられず，統合型職員室と校長室の設置が概ね定着したことが確認される。ここで，それらのことを出版物で確認することにする。

まず，大正15年の『アルス建築大講座 第一巻』[69]では，学校建築に6ページが充当されている。学校の建築計画は人生最初の教育の場である小学校に基礎を置くべきであるとされ，わが国の小学校は量的には評価できるが木造であることから遮音に問題があり，石造やコンクリート造による小学校校舎への改善が急務であるとされている。なお，職員室は教室以外に必要な付属室として記述

されているのみである。さらに，スイス，アメリカ，ドイツの小学校とケンブリッジ大学の写真や図面が掲載されており，外国の学校建築の事例が紹介されている。

次に，昭和5年の『建築時代7 近代の學校建築』[70]には，ドイツにおける近代学校の4校の図面や写真が掲載されている。なかでも，図版20枚のうち10枚はオットー・ヘースラー設計のツェーレの国民学校（フォルクス・シュール）に関する記事であり，図面では，応接室に隣接した教室の2/3程度の校長室には大きな執務机に加えて小さな丸テーブルと椅子が設置されている。また，教室よりいくぶん狭い教員室には長テーブルとイスがレイアウトされていることが確認できるが，建築計画的な記述はない。

続いて，昭和10年の『高等建築学第20巻建築計畫8 學校 圖書館』[71]では，教員室に関する説明として，「各學級が専用の教室を持ち，そこに教員の生活本據が在る場合には單に教員休憩室，會議室となり，然らざる場合は勿論，その然る場合にでも，校長の直接統制の下に全教員が集合して共同の執務室を持つ場合には，我國従来の比較的大面積の所謂教員室となる」[72]と記述されている。すなわち，職員室を会議・休憩室として設置するという提案がみられるが，従来型の職員室についても記述されており，その他の教員空間として，応接室，校長室，会議室，教員休憩室兼更衣室，事務室などが記述されている。以上のように，主として従来型の職員室の設置を想定していると推測できるが，職員室の機能に関する具体的な記述はない。

一方，同じく昭和10年の『實用建築講座 學校建築』[73]では，「職員室は一校の中心であり，心臓である」[74]として，教室や他の教員空間との連絡，および運動場の監視を考慮して定めるべきとしている。

さらに，昭和13年の『學校建築講話』[75]では，職員室に関しては，職員1人1坪と広さに関する記述と御真影奉安所に関する記述に加え，「室内仕上は大體普通教室と同様で良い」[76]とし，「其の位置は小學校に於ては成るべく校舎の中央に近く設け，且運動場を一目で見渡し得る様な位置を選ばなければならない」[77]と，設計大要の記述と変わっていないことが確認される。なお，応接室，小使室，校長室や事務室などとの近接や隣接など，職員室と他の教員空間との関連にも言及している[78]。

以上のように，大正末期から昭和初期には，外国の学校建築を参考にする傾向がみられる。これは，わが国にRC造の学校が建設され始め，諸外国の建築の情報が流入し，学校建築に建築家が関わり始めた時期と一致する。しかしながら，職員室に関しては，明治期から変化していないことが確認される。

1.4 小　結

本章では，学校日誌や学校沿革史および学校の建築図面などから，わが国における職員室および校長室の史的考察を行い，以下の4つの知見を得た。

1）わが国の学校建築における教員空間は，学制当初，大半が教員控所，教員詰所などの休息・食事空間として設置されたが，明治10年前後からは執務の場としての事務室，校務室，さら

に，教員室，職員室などの設置がみられ，教員空間の機能の変化がうかがわれる。
2）等級制から学級制への移行が概ね定着した明治20年代後半になると，教員空間の主流となった教員室，職員室が会議や打ち合わせの場となり，明治40年代には休息・食事の場に加えて，事務・校務，会議・打ち合わせの場としての多重機能の統合型職員室として定着していった。
3）校長室は，応接室，職員室，会議室などとの兼用も少なくないが，概ね，明治20年以降に独立した部屋として設置されはじめ，明治40年代以降は設置事例が増加していった。
4）以上から，明治40年代後半以降には，「統合型職員室」が，生徒の監督および，教室の男女区分も併せて実現できる場所として，運動場を見渡すことができる校舎1階中央の玄関付近に設置され，漸次，近接して設置されていった「校長室」とともに，教員・校長の円滑な職務遂行を支える空間，すなわち，学校運営の拠点として定着・定型化し，大正，昭和初期に引き継がれたと考えられる。

注
1）参考文献［1］p.54，7-8行を引用。
2）参考文献［1］p.129を参照。
3）参考文献［1］p.123を参照。
4）本研究においては，教科の知識や技能の習得の指導ばかりではなく，授業における学習態度の確立や学習意欲の喚起などの指導も含めた広い概念としての指導を示す。
5）「教科・学習指導」に対する概念である。本研究では，学級担任教員が実施する基本的な生活習慣の指導などの生徒の生活指導，さらに，他教員との協働による進路指導や問題行動に対する指導に加えて，授業以外の場での学習態度などに関する生徒指導，生徒会活動や部活指導などにおける生徒指導を含めた広義の生徒指導を示す。
6）参考文献［1］pp.121-124を参照。
7）参考文献［1］pp.52-55を参照。
8）参考文献［1］p.125，pp.52-69を参照。
9）参考文献［2］pp.16-17を参照。
10）参考文献［3］を参照。
11）参考文献［4］，参考文献［5］に加えて，参考文献［6］，参考文献［7］を含む各地方の小学校の沿革史（p.32に示す）の図面による分析を行って考察した。なお，図面の収集は，古書検索などによって全国の事例を網羅するように努めたが，図面が掲載されていない沿革史も多いなどの制約が大きく，結果として34都府県の事例に留まった。しかしながら，職員室および校長室の機能と成立過程を示すことを目的とする本研究には支障がないと判断される。
12）参考文献［7］によると，校名は東大組第13区小学校(明治6年)，北浜学校(明治8年)，北浜小学校（明治12年），愛日小学校(明治19年)と変化したが，本研究では北浜小学校を使用した。また，愛日小学校は平成2年に閉校し，現在，学校日誌などの資料は同校区に新設された大阪市立開平小学校に保管されており，筆者は平成22年11月に確認している。また，参考文献［7］は大阪市教育研究所の所員の著書で，学校日誌の翻刻および詳細な注釈，さらに，解説が記されており，学制から明治10年代の小学校教育の実態を示す信頼性の高い資料であると判断される。

13) 参考文献［7］p.16 によると，大阪では，日本教育史資料に掲載されている私塾・寺子屋の師匠94名のうち39名が小学校教師になったと記されている。一方，参考文献［8］p.84 によると，筑摩県では明治6年には教員の出身階層は平民が多いとされているが，明治7年までに訓導と認められた者の84%が士族で，圧倒的に多いと述べられている。また，参考文献［9］p.44 によると，設学伺に掲載されている教師117名中，士族出身が90名(77%)と圧倒的に多いと述べられている。
14) 参考文献［10］p.195 を参照。
15) 参考文献［4］p.112 を参照。
16) 参考文献［11］p.1087 を参照。
17) 参考文献［7］p.209，参考文献［12］p.19 を参照。
18) 参考文献［7］p.3 を参照。
19) 参考文献［13］pp.205-281 によると，明治7年の北浜(小)学校は，教員6名，生徒数406名(男259，女147)で，大阪府の公立(小)学校では，教員数では最多であり(他に6校)，生徒数では高津町一番町(小)学校の421名に次いで2番目に多い。
20) 参考文献［7］p.94，24-25行には，「東大組第13区小学校の明治6年第4月生徒人員表によると，『句読，男242人・女120人。習字，男275人・女126人。算術，男272人・女119人。総計1154人』」とある。最も受講生の多い習字でも男女合計で401名で，注19に示した明治7年には406名であり，在籍生徒数の変化は小さい。なお，当時，科(課)目選択制で1〜2科(課)目の受講生がいることに加えて，随時の入学や休学・退学なども認められていたことから実数の把握は極めて困難である。

　また，参考文献［14］pp.4-9 にあるように，当時は，句読，暗誦など，学習形態である「課目」と算数，地理，歴史など，教科内容である「科目」が混合されているが，以後，本研究では「科目」を使用する。
21) 参考文献［7］p.94 を参照。
22) 参考文献［7］p.95，14行を引用。
23) 参考文献［7］p.264，3行を引用。
24) 参考文献［15］p.521，3行を引用。
25) 参考文献［16］p.66 によると，明治23年の第二次小学校令では「第六章　小学校長及教員」と記され，職員という記述はみられない。一方，参考文献［17］p.86 によると，明治33年の第三次小学校令では「第五章　職員」と示され，さらにp.88の「第二節　学校長及教員ノ職務及服務」では，「第百三十四條　学校長ハ校務ヲ整理シ所属職員ヲ統督ス」と記され，教員に加えて職員の呼称が使用されている。すなわち，職員は教員，校長および他の学校関係者を包含した呼称であることが確認される。
26) 参考文献［7］pp.209-218，pp.300-302 には，進級，および，試験の種類・方法，評価法に関する詳細な記述がある。また，p.210には，一(等)級の学習期間の目安は6ヵ月であるが，試験は学校ごとに時期が異なり，他校での受験が認められていることから，進級は随時であると記されている。なお，参考文献［14］pp.25-34 にも試験についての論述がある。
27) 参考文献［7］p.219　明治15年の三月十四日の日誌に，「本日より第六教場受持」とある。教場すなわち教室ごとの担任制の意。
28) 参考文献［7］p.42，2-3行を引用。
29) 参考文献［7］p.216，4-6行を引用。
30) 参考文献［16］p.110，5-6行には，「一人ノ本科正教員ノ一教室ニ於テ同時ニ教授スヘキ一団ノ児童ヲ指シタルモノニシテ従前ノ一年級二年級等ノ如キ等級ヲ云フニアラス」と学級が定義されている。
31) 参考文献［18］pp.146-151 を参照。
32) 参考文献［12］p.24，参考文献［18］p.188 を参照。

33) 参考文献［18］p.232 を参照。
34) 参考文献［7］pp.66-69, pp.112-115 を参照。
35) 参考文献［19］p.38 を参照。
36) 参考文献［18］p.231 によると，明治 24 年，校長の設置は 3 学級以上の学校としたため，校長職の一般化は明治 33 年の第三次小学校令以降とあるが，就学率から類推すると明治 40 年前後と考えられる。
37) 参考文献［16］p.983，第二條で「学校長ハ校務ヲ整理シ所属教員ヲ監督スヘシ」，第三條で，正教員及准教員は「児童ノ教育ヲ担任シ並之ニ属スル事務ヲ掌ルヘシ」とある。また，教員の事務に関する記述は p.987 を参照。なお，注 25 で示したように，明治 33 年には，学校長の職務については，「監督」が「統督」に変化しており，参考文献［19］では，校長の権限強化が図られた可能性があると述べられている。
38) 参考文献［18］p.232，13 行 - p.233，2 行を引用。
39) 参考文献［7］p.103 には四月十四日の日誌に「学事会議ヲ開ク。議事左ノ如シ。夜学生徒変則試験ノ方法。以後土曜日ヲ以テ，学区取締・戸長衆・教員・生徒掛，順次師範学校エ至リ，教則一覧致ス可キ事。第一回　小野氏・田中氏。第二回　森氏・尾崎氏。第三回　巽氏・六郎氏。文部省雑誌第一号巡読。廿七丁表迄。右，自第二至四時退散」とある。
40) 参考文献［7］p.206，1 行　十一月一日の日誌には，「午後三時より五時ニ至る，教員一同校則会議コレ有リ（かな使い：原文のまま）」とある。
41) 参考文献［18］p.234，10 行 - p.236，7 行を引用。
42) 参考文献［20］によると，藩校にも設置されていたことが確認される。
43) 参考文献［5］資料編 p.45　第 22 条の教員席の説明である。
44) 参考文献［21］を参照。なお，教場の表記は明治 26 年以降には確認できない。
45) 参考文献［22］pp.134-135 を参照。なお，参考文献［23］p.5 の'小学校　概説'では'教員室'と記述されている。一方，p.23 の'尋常中学校　概説'では，'職員室'と記述されており，さらに，p.25 の'教室及事務室等の図表'では，校長室は教員室や事務室と兼用でもよいと記述されており，職員室が教員室，校長室，事務室を包含する名称であることが確認される。
46) 参考文献［5］資料編 p.45　第 23 条には，事務局と教員席の兼用も可としている。
47) 参考文献［22］pp.132-133 を参照。
48) 参考文献［5］資料編 p.41　第 2 章　第 3 条を参照。
49) 参考文献［5］資料編 p.59　第 6 条を参照。
50) 参考文献［5］資料編 p.76　第 16 条を参照。
51) 参考文献［5］資料編 p.86　第 2 条を参照。
52) 参考文献［23］p.2 の第一章　総説(七)を参照。
53) 参考文献［5］資料編　p.152, 1-2 行を引用。
54) 参考文献［6］p.76 を参照。
55) 参考文献［6］pp.80-81 を参照。

　　なお，参考文献［4］p.153 の図面では，講堂が教員室と裁縫室，音楽室を兼ねている。参考文献［4］の著者である青木正夫氏に対するヒアリング調査によると，青木氏が唐津小学校を訪問したのは，校舎の四部～六部，八部が解体された昭和 33 年 3 月 26 日の直前であることが確認されたことから，後述する五部にあった校務室（職員室），八部にあった裁縫室を一時的に講堂に移した時期であったと推測される。
　　また，講堂にはピアノが常設され音楽室として使用されていた点については，唐津小学校の昭和 16 年の卒業生であり，さらに，昭和 25 年から昭和 33 年まで唐津小学校の教員として在職し，その後，志

道小学校の教員として勤務したM. T氏へのヒアリング調査によって確認された．

56）参考文献［6］p.45　明治14年11月5日の小学校改築開申書には生徒三百余名とある．さらに，同じく参考文献［6］p.222によると，明治34年の唐津小学校は教員28名（男15，女13），学級数は尋常，高等合わせて23（男12，女11）で，児童数は1,432名（男801，女631）である．

57）参考文献［24］pp.139-147に'辰野式'に関する記述があり，p.140には辰野式の祖型は英国の建築家Richard Norman Shawの'フリー・クラシック'にあるとし，p.145，2-4行には，東京駅の解説として，「中央部より翼をのばして対称形をとり記念碑的構成を目ざしながらも，その焦点となるべき中央玄関があまりにも小さく，かき消されたごとくあいまいで，集中力を欠くことであろう．原因は，辰野式の玄関意識の希薄さにある」，さらに，p.145，7行に「全体は対称型というクラシックさと，無焦点というフリーさに引き裂かれる」との記述がある．唐津小学校の当初のプランは上の記述に一致していると判断される．

　具体的には，まず，平屋のフィンガープランを採用して，講堂を中心とした'対称型'を実現し，さらに，玄関を奥まった講堂の出入り口として設けたところに，'玄関意識の希薄さ'が表れ，さらに，学校運営の中心であり，校舎中央の玄関付近に設置することが一般的となりつつあった職員室を設置せずに，6ヵ所の教員控所としたところに，'集中力を欠く'，'無焦点'が表現されていると考えられる．なお，6つの教員控所は中庭で活動する生徒の監督には適しているといえる．

58）参考文献［25］である．なお，関野氏の大学卒業は明治28年7月であり（東京大学に確認済），筆者は2004年10月，東京大学工学部建築図書室において参考文献［25］を確認している．

　また，参考文献［6］のp.77，上3-5行には「宇治の平等院や法隆寺再建説で日本考古学界の大先輩である関根貞博士は辰野の教え子で，関根の大学卒業論文は『学校建築』で辰野のサインが残っている（傍点の「根」は「野」の誤植である：筆者注）」とあり，さらに，参考文献［4］p.235，5-10行には「関野貞博士の卒業論文（明治28年6月）にも，『京都の小学校は，比較的進歩していて，学校中で一番立派な場所である講堂を持っていることが多い．（以下略）』」との記述があり，原文は英文であると記されている．

　従来，関野氏の卒業論文は，参考文献［26］p.1692，右5-6行に「卒業論文に『鳳凰堂建築説』を書いた関野にこの仕事を委嘱した」とある通り，'平等院の研究'であるとされてきたが，関野氏の卒業論文は参考文献［25］のみであることが確認された（2009.7.3）．また，「鳳凰堂建築説」は卒業論文と同じ日付の参考文献［27］p.122-141に掲載されている．なお，参考文献［26］は関野貞氏の子息である関野克氏が編集委員長を務めている．また，同文献p.1818には，明治26年に帝国大学には3つの講座が開設され，辰野氏が2講座を担当したとあることから，辰野氏が関野氏に学校建築の研究を指示した可能性も考えられる．

59）参考文献［25］p.47を参照．

60）参考文献［25］p.5には，研究テーマの選定理由として，"It is not without advantages to examine school-architecture and to determine the standard principles to be followed."と記されており，さらに，学校建築図説明及設計大要（以下，設計大要）に収録されている6事例の図面のうちの4つが掲載されており，そのうち3つは設計大要と同じ図面であり，他の1つは元資料と推測される手書きのオリジナル図面である．また，第Ⅳ章Ⅳ節の'教室の大きさと形'には，設計大要の一部と推測される本文とは大きさの異なる図版の紙面が挟み込まれている．なお，関野氏の教員経験については，参考文献［28］p.27に記述されている．

61）参考文献［29］p.219を参照．

62）参考文献［30］p.25-27，下記注64を参照．

63）参考文献［31］　なお，初版は1874年，参考文献［30］は復刻版である．

64) 参考文献［30］pp.25-27にはE. R. Robsonがロンドン教育委員会から委任されて学校建築の規定を作成し，その最初の事例はT. Roger Smithが1873年に設計したJonson Street小学校であり，1874年，R.I.B.A（英国王立建築家協会）において，T. Roger Smithは，Jonson Street小学校について説明したこと，さらに，設計の特徴として，central hallおよび多数のクラスルームの設置，運動場や昇降口が男女別に設置されていることなどが記されている。また，p.33には，マンチェスターで1890年代に6つのstaff roomを設置した高等学校の事例についての記述がある。

次に，参考文献［31］にはイギリスに加えて，アメリカ，フランス，スコットランド，ドイツ，オーストリアの学校建築について記述されており，掲載されている図面では，conference roomやteachers' roomsとして比較的狭い空間が1〜4室設置されている事例がみられる。また，Teachers' Roomsの記述として，p.220に"It is usually one of the first items omitted on the score of expense."と記述されている通り，設置されていない事例も少なくない。なお，pp.301-303には上記Jonson Street小学校の詳細な図面が示されており，講堂を中心にしたシンメトリーのプランで，教室の1/3程度の2つのteachers' roomが設置されている。さらに，E. R. Robsonは，Richard Norman Shawが提唱したQueen Anne styleを採用したと記されており，辰野氏の代表的建築においても，フリー・クラシックの住宅版であるQueen Anne styleが採用されている。

加えて，参考文献［25］では，イギリス，フランス，ドイツ，オランダ，スウェーデン，ベルギー，ロンドン，ババリア，バーゼル，ニューヨーク，プロシアなどの学校建築計画が参考にされている。なかでも，イギリス，フランス，ドイツの事例が相対的に多く記載されており，E. R. Robsonおよび参考文献［31］についての記述が数ヵ所にみられる。

以上のことから，唐津小学校の設計はブロックプラン，教員空間ともに，イギリスなど欧米諸国の学校建築の影響が極めて大きいと判断される。

65) 参考文献［6］p.161には図1-4がある。また，同文献のpp.192-193には，大正8年卒業の牟田岩雄氏の発言として，「悪い事をすると部の先生の溜りに呼ばれて，叱られたようですネ。もっと悪い事をすると，校長室の隣りの職員室に座らせられヨッタですね（傍点：筆者）」との記述があり，校長室と職員室が隣接して設置されていたこと，さらに，教員控所を'先生の溜り'と呼び，生徒指導に使われていたことが確認できる。

また，注55のM．T氏が描いた勤務当時の職員室（校務室）の内部のスケッチでは，学年ごとに机が集合した，いわゆる統合型職員室であり，図1-4と同位置にあったことが確認された。さらに，唐津小学校は昭和33年には，志道小学校，大成小学校の2校に分離し，その後，平成16年に再び合併統合されて大志小学校になり，現在に至っている。その大志小学校の校長室に掛けられている'唐津小学校之図'と題された額には唐津小学校校舎が描かれており，図1-4と同位置にある校務室が確認される。また，参考文献［6］には，講堂が教室として使用された記述はあるが，職員室として使用された記述はみられない。なお，M．T氏へのヒアリング調査によると，教員控所は昭和33年の取り壊しの年には教具室として使用されていた。

66) 参考文献［6］p.180を参照。

67) 参考文献［32］p.355には，明治尋常小学校は，6教室で76.26坪，教員室は1室で12.08坪とあり，明治43年の生徒数は21名，教員数は4名であることから，統合型職員室であると推測される。

68) 参考文献［16］p.107, 6-7行を参照。

69) 参考文献［33］を参照。

70) 参考文献［34］を参照。

71) 参考文献［35］を参照。

72) 参考文献［35］p.216, 5-8行を引用。

73）参考文献［36］を参照。
74）参考文献［36］p.24，1行を引用。
75）参考文献［37］を参照。
76）参考文献［37］p.221，4-5行を引用。
77）参考文献［37］p.220，13-14行を引用。
78）参考文献［37］pp.221-222には「尚職員室に近接して應接室，小使室，宿直室，衛生室，標本室，圖書室等の諸室を設けることは，其の用途の性質上當然とする處である」とし，校長室は「普通の小學校に於ては特に獨立して設ける必要はないが，中等程度以上の學校及學級数の多い小學校に於ては，一室獨立して設けるが良い。位置は勿論職員室に隣接しこれに應接室を附属せしめる様にする。又上級学校に於ける如く事務室を有する場合には，事務室と職員室の間にこの室を設けるようにするのが便利である」と他の教員空間との関係について述べている。

参考文献

［1］油布佐和子編：シリーズ 子どもと教育の社会学5 教師の現在・教職の未来 あすの教師像を模索する，教育出版，1999
［2］日本建築学会編：学校建築 海外実例集，彰国社，1995
［3］屋敷和佳：英国の学校の生活環境──バーミンガムの初等学校から──，教育と施設59号 海外アラカルト，pp.100-103，1997.12
［4］青木正夫：吉武泰水編 建築計画学8 学校Ⅰ，丸善，1976
［5］菅野 誠，佐藤 譲：日本の学校建築──発祥から現代まで──，文教ニュース社，1983
［6］岩下忠正（唐津市史編纂室）：母校百年史 唐津小学校・志道小学校・大成小学校，旧唐津小学校創立百周年記念事業実行委員会，1976.3.31
［7］大森久治（大阪市教育研究所）：明治の小学校──学制から小学校令までの地方教育──，泰流社，1973
［8］宮坂朋幸：教職者の呼称の変化に表れた教職者像に関する研究──明治初期筑摩県伊那地方を事例として──，日本教育史研究 第22号，pp.71-97，2003.8
［9］新谷恭明：明治初期の宮崎県における小学校設立維持の実態について──宮崎県庁文書『設学伺』を素材に──，九州大学教育学部紀要（教育学部門）第42集，pp.35-56，1997
［10］文部省：学制百年史，帝国地方行政学会，1972
［11］国立教育研究所編：日本近代教育百年史 第三巻 学校教育1，国立教育研究所，1974
［12］佐藤秀夫：明治期における「学級」の成立過程 教育6，国土社，pp.18-25，1970.6
［13］文部省：文部省第二年報（復刻版），宣文堂書店，1964
［14］柳 久雄，西脇英逸，酒井忠雄：明治初期小学校教育の研究（中間報告）その学力観，教授法及び試業について──大阪市立愛日校資料を中心として──，大阪学芸大学紀要C，教育科学（1），p.1-35，1959.10
［15］文部省教育史編纂会：明治以降教育制度発達史 第二巻，教育資料調査会，1964
［16］文部省教育史編纂会：明治以降教育制度発達史 第三巻，教育資料調査会，1964
［17］文部省教育史編纂会：明治以降教育制度発達史 第四巻，教育資料調査会，1964
［18］国立教育研究所編：日本近代教育百年史 第四巻 学校教育2，国立教育研究所，1974
［19］元兼正浩：明治期における小学校長の法的地位の変遷に関する一考察，教育経営教育行政学研究紀要，pp.37-50，1994
［20］城戸 久，高橋宏之：江戸時代の学校建築と教育 藩校遺構，相模書房，1975

[21] 藤原直子：「学級教室」の成立，日本建築学会大会学術講演梗概集，E-1 分冊，pp.559-560，2011.8
[22] 水本徳明：日本の小学校における場としての職員室の形成――明治期学校管理論の分析を通して――，日本教育経営学会紀要 47 号，pp.130-144，2005.5
[23] 文部大臣官房會計課建築掛：學校建築圖説明及設計大要，文部省大臣官房會計課，1895.4
[24] 藤森照信：日本の建築［明治　大正　昭和］3 国家のデザイン，三省堂，1979
[25] T. Sekino：Graduation Essay *SCHOOL Architecture*，T. Sekino，Architecture，Engineering College，June. 25，1895
[26] 日本建築学会編：近代日本建築学発達史，丸善，1972
[27] 造家學會：建築雑誌　第百二號，1895.6.25
[28] 太田博太郎：建築史の先達たち，彰国社，1983
[29] 藤森照信：日本の近代建築（上）――幕末・明治編――，岩波新書（新赤版）308，岩波書店，1993
[30] Malcolm Seaborne and Roy Lowe：*THE ENGLISH SCHOOL* Its Architecture and Organization Volume II 1870-1970，Routledge & Kegan Paul Ltd，1977
[31] E. R. Robson：*SCHOOL ARCHITECTURE*，JOHN MURRAY，1874，SCHOOL ARCHITECTURE，E. R. Robson with an introduction by Malcolm Seaborne，THE VICTORIAN LIBRARY，edition，Leicester University Press，1972
[32] 明治専門學校：私立明治専門學校史，明治専門学校，1922.6
[33] 山崎静太郎，關野　貞，佐藤功一，大口清吉，伊豫田　貢，中村傳治，徳永　庸，齋田時太郎，下元　連，齋藤龜之助，永田愈郎，尾崎久助，中村達太郎，今　和次郎，野田俊彦，佐藤武夫，土居寛通，山本忠興，櫻井省吾：アルス建築大講座（第一巻），アルス，1926
[34] 川喜田煉七郎：建築時代 7 近代の學校建築，洪洋社，1930
[35] 古茂田甲午郎，柘植芳男，江崎伸市：高等建築學第 20 巻　建築計畫 8　學校　圖書館，常磐書房，1935
[36] 石川　徹：實用建築講座　學校建築，東學社，1935
[37] 後藤米太郎：學校建築講話，丸善，1938

<図 1-1　出典 C 一覧>　――順不同――

鶴ヶ岡小学校百年史（1976），胡桃館小学校百年（1978），西中野目小学校百年史（1977），厚狭小学校百年史（1972），西畑小学校百年誌（1979），山之上小学校百年誌（1973），百年誌（深伊沢小学校）（1975），出合小学校百年史（1974），直方南小学校百年史（1975），東谷口小学校百年史（1976），厚陽小学校百年史（1974），阿知須小学校百年史（1973），市木小学校百年（1974），三尻小学校百年史（1974），立岩小学校百年史（1975），白石小学校百年史（1973），藍住南小学校百年史（1975），城内小学校百年史（1986），八木山小學校　八木山小學簡易科 第三鎮西尋常小学校　八木山尋常小学校　沿革史 1974（一），百年の歩み　前原小学校（1974），上頓野小学校百年史（1974），今津　今津小学校創立百周年記念誌（1975），小石原小学校　創立百周年記念誌（1975），若宮西小学校創立百周年記念誌 西小の百年（1992），千代小学校百年誌（1987），壱岐小学校百年誌（1985），八幡校百年誌（1978），大刀洗町立大刀洗小学校創立百周年記念誌（1996），三国小学校創立百周年記念誌（1992），雷山（1976），木屋瀬校史（1973），勧興読本（1974），循誘　創立百周年記念誌（1975），愛日　創立百周年記念誌（1972），吉川小学校創立百周年記念誌　百年のあゆみ（1986），創立百周年　剣南小学校（1976），吉菜小学校百年史（1977），若菜小学校創立七十年誌（1981），日吉六十年誌（1934），高田小学校百年誌（1974），村上小学校百年史（1974），鋳銭司小学校百年史（1973），精明小学校の記録 ― 創設期の苦難の道をたどって ―（1982），神田小学校　世紀の歩み（1976），三河小学校創立百周年記念誌（1974），碑小学校八十五年史（1964），百年の歩み　飫肥小学校百年史（1975），百年のあゆみ　川内北学校（1973），日新小学校　百周年記念誌（1974），母校百年史　唐津小学校・志道小学校・大成小学校（1976）

第 2 章

職員室の計画学

2.1 はじめに

　第二次世界大戦後の6・3制の実施にともなって昭和22年に誕生した新制中学校は，校舎不足から早急な新築が迫られ[1]，全国的には従来の小学校建築のプランニングが踏襲された[2]。そのため，職員室についても小学校の職員室と同様に，校長室，事務室，応接室などに近接し，運動場が見渡せる1階の校舎中央付近に設置された従来型の統合型職員室が一般的であった。
　一方，第二次世界大戦で罹災した小学校の復興と新制中学校校舎の新設のため，建築計画学が文部省（現，文部科学省：以下同じ）と連携して国家的プロジェクトとして学校建築に関わることになる[3]。
　本章では，戦後の学校建築計画に関する論文や出版物などから，中学校における新しい運営方式の提案の過程と，それに連動した職員室の計画についての変遷を追うことにする。

2.2 新制中学校の教育

　新制中学校の教育システムについては，昭和22年に教育刷新委員会で論議がなされたが，すでに，教科担任制を採用することが文部省から示唆されていた[4]。同時に，生徒指導の重要性が強く指示され，教科指導においても教科内容に加えて，態度，認識，習慣などに関する生徒指導の重要性が述べられている[5]。昭和22年当時，小学校の教員から転じた教員が50％以上を占め[6]，さらに，担当教科の免許を持つものはいずれの教科においても1割に達していなかった事実や[7]，終戦直後の生徒の生活状況などを考え合わせると，教科指導に加えて生徒指導が教育活動の基盤であったと推察される。なお，当初は，地域間および学校間の差が大きかったと考えられるが，ここに，授業すなわち教科・学習指導における教科担任制と生徒・生活指導における学級担任制の併用による中学校の運営が開始された。
　昭和22年に独立校舎および専任教員を確保して開校し，中部地方の先進校的存在として，教科指導および生徒指導の両立を目標に，昭和25年から42年間，教科教室型運営を実施した事例がある。このIh中学校は，発足当初から「全職員が学級担任」[8]として可能な限りの二人担任制を実施し，「生徒指導の基盤としての学年会の重視の方針」[9]を打ち出し，問題行動の予防を目標として週1回の定例の学年会を開催している。学年会では，学級担任が作成した資料に基づいて生徒一人一人について，その指導対策についての意見交換を行い，1学期間に学年の生徒全員の第1回目の指導対策を完了しており[10]，きめ細かい生徒指導を実践した事例といえる。すなわち，Ih中学校においては，学校運営の基盤が学級経営による生徒指導であり，学年教員集団による生徒指導が実施されたことで教科指導の成果も上がり，教科教室型運営を長期間継続することができたと推察される。中学校における学級担任および学年教員集団による生徒指導が，新制中学校の成立時から実施されていた一つの事例であるといえる。

2.3 教科教室型運営と分離型職員室の提案

　新制中学校の運営方式は，現実には学級教室と特別教室を併用する特別教室型運営が大半を占める一方，文部省と連携した建築計画学の専門家グループからは，プラツーン型運営や教科教室型運営，さらに，教科センター方式の教科教室型運営，およびそれらの運営方式に連動して教科教員集団ごとの分離型職員室が提案された過程を整理する。

　職員室のあり方は学校運営方式との関連が極めて深く，さらに，教室は教員の主要な指導空間すなわち執務空間であり，運営方式や教育システムの影響を大きく受けると考えられる。そこで，表2-1に示した，**資料1～資料32**について[11]，資料中の学校建築計画に関する記述の中から，中学校の運営方式，職員室，教室の3つを軸に特徴的な記述を抽出し，学校建築計画，および中学校職員室の計画の変遷について考察する。

　なお，考察にあたっては，昭和46年の中央教育審議会答申，および昭和59年の臨時教育審議会の設置を2つの分節点として，（1）終戦後から昭和40年代半ばまで，（2）昭和40年代半ばから昭和50年代後半まで，（3）昭和50年代後半以降の3つの時代区分を行った。

2.3.1 （1）終戦後から昭和40年代半ばまで

　第二次世界大戦後には民主化が教育の柱として掲げられ，生徒の個性や自主性を尊重すべきことが強く提唱される。**資料1**は建築計画学の創成期の日本建築学会の学会誌である「建築雑誌」である。文部省施設局の要請，および，G.H.Q‐C.I.Eの提案によって創設された学校建築研究会のメンバーが，「學校建築の基準について」[12]の中で，「從来（戦争準備中から終戦に至る迄）の我國の學校教育制度は，その根本方針に於て人類社會の進歩發展にもとるものがあった。今度の學制改革は單に制度上の變革と云ふより，むしろ學制を本来の正道におくにあると考へてよいと思ふ。就中，從来教科書本位教師本位の畫一的な教育の行はれがちだった學校は，生徒の各自の獨創的活動或は集團的共同活動のために必要な學習の場所，遊戯の場所を與へることを第一義とするやうになったのである（傍点，括弧：原文のまま）」[13]と，学校を教師による画一的な指導の場から，生徒の独創的活動，集団的活動の場へ変更すべきであると述べ，さらに，**資料3-1**の「學校組織についての考察」[14]，**資料3-2**の「學校建築の設計計畫について —— 中學校・小學校の場合 —— 」[15]においても同様な記述がみられる。次に，文部省が関わった**資料2**においても，生徒の自主性を尊重すべきとされ，**資料4**では，「戦前の学校は全く幼稚な未完成品で，シンプルな教育方法を運営するに必要な校舎であった以上，その教育が生彩を欠くと同様に，建物もまた陰氣な拘禁の場所とでもいうように単純な造型物として取り扱われたのも無理はなかった」[16]，また**資料5**においても，「旧時代的なカリキュラムだけしか実践できぬような，そのような融通のきかない学校施設ではもちろんあってはならない」[17]と，**資料1**と同様に従前の教育の主体や方法，および学校校舎に対する問題点について述べている。なお，**資料2**，**資料4**，**資料5**は文部省および学校建築研究会の編集である。

第2章 職員室の計画学

表2-1 資料一覧

資料番号	参考文献	発行年	編者・著者・発行者　■建築学会　●文部省　□建築学大系編集委員会・新建築学大系編集委員会　◆文教施設協会　◇上記以外の出版物	時代区分
1	[8]	昭和23	■建築雑誌 第63輯 739号（日本建築学会，1948.4）「學校建築の基準について（學校建築研究會）」	
2	[9]	昭和24	●新制中学校建築の手びき（文部省教育施設局工営課 学校建築研究会編，明治圖書，1949.3）	
3-1	[10]	昭和25	■建築雑誌 第65輯 763号（日本建築学会，1950.6）「学校組織についての考察」	
3-2	[10]	昭和25	■建築雑誌 第65輯 763号（日本建築学会，1950.6）「学校建築の設計計画について－中学校・小學校の場合－」	
4	[11]	昭和26	●学校建築計画図集（文部省教育施設部 学校建築研究会編，彰國社，1951.11）	
5	[12]	昭和28	●学校施設計画の手びき（文部省 学校建築研究会編，教育弘報社，1953.8）	
6	[13]	昭和32	◇学校建築の計画（理工図書，1957.10）	[1]
7	[14]	昭和37	□建築学大系32 学校・体育施設 第3版（建築学大系編集委員会，彰国社，1962.2）	
8	[15]	昭和39	■学校のブロックプラン パンフレットNo.17（日本建築学会建築設計々画規準委員会編，日本建築学会，1964.11）	
9	[16]	昭和40	■建築設計資料集成4（日本建築学会編，丸善，1965.12）	
10	[17]	昭和42	◇学校施設（第一法規，1967.2）	
11	[18]	昭和44	◇建築設計講座 学校建築（理工図書，1969.3）	
12	[19]	昭和45	□改訂増補 建築学大系32 学校・体育施設 新訂第1版（建築学大系編集委員会，彰国社，1970.3）	
13	[20]	昭和46	■学校建築計画（日本建築学会，丸善，1971.11）	
14	[21]	昭和48	◇開かれた学校　そのシステムと建物の変革（NHKブックス189，1973.8）	
15	[22]	昭和49	◇建築計画学9 学校Ⅱ（丸善，1974.11）	
16	[23]	昭和51	◇建築計画学8 学校Ⅰ（丸善，1976.4）	[2]
17	[24]	昭和54	■学校建築 計画と設計（日本建築学会，1979.2）	
18	[25]	昭和54	■建築設計資料集成6 建築－生活（日本建築学会編，丸善，1979.10）	
19	[26]	昭和58	□新建築学大系29 学校の設計（新建築学大系編集委員会編，彰国社，1983.6）	
20-1	[27]	昭和61	◆教育と施設14号（文教施設協会，1986.8「特集『教育改革』と教育施設（5）（座）教育改革は学校改革から」	
20-2	[27]	昭和61	◆教育と施設14号（文教施設協会，1986.8「特集『教育改革』と教育施設（5）（座）教育改革は学校改革から」	
20-3	[27]	昭和61	◆教育と施設14号（文教施設協会，1986.8「特集『教育改革』と教育施設（5）（座）教育改革は学校改革から」	
21	[28]	昭和62	◇建築設計資料16 学校 小学校・中学校・高等学校（建築思潮研究所編，建築資料研究社，1987.3）	
22-1	[29]	昭和63	◆教育と施設23号（文教施設協会，1988.12「特集 教育方法の多様化と学校環境（1）（座）『教育方法の多様化と施設の在り方』」	
22-2	[29]	昭和63	◆教育と施設23号（文教施設協会，1988.12「特集 教育方法の多様化と学校環境（1）（座）『教育方法の多様化と施設の在り方』」	
22-3	[29]	昭和63	◆教育と施設23号（文教施設協会，1988.12「特集 教育方法の多様化と学校環境（1）（座）『教育方法の多様化と施設の在り方』」	
22-4	[29]	昭和63	◆教育と施設23号（文教施設協会，1988.12「特集 教育方法の多様化と学校環境（2）教育方法の多様化に対応した環境の在り方」	
22-5	[29]	昭和63	◆教育と施設23号（文教施設協会，1988.12「特集 教育方法の多様化と学校環境（2）教育方法の多様化に対応した環境の在り方」	
23	[30]	平成1	◇新建築設計ノート 学校（西日本工高建築連盟，彰国社，1989.6）	
24-1	[31]	平成2	◆教育と施設31号（文教施設協会，1990.12）「第3のエリアを考え直す 校務エリア（1）新しい校務エリアの課題」	
24-2	[31]	平成2	◆教育と施設31号（文教施設協会，1990.12）「第3のエリアを考え直す 校務エリア（2）校務活動を支援する施設・設備への提案」	
24-3	[31]	平成2	◆教育と施設31号（文教施設協会，1990.12）「第3のエリアを考え直す 校務エリア（3）学校のセンターエリアとしての校務エリア」	
25	[32]	平成4	■建築雑誌 VOL.107 NO.1326（日本建築学会，1992.4）「特集 生活空間としての学校建築」	
25-1	[32]	平成4	■建築雑誌 VOL.107 NO.1326（日本建築学会，1992.4）「いまなぜ学校か－学校建築の現状と未来－」	
25-2	[32]	平成4	■建築雑誌 VOL.107 NO.1326（日本建築学会，1992.4）「（座）生活空間としての学校建築」	
25-3	[32]	平成4	■建築雑誌 VOL.107 NO.1326（日本建築学会，1992.4）「（座）生活空間としての学校建築」	[3]
25-4	[32]	平成4	■建築雑誌 VOL.107 NO.1326（日本建築学会，1992.4）「（座）生活空間としての学校建築」	
25-5	[32]	平成4	■建築雑誌 VOL.107 NO.1326（日本建築学会，1992.4）「（座）学校建築の実例を批評する」	
25-6	[32]	平成4	■建築雑誌 VOL.107 NO.1326（日本建築学会，1992.4）「（座）学校建築の実例を批評する」	
25-7	[32]	平成4	■建築雑誌 VOL.107 NO.1326（日本建築学会，1992.4）「（座）学校建築の実例を批評する」	
25-8	[32]	平成4	■建築雑誌 VOL.107 NO.1326（日本建築学会，1992.4）「（座）学校建築の実例を批評する」	
25-9	[32]	平成4	■建築雑誌 VOL.107 NO.1326（日本建築学会，1992.4）「学校建築と建築計画学研究－学校計画研究は役に立ったか－」	
26	[33]	平成5	◇「開かれた学校」の計画（彰国社，1993.12）	
27-1	[34]	平成6	◆教育と施設44号（文教施設協会，1994.3）「特集『教科教室型の中学校』巻頭言」	
27-2	[34]	平成6	◆教育と施設44号（文教施設協会，1994.3）「特集『教科教室型の中学校』（1）中学校の「教科教室型」構成」	
27-3	[34]	平成6	◆教育と施設44号（文教施設協会，1994.3）「特集『教科教室型の中学校』（2）教科教室と教科指導」	
27-4	[34]	平成6	◆教育と施設44号（文教施設協会，1994.3）「特集『教科教室型の中学校』（3）教科教室型中学校の計画上の要点」	
27-5	[34]	平成6	◆教育と施設44号（文教施設協会，1994.3）「特集『教科教室型の中学校』（4）（座）教科教室での実践の問題点と対応」	
27-6	[34]	平成6	◆教育と施設44号（文教施設協会，1994.3）「特集『教科教室型の中学校』（4）（座）教科教室での実践の問題点と対応」	
27-7	[34]	平成6	◆教育と施設44号（文教施設協会，1994.3）「特集『教科教室型の中学校』（4）（座）教科教室での実践の問題点と対応」	
28	[35]	平成10	◇建築設計資料67 学校2 小学校・中学校・高等学校（建築思潮研究所編，建築資料研究社，1998.6）	
29	[36]	平成11	◇シリーズ教育の挑戦 未来の学校建築 教育改革をささえる空間づくり（岩波書店，1999.10）	
30	[37]	平成13	◇建築デザインワークブック[1] スクール・リボリューション — 個性を育む学校（彰国社，2001.7）	
31	[38]	平成18	◇建築設計資料105 学校3 小学校・中学校・高等学校（建築思潮研究所編，建築資料研究社，2006.6）	
32	[39]	平成20	◇学校建築ルネサンス（鹿島出版会，2008.1）	

凡例 （座）座談会
注）文教施設協会は文部科学省所管の公益法人である。

具体的な変革点については，**資料1**の「學校に於ける生活活動の主體は第一に學童であって，その生活過程，學習活動の分析が先づ必要となる」[18]，**資料3-2**の「從來の教育方針・教科内容は中央で定められたものを，教師を通じて上から與えて行く，畫一的傾向の強いものであった。が，今後は學童・生徒が彼等の生活環境(社會的，自然的)や身心の發達程度に應じ，みづからの興味に動かされて學習することにより，教育目的を達成するよう導かれるのである(傍点，括弧：原文のまま)」[19]，「生徒達にとって使い易いものが要求される(傍点：原文のまま)」[20] と記され，生徒の生活・学習活動を主体とした設計をすべきであるとしている。一方，文部省は**資料2**で，生徒の生活を最重要視しながらも，教師や校長，事務職員の生活活動についても調査すべきとし，さらに，**資料5**でも，「教師は学校施設の利用の主体であるべきである」[21] として，学校建築に対して教員が積極的に関与すべきとする一方で，児童生徒中心の学校施設にすべきとも記されている。ここに，教育方法においても，学校校舎の設計においても，'生徒が主役' として計画すべきとされたことが確認され，以後，'生徒が主役' は一貫して提唱され続けており，学校の主役に教員が明記されている資料は多くはない。

　次いで，運営方式については，従来型の特別教室型運営は普通教室の利用率が低下するために好ましくないとし，**資料1**では「生徒各自の學習活動を十分ならしめるためには社會科，數學科等でも夫々専門の教室を持つことが望まれる(傍点：原文のまま)」[22]，「一方生徒のクラスとしての又學校全體としての集團活動の秩序を保つためにはやはりClass roomが必要である(傍点：原文のまま)」[23] と，教室に関する相反する2つの要求があることが指摘されている。一方，学科教室制（B）すなわち教科教室制は，「生徒の各自の個性，身心の發達（各自の學習速度）に應じた教育が出来る半面Classとしての集團活動はさまたげられ，學校全体としての秩序も保ち難い。施設上教室数は減るが，生徒控室，ロッカー等が必要になる。教育関係者には低學年はもとより新制中学校でも（B）は不可であるとする御意見が強い(閉じ括弧：筆者)」[24] と記述されており，建築計画学の研究者が，教科教室型運営は学校内の秩序の維持，生徒の生活拠点や持ち物の処理などに問題があること，さらに，その実施には，現場の教員を含むと推察される教育関係者の反対が強いことを当初から把握していたことが確認される。そこで，この2つの要求の矛盾を解消する手段としてPlatoon制が紹介されているが，教員は特別教室制への移行過程としては認めても，最後的なものとしては反対が多いとしている。結論としては，「いずれにせよ一長一短あり，生徒の年令；學校の規模性格；學級，學科擔任制；或は移行過程等にからむ。實際に當つては之等の長短を認識して學校の方針に適したものを採用すべきである。唯前にも述べた様に教育者間にみられる（A）Systemの支持はむしろ逆行として充分警戒される必要があらう。我々としては小学校下級には（C）（綜合教室制），小学校上級及新制中学校には（D）（Platoon制）或はそれに類したものを考へてゐる(括弧：筆者)」[25] と，現場の教員らが特別教室制（(A) System）を支持していることを認識しながらも，逆行であると評して，中学校にはPlatoon制を推奨している。また，**資料4**においても，「小学校にあっては学級教室型，中学校にあってはプラツーン型をとり入れ，高等学校にあっては教科分け方式を採用するという含みを持っている」[26]，さらに，**資料5**ではプラツーン型は「実際に教育の衝に当たる教師

第 2 章　職員室の計画学

の側には不評であって，普及したとはいゝ難い」[27]とし，学級教室がないため，生徒が落ち着かないことと教室に対する愛着心が薄らぐことの2つを理由に，教員の賛同が得られにくいことを認識しながら，訓練によって克服しうるとして，文部省も中学校においてはプラツーン型運営を推奨していたことが確認される。

　次いで，教室に関して，**資料3-2**では，学級教室を学校における最も重要な空間であると位置づけ，「クラスとしてのまとまりをもつため，外へ氣分が散逸することなく，落着いた，内へ向ってまとまった空間であること」[28]と静謐な空間である必要性が述べられている。さらに，**資料2**に掲載されている教室の俯瞰図や**資料4**の教室の平面図・展開図からもクローズドな教室を想定していることが確認される。また，**資料5**にはアメリカ，イギリスの事例について記されているが，いずれもクローズドな教室であり，さらに，採光，通風，耐震性，火災時の避難，校舎の拡張時の適応性において，片廊下型並列校舎が望ましいと記されている。次に，**資料7**においては，「専用の学級教室をもつことによって得られる多くの教育的価値は，決して簡単に捨てうるものではない」[29]と学級教室の重要性が述べられており，さらに，「そして運営方式そのものについては，これを教育者に任せ建築がそれを規定しないことを理想と考える（傍点：筆者）」[30]と，運営方式は学校・教員が決めるべきと述べられている。次いで，**資料8**では，運営方式の決定は学校当事者によるとしながらも，設計者と学校当事者との打ち合わせが必要であると論述が変化している。さらに，**資料9**では，「現在のようなクラス単位の運営は，教育の方法として最善のものとはいいきれない」[31]とする一方で，特別教室型を「中学校や高等学校でも落ち着いて学習ができるなどの利点が大きく，また伝統的な校舎や学習のしかたから抜け出しにくいこともあって圧倒的に多い形である（「形」：原文のまま）」[32]と，中学校に加えて高等学校でも特別教室型運営が多数を占める実態が示されている。続いて，**資料11**は，昭和30年に7％であった教科教室型運営の中学校が，昭和39年には1.5％に減少している事実を示す一方で，「教科教室型やプラツーン型の採用をより考えるべきでないかと筆者は考えている」[33]と，教科教室型運営やプラツーン型運営の採用を推す姿勢が強くなったことが確認される。しかしながら，**資料3-2**と同様に，小学校のクラスルームは静謐な空間で他のクラスの邪魔をせず，しかも，多目的で完結した独立の空間であるべきとしている。一方，中・高等学校においては，「クラスルームが必要なのはU＋V型（特別教室型）のときだけである」[34]とし，教科教室型運営では学級教室は必須の空間ではないとしている。なお，現場の教員からは学年グルーピング，すなわち学級教室の学年配置が支持されやすいと記述されている。

　次に，職員室に関しては，**資料1**の「教師は通常教室で生徒と共にあり，研究等も教室ですることが望ましく，職員室は會議，休憩，喫煙の場所として必要あれば之を設ける」[35]とあり，執務室としての統合型の職員室の設置は想定されていない。一方，文部省は，**資料2**で，教師室は休憩室とすべきとしながらも，2教室分が充当されたレイアウト図[36]からは応接・休憩コーナーはあるものの従来型の職員室であると推察され，さらに，**資料4**では「管理部はその学校の管理上の活動中心部であり，校外から出入に便利な位置にあることが望ましい」[37]と戦前と変らない記述がされている。しかしながら，**資料5**においては，学級教室や教科研究室にデスクを持つ場合は休憩室的な小

室で足りると記述され，さらに，文部技官2名の共著の**資料6**でも，職員室に対する考え方が反省されてきたとして，「今までの職員室のあり方は，雑然と先生が集まり，雑談の場所となるきらいがあった。先生の個人的な研究をするには余りにも無残な環境であった。この際職員室は小さくともよいから，ここで茶を飲み，煙草をすい，英気を養う憩いの場所と考えたい」[38]と**資料1**と同様，職員室の機能を休憩に特化する提案がなされている。その後，**資料7**でも同様に，学級事務は教室で実施し，分掌事務のためには共同の仕事机でよいとされている。さらに「諸外国の例も参考になるであろう」[39]とし，「いままでもっていた他の機能，すなわち会議・応接・打合せ・相互の連絡・校長の監督・外套持物の置場などが問題になってくるであろう」[40]としながらも，「いままでのような職員室の方が望ましいと考えうる機能は一つもない」[41]と，従来型の統合型職員室が明快に否定されている。また，休憩室での打ち合わせが可能であるとし，別に，会議室および事務用の小室の設置，教師用ロッカーの設置，すなわち，機能による分化が提案されている。次いで，**資料8**においても，教員空間の機能分化が提案され，「むしろ，職員室は，職員の休憩室として確保したい。この場合従来のように，管理部として，玄関近くにおく必要はない」[42]と，設置場所の変更について言及されており，「教科教室型の場合は，教科教室と隣接して準備室を設けるようにする」[43]と教科準備室の設置が提案されている。同じく，**資料9**でも，機能分化と教科職員室（準備室・研究室），会議室，休憩室の設置が提唱されている。さらに，**資料11**では，和が保てること，教員の掌握に便利であること，各教員間の連絡がとりやすいこと，分掌事務の処理も比較的容易となること，教員間の仕事の依頼，職員会議の場などが統合型職員室の利点としてあげられ，慣行によって良しとする意見がみられると述べられている。一方，大部屋職員室では，書類，図書の累積がはなはだしく，教員の教科準備や研究が困難となり芸術，理科などの教師にのみ準備室を持つという不公平さなどが問題点として述べられている。そこで，職員室の構成は「校務分掌からの要求もある」[44]として，教頭を中心とした教務関係教員用の教務室の設置や生活指導や進路指導の専用スペースとしてのカウンセラー室の設置が提案されている。また，「外国の学校建築にみられる職員室は，休憩と会議が主体となっている」[45]と，**資料7**，**資料8**，**資料9**と同様に休憩・会議室の設置と職員室の機能による分化が述べられている。

　以上のように，職員室の計画では統合型職員室からの変革，および休憩室の設置の必要性と機能による分化，さらに，教科職員室の設置が提案されてきた。しかしながら現実的には，大半の中学校は特別教室型運営であり，従来型の統合型職員室が設置されていた。**資料4**の巻末には，地方の実情に沿い学校の教育計画に基づいて設計されたという全国の102校の学校の図面が掲載され，そのうち84校が中学校（国立大附属校2校を含む）である。職員室は76校，校長室は81校，事務室は71校に設置され，校長室，職員室，事務室の3つが設置されている事例は51校，応接室が別に設置された14校を加えると65校に達する。職員室が設置された76校のうち，2階に職員室が設けられた1校を除き，他の職員室はすべて校門，出入り口，玄関の近傍にあり，'校外からの出入りに便利な位置'であることが確認され，さらに，2階に職員室を設置した1校も含めて'運動場に面している'学校が34校ある。職員室には1〜2教室分のスペースが充てられ，2階に設置された1校，

職員室のみが設置された1校を除いた74校の職員室は，すべて校長室，事務室などと近接，隣接しており，戦前の計画を継承していることが確認される。なお，**資料10**では，学校の主人公は教員と児童・生徒であるとして，学校建築の計画には教員の参加が不可欠とする一方，中学校においてはプラトゥーン型や教科教室型運営を推奨し，専用のクラスルームは不要であるとし，教科職員室の設置が提唱されている。また，**資料12**は，職員室に関する記述については，**資料7**から変化していない。

次に，**資料13**には教職員の側からみることも必要として，教員の視点からみた学校の機能として（1）児童・生徒と教員の接触，（2）教職員どうしのコミュニケーション，（3）教職員の休憩等の生活的要求，（4）校務，教務の円滑な実施の4点が指摘されている。次いで，中学校運営方式については，実情はほとんど特別教室型運営であるとし，教室の利用効率や教科専用教室の利点からも教科教室型やプラトゥーン型の運営を考慮すべきであると述べられている。また，小・中学校の教員調査の結果から，教科研究会に比して学年打合せの頻度が高い事実や「教員の休憩時間が実際にはとられていない」[46]という教員の行動の実態が述べられていることが特徴的である。

以上のように，学校建築計画学の創成期といえる戦後から昭和40年代半ばまでの時期は，全国的には統合型職員室を設置した特別教室型運営の中学校が建設される一方，文部省と提携した建築計画学からは従前の教育方法や学校校舎からの変革が強く主張されている。そこで，現場の教員が学級経営を基盤にした特別教室型運営を支持していることを把握しながらも，プラトゥーン型運営や教科教室型運営が提唱され，同時に，統合型職員室からの変革，すなわち，職員室の休憩室，会議室への特化および機能分化が提案されている。そこで，一部の中学校では教室の効率的活用を主目的としたプラトゥーン型や教科教室型運営が試行されたが，教室の充足にともなって特別教室型運営に移行された。しかしながら，その後も建築計画学からは教科教室型運営の有用性がさらに強く主張され，中学校ではクラスルームは必須の空間ではないとされ，同時に，教科ごとの職員室，教員空間の機能による分化と分散配置がより強力に提案された。

ここに，学校建築に教員が参画すべきや運営方式の選択は学校・教員に任せるべきなど，学校現場の意見を尊重すべきという当初の姿勢から，次第に，従来型からの変革を目途として，運営方式，教員空間の計画ともに，建築学が主導すべきであるという姿勢が強くなっていることがうかがわれる。しかしながら一方では，閉じた空間としての静謐な学級教室の重要性が述べられ，小学校，および特別教室型運営の中学校では学級教室の必要性が述べられている。

写真2-1は，**資料8**において，'たゞ机を並べただけの職員室では落ち着かない'と紹介されたわが国の職員室である。一方，写真2-2は同資料で'落ち着いた職員室（デンマーク・ムンケガルト小中学校）'と紹介されており，職員室を休憩室として設置することを推奨していることが確認される。

写真2-1　日本の職員室
注）資料8：参考文献［15］p.12 による。

写真2-2　デンマークの職員室
注）資料8：参考文献［15］p.12 による。

2.3.2　（2）昭和40年代半ばから昭和50年代後半まで

　次いで，昭和46年の中央教育審議会答申によって，個別化，個性化教育がより強力に推進され，学級教室を最も重要な空間として位置づけ，静謐な空間とすることを提案した初期の計画学とは姿勢や提案が大きく変化している。具体的には，**資料14**の「これからの学校建築は，フレキシビリティーをもつことをその基盤にしなければならない」[47]として，'オープン化'が提唱され，教室に加えて職員室や事務室までもがその対象であるとしている。次に，アメリカとイギリスのオープンプランスクールが紹介され，「ホームルームという室は固定化の道であり，邪魔でもある。しかしそういう考えにはまだついていけないという不安も現実に存在している。ホームという生活集団を学習集団と切りはなし，この生活集団には，かこいのあるまとまりを感じさせる空間を用意し，その上で学習集団はオープン化するということが出来れば，このような現場教師のもつ危惧の一面は消えてゆくにちがいないと思われる（傍点：筆者）」[48]とし，教員が学級教室の必要性を指摘していることを把握していながらも教室のセミオープン化を推奨し，わが国はイギリスを模倣すべきであるとしている。さらに，「オープン化については，教育の関係者，とくに先生方の意識の変革が何よりも重要であるという意見があった（傍点：筆者）」[49]とし，「何よりも必要なことは，長くつづいてきた学校システムを改めて見直してみる姿勢をもつことだと思う」[50]と教員の意識の変革とともにソフト面の改革を推進すべきであるとしている。なお，**資料14**は，**資料11**と同じ著者であるが，**資料11**では，「クラスルームの計画は，小学校の建築の中心をなすものであるというのも当然である」[51]，「できるだけ独立したクラスルームを必要とすることにもなる。つまり，他の教室から邪魔されず，またクラスルームまわりの周辺を通る校舎内外の児童の動きにディスターブされず，さらに歌を歌い，音をたてても他のクラスルームを邪魔しない計画が行なわれなくてはならないということである」[52]，さらに，「クラスルームは，多目的で完結できる独立したものでありたい」[53]と述べられ，中学校に関しても特別教室型運営にはクラスルームが必要で学年のグルーピングが有効であると述べられていることから考えると，論述が逆転していることが確認される[54]。次いで，**資料15**では，変革を目途とした，より具体的な記述が確認される。机が黒板・教卓に向って並んでいる普通教室に

おける'画一的に教え込む'教育を'つめ込み教育'であるとし，戦後の改革は教育内容の多様化・個別化・効率化を意図したもので世界的な傾向であり，イギリス，アメリカに大きく立ち遅れているとしている。学級教室における指導を学級王国と評し，学級や学年の枠を外した指導，すなわち，クラス，学年，プランのオープン化が提唱されている。

次に運営方式については，**資料15**には，中学校に関する全国的な調査結果が記されており，昭和27年には99校（有効数）中17校確認されたⅤ型（教科教室型運営：筆者注）が，昭和35年には，ほとんどみられないと記述されている。さらに，生徒の行動調査の結果が報告されており，教科教室型運営では生徒の移動が生徒の自由時間を減少させ，トイレにいく，手を洗うなどの生徒の生活行為を圧迫していることが指摘されている。しかしながら，「どの運営方式にするかは教育者と建築家との間で十分な検討が必要であることはいうまでもない」[55]とし，プラトーン型は条件が厳しく一般に公立中学校に適しているとはいえないとしている。さらに，特別教室型は従来最も一般的で，「学級としてのまとまり，落ち着きを得やすいなどの長所がある」[56]と評価しながらも，フレキシビリティがないという弱点があるとし，さらに，教科教室型は移動という弱点はあるが，フレキシビリティがあり現実的にすぐれた運営方式であるとして推奨されている。

次いで，**資料17**では，学校建築が変わらない，進展がない現状の打開策として，「これまでのように，学校を教育の行われる場として教育のほうから学校を考えるという筋道をとらずに，学校をわれわれが地域環境の中にもちつづけてきた最も重要な施設として見直し，その方向につくっていくことにあるのではないかと思われる。言葉はあまり適切ではないが，教育主導的アプローチでなく環境あるいは施設主導的アプローチをとるということである（傍点：筆者）」[57]と建築が主導すべきであることが強く主張されており，さらに，'おちこぼれ'，'つめ込み教育'，'学習塾の隆盛'，'学校ぎらい'，'人間的な育成が阻まれている日々の活動'などの問題点をあげ，従来型の教育システムがそれらの多様な教育病理現象の原因であると記されている。さらに，インフォーマルエデュケーション，オープンプランスクールや個別化教育などが，教育病理現象の解決策になると記され，「中・高等学校では教育のシステムが，学習指導の機能と，生活指導の機能に分かれ，前者は教科担任教師により，後者はクラス担任教師により行われるという二重構造になっている。そのことからすれば，学習の場はすべて教科専用の教室に，そして生活指導の場，すなわちホームルームは任意の教室に設定することで差し支えないわけである。そのようなシステムが教科教室型である。イギリスの例のように，ホームルームは教室でない場合もある」[58]と，中学校が教科担任制と学級担任制の併用であることが認識されながらも，学習指導と生活指導，すなわち，教科担任制と学級担任制の関係性については言及されずに，教科指導を優先させた教科教室型運営が推奨され，学級教室を学習および生活の2つの機能によって分割する提案がなされている。さらに，「教室間の移動のため生活的に落ち着かないといったこともあるが，裏返せば，生徒の社会性や自律性がはぐくまれるともいえる」[59]と，**資料15**では問題点と指摘された生徒の教室間の移動が，利点へと変化していることが確認される。

次に職員室に関しては，**資料14**では，「中・高等学校では，教師も準備室に常駐し（分散職員室方

式),周りの特別教室にゆききするのに都合が良い,設備がまとまって経済的になる(括弧:原文のまま)」[60],また**資料15**では,教師の仕事として「学習指導の他にその準備(自分の勉強)や同一教科間の連絡,各学年学級間の連絡,分掌事務,学級事務(括弧:原文のまま)」[61]があげられ,教科教室型は,教員が各教科の準備室,研究室などに常駐し教科教育を高度のものにすることができるため望ましいとし,特別教室型,プラツーン型の場合も専用の教科用の研究室を設けることが提唱されている。また,「学年学級間の連絡や,分掌事務,その他種々の用務のため中央の職員室との連絡が生ずる。結局中央の職員室には校務主任と非常勤講師と分掌事務用の机があり,その他は休憩用と会議用のスペースがあればよいことになる」[62]と教務関係室の設置とともに教員空間の分散化が推奨されている。次いで**資料17**では,職員室は休憩室としての役割が中心であるとし,教科教室型は着実な成果を生み出していると述べられ,「教師が常駐できる教科別の職員室を,対応する教科教室群に接して設けることができるので,それらは教科に関する打ち合わせや交流の場として生きてくる。こうした条件下で,教育効果の向上が期待される」[63]と教科職員室の設置が推奨され,一方,「同一学年の担任教師間の連絡などが粗になり,中学校で特に重視されている生活指導の点で難があるとも見られるが,別に職員用のラウンジ・食堂などの集合の場を用意することが考えられる」[64]と中学校では生活指導が重要視されていることが認識されてはいるが,学年教員による生活指導に関する連絡などについてはラウンジで実施できるとされている。また,**資料18**では,クラスの解体とメディアセンターの設置,および職員室の機能分化と分散配置,教員の休憩スペースの充実が提唱され,教員の執務空間としては教科職員室に加えて,学年職員室が提唱されている。

　一方,**資料16**では小学校建築についての史的考察が行われており,建築計画学においては現場における調査が重要であるとされ,職員室に関しては,小学校38校,中学校18校を調査した結果をもとに論述されている。職員室の最も大きな機能は'事務'であるとし,その事務を2つに分類し,学級事務(A)は教室で実施するのが最も望ましく,分掌事務(B)は「担当先生が同じ場所で協同してやる方が能率的であることが多い。このようなオーバーワークを課すること自体に問題はあるが,仕事をするための事務室は必要であろう」[65]と,(B)のための空間の必要性を述べているが,現実的には(A)も職員室で行われている実態を指摘し,「まとまった時間がとれないため随時仕事を片付けていくには,A,B両事務をとる場所が同じであることを必要とするからである」[66]と,教員のオーバーワークの問題点が指摘され,教員間の協同によって執務が実施されるという教員の行動特性が述べられ,さらに,現実的には執務が錯綜した教員の生活の実態が述べられている。また,最も重要であり最も無視されてきた職員室の機能として休養をあげ,職員室を休養室と事務室にすべきとしている。また,中学校職員室においても休養室をとるべきとしながらも,教室との往復が多いことから校舎の中心的な位置がよいと記されている。さらに,従来,一般教室や普通教室と呼ばれてきた教室を学校建築の最も中心的基本的な空間と位置づけ,学校生活における根拠地の意味で'学級教室'と呼び,学習以外に「児童の生理的・心理的問題を解決する生活の場としての意味も強められてきた」[67]として,**資料1**,**資料3-2**と同様,学級教室の必要性・重要性が述べられており,分離型職員室やオープンプランスクールを推進する**資料14**,**資料15**とは明らかに異なった

論述がみられる。なお，**資料16**と**資料15**は建築計画学に関する同一出版社によるシリーズのなかの2冊で，それぞれ「学校Ⅰ」および「学校Ⅱ」であるが，主張が大きく異なっていることが確認される。

以上，アメリカ，イギリスを範としたオープン化の提案によって，方向性が大きく変化し，建築が主導すべきであるという姿勢が一層強くなり，中学校においては教科指導・教科経営が優先するとしてより積極的に教科教室型運営が提唱され，教員空間としては，教科ごとの分離型職員室が強く提唱された。またその他には，教頭や校務主任が常駐する教務室，さらに，休憩室や会議室の設置が提案されて，教員空間の分散化が具体的に提案された。また，中学校における生徒・生活指導の重要性が認識されてはいるが，教員間の連絡はラウンジで可能であると述べられている。さらに，重要な空間と位置づけられていた学級教室における学級経営を学級王国と評し，教育病理現象の原因であるとして，教室のオープン化，学年のオープン化，プランのオープン化による，学級，学年の枠を外した運営が提案され，ホームルーム教室は邪魔であるという極端な記述もみられる。しかしながら一方では，史的考察を実施し，さらに，学校現場での調査を重要視して，その調査結果をもとに，教員の執務の協働性およびオーバーワークの実態や児童の生理的・心理的拠点としての学級教室の必要性を述べた資料もみられる。

2.3.3 （3）昭和50年代後半以降

次に，学校建築の計画・設計に大きな影響を与えたと考えられる昭和59年の多目的スペース補助基準の改定によって，さらに新しい展開がみられる。**資料19**にはいくつかの変換点が確認される。まず，冒頭の'まえがき'で，「クラスという一定の集団に，定められた教科を，一定の進度によって，教師の側から教えることを基本に展開されてきた今までの教育のやり方では，このような変化に伴う新しい課題には到底対応することができないというのが，筆者らの共通の認識である。これを打開するには，教育自体の根本的な改革が必要であろう。すなわち，生徒が自ら学ぶことを主体にし，個別の指導，個性的な学習がひとりひとりの子供たちの前に展開されなければならない（傍点：原文のまま）」[68]と，一斉授業を否定する姿勢が強くなり，教えるから学ぶへの変換が必要であるとし，さらに，「変革の契機が教育側から与えられるだけでなく，建築側からもたらされることもあり得よう。このような現実性もまた，筆者らの共通の姿勢となっている（傍点：筆者）」[69]と教育改革についても建築学が主導するべきであるという姿勢が示されている。具体的には，学校は教育する場ではなく，生徒が生活する場として計画するべきであるとし，生徒が主役であることがさらに強調され，教える行為としての'一斉授業'，教える場としての'教室'，教える人としての'教員'が変革すべき対象とされている。

次に，運営方式に関して，中・高等学校については，英米では教科教室型的な運営が一般的であるのに対して，わが国では特別教室型運営が一般的である理由として'単純さ'と'教師の慣れや安心感'をあげ，それは「必ずしも最適なものではあり得ない」[70]としている。さらに，その理由

として「U＋V型(特別教室型：筆者注)が本来固定的なクラスを前提とした学級・学年経営を計画の基本原理とするものであるのに対して，教科担任制をとる中・高等学校には教科経営というもう一つの計画原理が存在するからである」[71]と'教科経営'を軸とした学校経営が提案されている。さらに，画一的な普通教室は弾力的な運営に対するフレキシビリティを持たせることが困難であると指摘され，中・高等学校では学習機能を強化する必要性が高くなるのに対して，クラスルームの「生活の拠点としての性格が弱まり，生活機能に対しては別にホームベースやコモンスペースを設けることによりその充実を図ろうとする動きが見られる」[72]として，ホームベースの設置が提案されており，中学校における学級経営・学年経営の必要性に対する認識が充分ではないことが確認される。

　続いて，職員室についてはその機能を①職員会議，②分掌事務の共同作業，教務関係の事務，各部の会議，③教科関係の打合せ，学年関係の打合せ等小人数(ママ)の会議，④個人的な研究，教材製作，学級事務，⑤休憩・食事・更衣・化粧等教職員の生活に関する機能，⑥児童・生徒の生活相談や進路相談，あるいは父兄・外来者の応対，⑦関連資料・書類の保管・保存の7つに分類するとし，「これらが一室にあることは学校の規模が大きくなり，事務量が増えるに伴って不適当となり，機能分化が必要とされる」[73]と述べられている。また，③，④の機能に対応して'教師の居場所の分散'が提案され，小学校では学年職員室，中・高等学校では教科職員室が提案されている。さらに，オープンな学習スペースをもつ学校には「教員室を閉じた室ではなく，そのスペース内にコーナーとして教師机を配している例も見られる」[74]とオープンな職員室が紹介されている。さらに，会議室を兼ねる校務・教務センターはオフィスに準ずる計画が有効であるとし，教頭，各分掌の担当教員の常駐が提案され，その他に小会議室とラウンジが必要であるとされ，分散型の職員室の場合はラウンジや喫茶コーナーが「インフォーマルな情報交換を行える場として不可欠である」[75]と記されている。さらに，学校のオープン化として，まず，教育システムのオープン化があげられ，学習集団，方法，内容，時間を弾力的にすることが提案され，従来型の固定的なクラスによる一斉画一の授業をクローズドシステムと称して，詰め込み教育による落ちこぼれや学校嫌いや非行などの病理現象の原因であると述べられている。次いで，学習スペースのオープン化が提案され，多目的オープンスペースであるラーニングセンターやメディアセンターと教室との一体的な計画が提案されている。ここに，建築学が校舎の設計・計画に関して，教育システムにも大きく踏み込んだ提案をしていることが確認される。

　資料20の「(座談会)教育改革は学校改築から」[76]は，建築学者，教育学者，教育評論家・元中学校長の座談会であり，3氏の意見が大きく異なっている。

　まず，**資料20-1**の建築学からは「教育改革をやるためにはどこか廊下の壁一枚位パッと取ってしまわないとだめです。やはり，オープンスペースを作ること」[77]と一斉授業からの脱却をはかるためにもオープンスペースが必要であるとし，従来の校舎から完全に脱却して，建築学が教育システムを盛り込んだ提案をすべきであるとしている。**資料11，14**の著者の発言である。

　一方，**資料20-2**の教育学者からは，アメリカでオープンスペースを見学した時，「我々の感覚で

は，オープンスペースでなければ個別化できないというふうに考えて，そういっていたのです。個別化授業というから，オープンと」[78]，ところが，普通の部屋でもアメリカでは個別化をやっていると見学校の教員は答えたと述べられている。さらに，個別化教育のためには教員の増員が必要であるとし，集団の個性すなわち学校の個性を生かした教育は従来型の校舎でも可能であるとしている。また，先生と子どもは同じ人格として取り去った教壇はあった方がいいとして従来型の教室が肯定的に捉えられている。最後に，**資料20−3**の教育評論家で元中学校の校長は，「教室の中で一人ひとりの個性を重んじた教育がいかにしにくいかというのが僕自身の今の感想です」[79]とし，生徒間に競争が存在する中では，現実的には一斉授業にならざるを得ないとしている。

続いて，**資料21**では，教室での一斉進度学習と，片廊下型・一文字型校舎の2つが学級王国の要因であるとし，'教える'から'学ぶ'への変換の必要性が述べられ，オープンスクールの推奨，学校開放とコミュニティスクールの提案，学校建築の質の向上が必要であると述べられている。

中学校の運営方式に関しては，教科教室型運営の有効性が強調され，ホームベイが提案され，さらに，ラーニングセンターやメディアセンターの必要性が述べられている。

職員室に関しては，機能による分類がなされ，教師間の緊密な連携が必要であるとして，小学校では「学年職員室」，中学校では「教科職員室（研究室）」が提案され，教科教室型運営の場合は分散化を薦めている。また，「集中型は，教師間の交流が親密になり，行動が掌握しやすいので管理者側からは歓迎されることが多いが，教師たちは教科や受け持ちのクラスから離れた場所に居をかまえることになるので，学年経営や教科経営がおろそかになりがちで好ましくない」[80]と統合型職員室を学年経営や教科経営の面から問題視しているが，学年経営，教科経営を教員−生徒間の活動に限定しており，教員−教員間の活動および2つの経営の関係性については述べられていない。さらに，今後は分散型が主流になるとして「教科研究室や学年職員室が教師のとじこもる室にならないよう，できるだけオープンな形にしておく必要がある」[81]とし，さらに，中央の'校務センター'の設置が提案されており，オフィスビルの執務空間に準じるフレキシビリティと効率を持つ必要があると記されている。また，休憩コーナーについてはインフォーマルな情報交換が可能になり，組織のまとまりを保つ上で有効であり，分散型の短所が補いやすいとされている。

次いで，**資料22**の「特集　教育方法の多様化と学校環境」[82]の巻頭言のなかで，従来のわが国の学校施設は，"戦士"を育てるための"兵舎"であったと記されている。さらに，イギリスのインフォーマルスクール，アメリカのオープンスクールの紹介によって，多様な教育方法・内容を可能にする斬新で充実した学校施設が生まれたと述べられ，建築学がソフト面，ハード面ともにイギリスやアメリカを範としていったことがうかがえる。次いで，「(座談会)教育方法の多様化と施設の在り方」[83]は，建築学者3名の座談会である。それぞれ，**資料22−1**の「一斉授業から本当に変えていくために」[84]，**資料22−2**の「今の時代の教育をするのには一斉授業と従来の校舎の在り方では対応できなくなってきたのだと思います」[85]と，一斉授業および従来の校舎からの脱却が必要であるとし，そのためには，**資料22−3**の「建築を造るサイドも使うサイドも意識の変換をしていただくことが必要な時期に入ってきた」[86]や「先生方にも先進校に勉強に行っていただいて」[87]，さらに，

資料22-2の「先生方の意識の高揚をしたり」[88]と，教員の意識高揚や意識変換が必要であると述べられている。

次いで，同じく資料22の「教育方法の多様化に対応した環境の在り方」[89]では，教育学者と建築学者がそれぞれの項目について，ソフト面，ハード面からそれぞれに意見を述べている。

多目的スペースに関しては，両者ともに，学年スペースを設置することが有用であるとしながら，資料22-4の教育学者は，「一斉授業に加えてグループ学習や個別指導を試みる動きや，複数の教師がチームを組んでチーム・ティーチングを試みる動きなど，教授・学習組織を弾力的に編成して運用する試みは以前から存在する(傍点：筆者)」[90]と，一斉指導が基盤であると捉えていることが確認される。また，学年多目的スペースを使いこなすには，学級担任間の交流や学年教師集団の一層の連携が欠かせないとしている。一方，資料22-5の建築学者は，学年のクラスルーム群と学年スペースを'学年教室'として構成するとして，「教師や児童の学級を越えた交流が促進され，新たな展開・実践をも誘導するという，ハードウエアとしての建築の側からの働きかけの作用も現実には有効なのである(傍点：筆者)」[91]，さらに，全校対応のオープンスペースの設定が有用であるとしており，学級・学年の解体の促進と建築主導の姿勢が色濃く出ている。次に，教科教室型運営に関しては，教育学者は，選択履修のための教科教室の整備について述べている一方，建築学者は，中学校では最適な方法であるとして教科教室型運営を高く評価し，学級教室が多重機能空間であったことが問題視され，生徒の生活の拠点としてのホームベースの設置を提案している。

また，教職員スペースの改革・現代化に対しては，教育学者が，「職員室は事務を処理し，情報の交換をはかり，休息をとる場である」[92]と，機能が重なった空間であるとしており，さらに，情報センターとしての機能を高めること，授業や教材研究が教職員の話題の場となる知的雰囲気づくり，開かれた学校づくりのために，「ハード・ソフト両面からの積極的なアプローチが求められている」[93]と改善点が指摘されながらも，機能分化すべきであるとの記述はみられない。最後のまとめとして建築学者から，「教育改革への歩みが学校建築の改革を迫っている状況と理解すべきではあるが，しかし歴史的に見ると学校建築計画の側からの先導的試行がこうした教育的実践を誘発してきた(傍点：筆者)」[94]と，建築が主導してきたことが評価されている。以上，教育学側からの意見と建築学側からの意見は異なっていることが確認される。

次いで，資料23の執筆者や編集者は工業高校などの教員や元教員である。ここで，小，中，高等学校の教員と大学の教員・研究者の大きな相違点は，指導単位としての学級が存在するか否かと生徒・生活指導を実施する必要があるかないかの2点であると考えられる。したがって，工業高校の建築学に関する教員は大学の建築学の研究者との共通性がある一方で，通常，教科担任制と学級担任制を併用し生徒・生活指導を実施していることからは中学校の教員との共通性が大きいと判断され，建築学側からの視点と現場の教員としての視点を併せ持つと考えられる。資料の中では，学校教育の主役は生徒と'教師'であると述べられ，さらに，「学校建築の設計は，教育空間のもつ機能とその基本的性格を理解し，必要な施設の要素と機能を教育計画の立場から建築的要求へと引き出し，また地域社会の要求と現場教師の教育計画にのっとって，教育と建築の両面からアプローチし

ていかねばならない（傍点：筆者）」[95]と，教育現場の要求を優先すべきであることが述べられている。

次に，学校運営方式に関しては，教科教室型運営を移動や持ち物の処理などの問題点があるとしながらも教科指導面からは評価しており，一方，特別教室型運営は，「各自ホームルーム教室が与えられるため，ホームルーム活動および生徒の持ち物の本拠が確保されるし，落ち着いて学習できるなどの利点で中学校・高校向きの有力な型である」[96]と，中学校に加えて，高校においても有効であるとして，「専用ホームルーム教室をもつことによって得られる多くの教育的価値は，決して簡単に捨てられるものではない」[97]と学級教室の有用性・必要性が強く主張されている。また，「学級教室は，クラスの児童・生徒が普通教科やホームルームに専属して使用し，生活の拠点となる室である」[98]と**資料1**，**資料3-2**，および，**資料16**と同様な定義がされている。

次いで，管理諸室は校舎の中央付近に一群としてまとめて配置するべきとし，職員室に関しては，事務作業の場と休養室を兼ねた中央一室式が望ましいと統合型職員室を推奨しながらも「中央一室方式の長所としては，教師間の和が得られ，管理者の立場から，教師の監督に便利である。さらに，各教師間の打合せや連絡がとりやすい。したがって各分掌事務の処理も容易になる。短所としては，すべての仕事がこの室に持ち込まれて混雑するため，教師の教材研究・制作，児童・生徒の個別指導などが行いにくい。また一部の教科だけが準備室を持つという不公平さを生じる」[99]として，統合型職員室の利点に加えて，問題点にも言及している。

次に**資料24**は「第3のエリアを考え直す」[100]と職員室の特集である。まず，建築学からは**資料24-1**の「校務エリア（1）　新しい校務エリアの課題」[101]で，職員室をオフィススペースと位置づけ，「教育のプロ集団の事務スペースとして机の上にはしばしばうず高く書類が積まれ，仕事も会議も休息も相談も全て一緒くたの大部屋的情況から脱却する必要があろう」[102]と統合型職員室からの変革が提案されている。さらに，児童・生徒が出入りしやすく，教師と児童・生徒の交流の場を育てる上で視覚的な連続性が必要であるとし，同時に視線から護られたカリキュラム管理や休憩コーナーを用意することが大切であるとして，インフォーマルな情報交換の場としてのラウンジが提案されている。さらに，教科教室型の中学校では校務センターと分散型の教職員スペースを'不可分の要素'とし，定時の集合によって，教師間の意志の疎通や円滑な学校運営が可能であるとし，さらに，分散型の教師スペースは児童・生徒との交流を増す点に大きな意義があるとして，ガラス間仕切りやカウンターによるオープンな計画が望ましいとされている。すなわち，職員室を児童・生徒との交流の場とする提案がなされている。

次いで，教育学からは**資料24-2**の「校務エリア（2）　校務活動を支援する施設・設備への提案」[103]で，「職員室は事務の処理，打ち合わせ，情報の交換及び研修，さらには休憩まで様々な機能を有する空間であり，まさに多目的な利用のされ方をしている」[104]として多機能な職員室を校務活動の基地であるとして肯定的な位置づけがなされ，充分なスペースを確保すべきであるとされている。さらに，職員室を核にして，校長室，会議室，印刷室，主事室，相談室，保健室など，諸室間の相互ネットワーク化が必要であるとされている。また，「教師の一日の行動は，職員室を中心とする校務エリアと各教室との往復が基本的なパターンとなっている」[105]と，教員空間の位置は各教

室とのコミュニケーションという視点から検討すべきとしている。

続いて，設計者の立場で，**資料24-3**の「校務エリア（3）　学校のセンターエリアとしての校務エリア」[106]の中で，学校の設計では，教師が生徒を監視する事にプランニングの重点が置かれたとして，今後については，教師は生徒に対するカウンセラーであるとして，「教師だけの執務空間から学校全体の情報センターとして，教育のための発信スタジオであり，これに必要な教材データベースを研究開発するためのオフィスであり，教師と生徒，教師と父兄，これらの相互コミュニケーションの場であり各種カウンセラー対応の場ともなる。これに全校生徒の学習センター的な役割が加味される事によって，新しい学校のセンターエリア」[107]として，職員室を情報センター，スタジオ，オフィス，さらには生徒や保護者との交流の場とする提案がされている。続いて，校務エリアの構成要素を，①校務センター（教師ラウンジ），②資料センター，③カリキュラムセンター，④事務センター，⑤学習センター，⑥学年教員室，教科教員研究室の6つに分類し，それらをグルーピングしてセンターを構成することを提案しており，オープンな職員室の事例も紹介されている。

以上のように，建築学，教育学，設計担当者の3名の意見や提案はそれぞれに異なるが，教育学者は多重機能の統合型職員室を容認しているのに対して，建築学，設計者からは現状からの大きな変革が目指され，なかでも，校務センター・校務エリアという概念があらわれ，生徒や保護者との交流という視点からそのオープン化が述べられていることが特徴的といえる。

次いで，建築学会の学会誌である**資料25**の特集は「生活空間としての学校建築」[108]である。巻頭言で「学校建築が今やっと，こどもたちを管理的に教育する場から，こどもたちが学習し生活する空間へと，変革する兆しがみえてきた（傍点：筆者）」[109]として，学校建築研究者・設計者の40年間の取り組みの成果であるとしている。また，イギリス，アメリカの事例をあげ，わが国では，日本的オープンスクールを創造し，それを展開していくことが必要であるとしている。次に，**資料25-1**の「いまなぜ学校か　── 学校建築の現状と未来 ──」[110]の中では，一斉授業によるおちこぼれ，固定的な学級による学級王国の問題解決策としての協力授業の実践から，画一的・固定的な教室の問題が問われるようになったとし，標準型からの脱却には教員の参加が重要としながらも，「教育方法にまで入り込んだ提案は，設計者には期待されない場合が多い。それを乗り越えることが建築家に求められる（傍点：筆者）」[111]とし，プランナーやコーディネーターの参加の有効性を指摘しながらも，教育方法に関しても建築学が踏み込むべきであるとしていることが確認される。

続いて，「（座談会）生活空間としての学校建築」[112]の中で，**資料25-2**は建築学の立場から「今の学級王国でも，個別化の学習は先生の能力が高ければできるわけです（傍点：筆者）」[113]，「能力のある先生なら，一斉授業の中でも個別化，個性化はできているんです（傍点：筆者）」[114]として教員の資質に関して言及されている。さらに，学級教室は一斉授業という機能しか持たないので他のシステムに対応しにくい，そこで，「ほかのシステムをしようと思っていただくように，建築を造る建築家がリードしているのかもしれませんね。そうしないと始まらないという思いもある（傍点：筆者）」[115]と述べられ，建築計画学主導による教育システムの変革を推進すべきとの姿勢が示されている。さらに，「教育改革運動だと建築家が考えてかなりのものを造れば，考え方が波及し，先生方の頭は多

習が展開できる，学習室やオープンスペースのようなものがある形だと思います」[146]と学級教室の有用性を述べ，さらに，「とにかく中学校は，学校行事や学年行事，教科学習等，学年で動くことが多いですから，普段はパーテーションで仕切っていても，取り払えば学年での作業ができるスペースが，うまくできるといいですね(傍点：筆者)」[147]と中学校では学年経営が学校経営の基盤であること，学年スペースが有効なことを述べている。

　資料28の「学校　新しい世紀にひきつぐもの　学校建築をめぐる最近の話題から」[148]で，教育内容は'ゆとり'，'潤い'，'交流'をテーマに施設の質的転換が図られたとし，'生きる力'をつける教育が必要とされると述べられている。さらに，中学校のオープンスペースは教科メディアセンター的使われ方と集会用的使われ方に二分されていると指摘されているが，特別教室型で普通教室に連続したオープンスペースは使い方が曖昧であるとして，「これは普通教室群が学年としてまとまっていれば，学年の集会などの多目的スペースとして利用可能となる」[149]としている。すなわち，一般的に特別教室型の中学校では学級教室が学年配置になっている実態を把握していないといえる。また，学校の複合化に関して「現在，学校の主体は児童・生徒であり，かつユーザーである住民のものである。教師は教育というサービスを行う人である(傍点：筆者)」[150]として教員はユーザーから除外され，サービスを行う人と位置づけられている。次に，多目的スペースが導入された後も小学校ほど教室環境が変化しなかったのは，教科担任制を採用する場合の多目的スペースのあり方について「計画論が確立しなかったことと，教師の変革への熱意が小学校より薄かったこと」[151]と教員の姿勢が問題視されている。しかし，教科教室型が再評価されたとして，教科教室，多目的スペース，教科研究室を「教科ブロック」としてまとめる提案と，生活拠点としてのホームベースが提案されている。また，教科教室型の採用に学校関係者が二の足を踏む最大の理由として'移動'をあげ，「教師は落ち着きが無くなるといって嫌う。しかし，これは多分に想像上の思いこみであることが多い」[152]と，教員に責任が転嫁されており，移動による気分転換が主体的な学習意欲の醸成に役立ち，移動経路を工夫すれば欠点は容易に長所に転化しうると記されている。

　次いで，**資料29**の冒頭では，わが国の学校は「重い閉塞感や，画一性からなかなか脱却できないでいる体質」[153]を持っているとし，修道院，刑務所などと同じく'トータル・インスティテューション(全制的施設)'にあたるのではないかと記述されている。また，アルコープやデンを設置することを教師が嫌うことに対して，「子どもの立場に立とうとする私の目からみると，こうした管理的な体質が日本の学校を子どもたちにとって息苦しいものにしている側面があると思うのである(傍点：筆者)」[154]と，生徒の視点で計画すべきであるとしている。さらに，「イギリスやアメリカでは，中学，高校の計画・運営において『教科教室型』を採用することは極めて常識的なことである」[155]，「閉鎖的，画一的，無味乾燥な『普通教室』でほとんど全ての教科学習をまかない，しかも食事や休憩，団らんなど全ての生活行為をも済ませてしまおうとするわが国のシステム(なぜか『特別教室型』と呼ばれる)は，国際的にみればむしろ異常なことと言わねばならない(括弧：原文のまま，傍点：筆者)」[156]と特別教室型運営を'異常'と評したうえで教科教室型運営を推奨し，アメリカのハウス制を例にあげて，移動の困難性を解決し生徒の落ち着きを得られる方法として'学年内教科教

として独立させることは，学習指導の在り方を固定化させることにもなりかねない」[137)]と教科学習面からも教科教室型運営には問題点があることが指摘されている。加えて，「中規模以上の中学校になると，すべてが学年を単位として，運営される。教科担任も，学年教師中心の構成となるのが普通で，学級・学校行事，総合学習，生徒会活動，道徳など，実に年間標準時数の16％以上は，学級もしくは学年協業で行われるのである。中学校＝教科担任制＝教科教室を，余り強く意識しない方が現実的なのではないかと思う(傍点：筆者)」[138)]と，わが国の中学校では，教科指導も含めたすべての教育活動が学年経営を基盤として実施されている実態が具体的に述べられている。

　一方，**資料27－4**の建築学者は，「教育方法上の工夫を一切しないのも中学校教師の特質らしい」[139)]と教員を評し，黒板と教科書により教え込むことに疑問を投げかけ，今後の中学校は教科教室型運営を目指すべきであるとして，「教科担任制の中学校で，小学校のように学年教室のならび毎にオープンスペースを置いても有効には使えないことは明らかである」[140)]と，中学校では学年オープンスペースは有効性に乏しく，教科メディアセンターに教科研究室を隣接させて，教師が常駐するのが理想であると述べている。加えて，「学級経営，学年経営，（生徒指導という名のもとの）生徒管理しか念頭になかった現状に対して『教科』というもうひとつの重要な軸を，鮮明に浮かびあがらせるのである(括弧：原文のまま，傍点：筆者)」[141)]とし，生徒指導を‘管理’と位置づけ，学級経営や学年経営が否定的にとらえられている一方，教科経営を軸とした学校経営が提唱されている。また，教科メディアセンターには大きさの異なる，開いた構成の教室をまとめて設置すること，さらに，教室とは別にロッカーが設置されたホームベースが提案され，中学校においてもオープンな教室が提案されている。

　次に，教科教室型運営の実施校の教員による「(座談会)教科教室での実践の問題点と対応」[142)]で，司会者は，他の学校が教科教室型運営に踏み切れない理由として，ホームルーム教室を持たないためクラス経営や生徒指導が困難になることをあげている。ここで，教科教室型運営を実施している中学校の教員の意見をみると，**資料27－5**の極小規模校の中学校の教員は，「ホームベースがあり，1・2年生の間は共用の机ですが，全員が座れ，ロッカーも確保されています。3年生になると自分の机を持てるようになる他，2方向にある窓から光が入り明るくもなるので，『早く，3年生になりたい』と思わせるという，設計者の意図もあるようです」[143)]と現実的には個人用の机と椅子が必要であることを示唆している。次に，**資料27－6**の中学校の教務主任の教員は，ホームベースが狭いこと，ホームルームとして割り当てられている教室のうち，LL教室と被服実習室は使いにくいとして，「学級運営の面で，道徳・学活等で使い辛い面が後になって出てきました。LL教室は，オープンスペースがあるので資料のセットはできますが，机上の作業ができません（傍点：筆者)」[144)]と述べ，さらに，「個人の机があり学級活動ができるスペースがあると，正に子供は，『ああ，私たちのものがあって学校に来てるんだ』という実感があると思います(傍点：筆者)」[145)]と学級経営や学級活動には生徒全員の机が設置された学級教室が必要なことを重ねて述べている。次いで，余裕教室を利用して教科教室型運営を実施した**資料27－7**の中学校の校長は，「普通のホームルームがあるので非常に纏まりがあります。理想は，ホームルームと教科教室があり，その周辺に，もっと多様な学

きた。しかし，そうした新しい理念は，例えば，戦後『学校計画研究』が立てた，あるいは前提とした，教室の形式や運営方式，同学年同一条件，低学年は職員室近くに配置する，といった諸原則とどう関わるのか。例えば，ノン・グレーディングと言えば，かつての寺子屋形式である。あるいは，過疎地の学校ではやむを得ず，そうしたクラス編成が行われている。学校計画研究はそれをよしとしてこなかったのではないか。学年制を前提としたクラスを観察し続けることでそれは導き出されるのか。建築計画以前の諸条件はどこから得られるのか（括弧：原文のまま）」[129]と新しい概念や学校建築の計画学の方向性に疑問が投げかけられ，さらに，サブタイトルの'学校計画研究は役に立ったか'に関しては，「筆者には一般的には判断ができない。……（中略）……『学校計画研究』は，教育の荒廃や偏差値社会の問題とどう関係するかということであれば，あまり関係ないと思う」[130]と，学校の計画と教育の病理現象との関連が否定されている。

　資料26の著者は**資料11**，**資料14**と同じである。イギリスのインフォーマルエデュケーションやアメリカのオープンスクールを紹介し，'教える'から'学ぶ'，'画一'から'多様化'へのシステムの変更が必要であるとし，'開かれた学校'の概念が必要であるとしており，**資料14**から変化はみられない。また，職員室に関しては，分散化と同時にオープン化が提唱されており，透明ガラスの使用が推奨されている。さらに，運営方式に関しては，教科教室型が推奨され，ホームベースの設置が提案され，教科教室，教科担任が常駐する研究室，メディアセンターとで'教科ブロック（教科センター）'を構成するという新しい提案がされている。一方，現状では「クラスの居場所が確保されているので，児童・生徒の落ち着きが得られ，教師側からはいつもクラスの居場所がわかることが特性」[131]であるとし，現状では特別教室型の中学校が大多数であることから，「一斉授業とオープン方式を共存させる計画の提案が要の一つとなってくるのである」[132]とし，教科センター方式の新提案がなされる一方で，一斉授業を容認する方向性が確認される。

　続いて，**資料27**の特集は「教科教室型の中学校」[133]である。**資料27-1**の巻頭では，70年代の欧米諸国の中学校で実施された教科ブロック型が推奨され，「研究室や教科ゾーンに教師が常駐することで生徒との距離が縮まり，休み時間や放課後に生徒が集まる点などは，従来の職員室には見られなかったことだろう」[134]と教科の研究室を生徒の視点から評価しながらも，教師たちがゾーンごとに固まったり，研究室に閉じこもって，教師間のコミュニケーションや連携が弱まり，学校全体の動静がお互いに摑みにくくなることもあると分離型職員室では教員間の意思疎通に問題が生じるケースがある事実が述べられ，教師ラウンジの設置によって教員間の連携が図れるとしている。次に，**資料27-2**の教育学の研究者からは，生徒自らが追求する体験的学習を重視すべきとして，「すべての教科が特別教室を持ち，その特別教室が『教科のセンター』として位置づけられたとき，『教科教室型』の構成が成立したことになる」[135]と述べられている。一方，**資料27-3**の現場の教員からは，「完全な教科教室型の校舎建築については，現場の教師にとって，意見の分かれるところだろう。私は，現段階では普通教室との併用型を採るのが自然だと考えている」[136]としている。さらに，その理由として，「教科学習にあっても総合化・生活化を図り，自ら学ぶ能力や意欲を育てようとする流れにある。教科教室のしつらえにもよるが，中学校段階であっても，安易に『教科教室』

第 2 章　職員室の計画学

分やわらかくなっていくわけです(傍点：筆者)」[116]と教員の意識改革の必要性と建築学が主導すべきであることが重ねて述べられている。また，'管理型の一斉授業'，'管理主義の学校' に対して，今後は「子供たちが主役で，先生はサポーター(傍点：筆者)」[117]になるべきであると述べられ，教員の指導を管理として捉え，教員はサポーターと位置づけられている。

一方，**資料 25-3** の設計者は，同じ建築学の立場から，「廊下に同じ部屋が並んでいる学校がいけないとは言えないという気がします」[118]と，従前の片廊下型の校舎を否定せず，独立型教室のアメリカの事例を紹介し，Ks 小学校の設計の時，オープンスクールが常識になりつつある時期だったが，「先生方と何回か話し合いました」[119]と現場の教員の意見を取り入れて教室重視型にしたと述べている。

次いで，**資料 25-4** では，教育学の立場から「教室を半分閉じたような形で，しかし必要に応じて開けるという思想が，日本の学校には一番適しているのではないか。ところが今は閉じたままですから，新しい授業はできない。しかしまるっきり開いたままでは，日本の授業はなかなか仕組んでいきにくい」[120]と述べられ，さらに，建築計画学の研究者でもある司会者は学校建築の新しい動きとして，新しい学習方法，子供の生活空間，地域・文化，情報・メディア，学校運営の5つをあげ，「一斉授業を否定するから，いきなり学級教室の否定ではないと思うんです。学級教室それ自体をもう少しよくする方法もあるんではないかという感じがするんです」[121]と，設計者，教育学者，司会者の三者からは学級教室の有用性やオープン教室に対する疑問が述べられている。

次に，「(座談会)学校建築の実例を批評する」[122]の中で，教科教室型運営の Sk 中学校の事例に関して，**資料 25-5** は建築学の立場から，小規模校の場合は，「先生は休み時間の半分くらいは教科の研究室にいて，校務とか学年の面倒をみるとかいう意味での学校運営のときには校務センターに戻るのが理想だと思う」[123]と教科の研究室と校務センターの2ヵ所を使い分けることが理想であるとしている。**資料 25-8** は，同じく建築家の立場から，「教室と生活のスペースを機能分化させるべきだと以前から考えていました」[124]とホームベースの設置を評価している。一方，**資料 25-6** は，教員の立場からは，ホームベースが単にロッカールームであることが不充分であるとしている。さらに，**資料 25-7** も，教育学の立場から同じく，ホームベースが物置のようであると評し，「教科教室型と学年ワークスペース型を融合させるようなルーズさがあってもいい」[125]，「道徳とか，ゆとりの時間とか，学級活動とかの時間が週に4〜5時間はある。そうすると国語一教科と同じくらいの重みになる」[126]と，現実には教科以外の学習時間が長いことが指摘され，教室やホームルームの代用として学年用の共用スペースが必要だと述べられている。さらに，「イギリスでは25人以上のクラスはない。40人のクラスでは，一斉指導以外に何ができるのかと言いたい」[127]と，わが国では一斉授業が基盤となることはやむを得ない状態であることを，生徒数の比較から述べられているのが特徴的である。

次いで，**資料 25-9** の「学校建築と建築計画学研究 ── 学校計画研究は役に立ったか ── 」[128]の中で，建築計画学の研究者は，「学校建築について，オープン・スクールとか，ノン・グレーディング(無学年制)とか，ティーム・ティーチングといった新しい概念がこの間盛んにもてはやされて

室運営'を提唱している。さらに、「欧米では一般的なこの方式が、日本で一般化しないのはなぜか？　答えはきわめて簡単である。中学校の教師たちが生徒を教室に閉じこめておきたいと願っているからに他ならない。いわゆる『生徒指導』とか『生徒管理』の思想である（傍点：筆者）」[157]と教科教室型運営がわが国で定着しないのは、教員の生徒指導や生徒管理が原因であるとしている。加えて、中学校では学年のオープンスペースは有効に機能し得ないとし、不安定な心理状態の中学生に対して、「これを管理的に押さえ込もうとする学校側の姿勢は、ともすれば在来的な一斉・画一型の教育一辺倒に陥りがちな傾向が強いのである。高校受験のための偏差値学力をとにかく三年間で教え込まねばならないという圧力もつよい（傍点：筆者）」[158]、と中学校の改革が進まない理由について述べられ、教科研究室や教科メディアセンターを設置した教科センター方式の運営が推奨されている。なお、教科教室型の課題は「毎時間の生徒の教室移動と、今までの意味での『ホームルーム教室』が無いことによる生徒の居場所の安定の問題である」[159]として、生徒の居場所としてのホームベースの設置が提案されている。さらに、「これからの学校計画に携わる建築家の役割は『教える教室』を作り羅列することにはなく、いかに一人ひとりの学びのアクティビティを受け止めうる環境を構築するかにあるといえる」[160]とし、「少なくとも日本の学校改革はある意味で『学校建築』の側が主導してきたという側面があるように思われる（傍点：筆者）」[161]と学校校舎の建築に加えてソフト面の改革も建築学が主導してきたと述べられている。さらに、「今までの学校は教師の意見に従って作られることはあっても、子どもの潜在的な心理や意識の側面に焦点をあてて考えることが少なかったように思われてならない。……（中略）……そして考えてみれば、学校建築の本来のユーザーは管理者としての教師ではなく、生活者としての児童・生徒であるはずである（傍点：筆者）」[162]と、教員は管理者ではあるが、学校の生活者やユーザーではないとしていることが特徴的である。

　資料30では、学校建築に関しては、「建築家に大きな役割が期待される。一方、多くの学校は、不登校・保健室登校・いじめ・荒れ等の問題もまた抱えている。さまざまな理由があげられるが、場、人、時間等が選べず、管理的な学校のあり方とともに、学校空間の閉鎖性、単調さ、無機的な性格等、施設のあり方がそれを助長しているところもあったといえよう（傍点：筆者）」[163]と学校の病理現象を従来型の校舎や学校の管理がその要因であるとし、建築が主導して変革すべきとしていることが確認される。そこで、小学校であれば学年、中学校であれば教科や系列教科のまとまりが、教師の協力関係が作られやすく、意義があるとされている。また、中学校では学年単位のオープンスペースは活用が進まないとして、教科のメディアスペース、教科教室、教科の研究室をユニットとした'教科センター方式'の教科教室型運営が有効であるとしている。さらに、ホームルーム教室に関しては、一般教科の教室等を割り当てる、もしくはホームベースの設置が提案され、教科センターを構成する教科の教室は大きさや設備の内容を変えることも有効であるとしている。またさらに、ホームルーム教室が学年としてまとまるように配列すると、「教科のまとまりという縦糸と、学年のまとまりという横糸を織りなすことにより、学習と生活の両面で運営しやすい学校という場ができあがる。これは教科教室型に魅力を感じながら、学級、学年集団をベースに生徒の把握、理解をしたいという教師の要求に応える計画として有効である」[164]としている。さらに「学校生活を

安定して送るためには，クラスあるいは個人の心理的拠点が必要という意見も先生方には強い。これに応えるスペースとして設けられるのがホームベースである。……（中略）……個人の机が拠点という意見もあるが，この場合はロッカーがそれに代わるものとして意識されている(傍点：筆者)」[165]と，教科経営と学年経営の並立が述べられてはいるが，生徒の個人机がある学級教室，および，その学年のまとまりを優先的に考えている教員に対して，教科経営を優先しホームベースが提案されていることが確認される。また一方，学年のまとまりとは正反対の計画ともいえる「縦割りのハウス集団」が提案され，学年オープンスペースは有効性が低いとするなど，ここでも教科経営の優先性が確認される。また，教科教室型運営の教室移動による生徒の落ち着きのなさや授業の遅刻，生徒の把握などの危惧があることに対して，「先進校の追跡調査をしてみると問題とされていない」[166]とし，積極的な姿勢が育つ，リフレッシュできるなどを利点として評価し，「移動自体が教科教室型の是非を決定する要素にはならない。生徒が授業に遅れる問題もない」[167]と述べられ，**資料15**の調査結果と食い違いがみられる。また，特別教室型に比して多様な空間が用意できることが特色であると有用性が示されている。

　さらに，従来型の管理ブロックは，「教師と生徒の関係を管理するものとされるものとに切り分けていたといえる(傍点：筆者)」[168]として，オフィス空間を模したオープンな校務センターを提案し，そこに教頭席，教員の執務スペースを配し，さらに，教職員ラウンジ，休養スペース，会議室，打ち合わせコーナー，更衣室などを可動間仕切りや家具で確保する提案がなされている。さらに，校務センター内，もしくは隣接して，印刷室にコンピュータなどを備えたメディア・スタジオの設置が提案されている。さらに，少人数で教室近くに教師がいる状態が有効であるとして，「学年や教科の職員室をそのユニットに配置することが有効である。カウンター式で間仕切を設けない方法と，透明ガラス間仕切で仕切る方法が考えられる」[169]と教室の近くにオープンな分散型職員室を設置することが提案されている。

　以上，教室における教員の一斉授業，学級経営・学年経営をクローズドシステムすなわち学級王国と評して教育病理現象の原因として捉え，教えるから学ぶへの変換が必要であるとして，教育システム，教育改革についても建築が主導すべきであるとの姿勢が顕著になっている。具体的には，イギリスのインフォーマル・エデュケーションを範として，生徒の'活動'が主体であり，教員による生徒指導は，'管理'と否定的に捉えられて，教科教室型運営や教室移動を疑問視する教員に対しては，その資質や姿勢が問題視され，教員は学校のユーザーではなくサポートする役であることが強調された。さらに，統合型職員室による特別教室型運営は異常であるとする一方，教科教室，教科職員室による'教科経営'を軸とした学校経営が強く主張された。次いで，教科教室型運営と連動した教科ごとの分離型職員室，さらにそのオープン化が提案されている。また，校務・教務センターをオフィスに準ずる空間とし，さらにラウンジと会議室を設置することによって，教員空間の機能による分離と分散配置が強く提唱されている。またさらに，教科教室，教科職員室に教科メディアセンターをグルーピングして教科教室型運営を実施する，教科センター方式が提案された。

　なお，現場の教員は一貫して特別教室型運営を支持しており，個人机や専用の学級教室の必要性

が述べられ，中学校の運営においては学級経営および学年経営が基盤であることが重ねて主張されている。また一方では，建築学の研究者や設計者のなかには，学級教室の必要性を述べる意見やオープン教室に対する疑問を呈する研究者も散見される。

しかしながら，**資料31**と**資料32**では，学級教室を設置した特別教室型運営の否定，および教科教室型運営の推進の方向性がいくぶん緩和されていることが確認される。

まず，**資料31**では，教科教室型運営に関しては，先進校への視察，教師集団の事前の議論とその後の努力が不可欠とされている。また，ホームルーム教室については「クラスの活動拠点として，個人机を持つ教科教室をホームルーム教室に割り当てる。あるいはホームベースの広さを確保してホームルームとすることも考えられる(傍点：筆者)」[170]とし，学年ごとにまとめることが有効であるとしている。すなわち，中学校の計画において，生徒の机の必要性とともに学年配置について肯定的な記述がみられる。しかしながら，一方では学年の分割ともいえるタテ割り集団を意識した配置も紹介され，さらに，教室移動に関しては，「先進校における生徒の追跡調査では，移動は面倒という回答もあるが，気分転換ができてよいという声も多く，遅刻は問題となっていない。教師からは自ら教室へ出向くことにより能動的な学習姿勢が育つと評価されている」[171]と，教室移動を教員が利点として評価しているという見解が述べられている。

資料21，**資料28**，**資料31**は同一出版社によって編集されたシリーズである。**資料21**，**資料28**に比して，**資料31**では教科教室型運営を推進する姿勢が減衰している。また一方では，**資料21**では学級教室による指導は学級王国であると否定的に捉えられていたのに対して，**資料31**では生徒の個人机の必要性と学級教室およびその学年配置の必要性が述べられている。

次いで，**資料32**の著者は**資料29**と同じである。教室による教員の一斉指導を学級王国と称し，学校建築を「全制的施設＝Total Institution」と称し，「一人ひとりの個性や適性に合わせて個別的に処遇することの大切さ，いわば'教育の原点'が見直され始めるのである。この『教育改革』に沿って，『学校建築』の改革も進もうとしたといえる」[172]，「イギリスの小学校建築の特徴・特質は我々を魅了してやまない」[173]と記述されており，**資料29**の記述と変化がないことが確認される。

一方，運営方式に関しては，特別教室型と教科教室型が併せて紹介され，特別教室型運営に対しては，「クラス集団(学習集団)とホーム集団(生活集団)が一致していることにおいて安定した方式であるといえる(括弧：原文のまま)」[174]と**資料29**と比較すると肯定的な評価へと変化している。しかしながら一方，特別教室型運営における普通の教室は，黒板と教科書に頼る定型的な一斉授業に陥りやすく，「普通教室を各教科やホームルーム運営で共有することになり，必然，どちらつかずの曖昧な設定になりやすい」[175]と，特別教室型運営のデメリットがあげられている。一方，教科教室型運営については，生活拠点はホームベースを設置することで対応し，教室移動については，「筆者の研究室の調査の経験によれば，全校15クラス規模程度までの中学校であれば，休み時間の教室移動はきわめてスムーズに問題なく推移し，特に問題はないと考えてよい」[176]として，生徒の気分転換になるなどの利点が評価されている。また，ホームベースを「日本オリジナルな発想といえよう。ホーム集団の安定や結束，まとまりを重んじる我が国の中学校運営の現実を反映した空間であると

もいえる」[177]としている。さらに，「教師の側から『生徒を把握しにくい方式である』との指摘がある場合もある。クラスルーム＝ホームルームに生徒が縛り付けられる従来の方式に比べれば，'いつも同じ場所に生徒がいる'，ということはこの方式ではないといえる。しかし，生徒の側からみると，一人ひとりの生徒に居場所の選択性がある，という見方も成り立つ。いずれにせよ，中学校の基本的な目標である日々の教科学習のための環境充実と，生徒の主体性を育てる視点から，検討に値する運営方式といえる」[178]と中学校においては教科学習が優先すると捉えていることが確認される。しかしながら一方，特別教室型運営の中学校で空き教室などを利用し，英語や数学などの教科教室を設定した'一部教科教室型'を「クラスルーム＝ホームルームは安定的に確保されており」[179]，「現実的な対応として頷ける面も多い」[180]と肯定的な評価をし，学級教室の有用性を認める姿勢へと変化していることが確認される。

　次に，オープンな教科メディアセンターを中心に，透明ガラスで仕切られた教科教室，教科研究室，ゼミ教室を加えて教科ブロック（「教科センター方式」・教科ユニット）とし，教科の教員が常駐する教科研究室を教科ブロックの運営の中心とすることで，「教科運営に関する情報交換・連携を不断に図ることができる。また，従来方式の大部屋職員室に比べ教師集団が少人数であり，生徒が相談や質問に立ち寄りやすいという特質もある」[181]と，教科研究室を教科経営上の利点に加えて生徒の利便性から評価していることが確認される。

　以上のように，**資料29**では，わが国が特別教室型運営を採用していることを国際的には異常であると評した記述から，特別教室型を安定した方式であると評価が高くなり，一方，教科教室型に対しては「過渡期的存在，試行錯誤の段階」[182]と評価が低くなり，「克服すべき課題」[183]をあげ，さらに，教科教室型が浸透しない理由の一つとしてあげていた生徒に対する教員の管理という記述が消え，結論として検討に値する運営の方式であるとしている，すなわち，教科教室型を推奨する方向性が減衰し，一方では特別教室型をも容認する姿勢が確認される。また，学年ごとに設置されたホームベースに学年フォーラムを付属させて，'学年ハウス'と呼ぶことを提唱するなど，学級経営や学年経営の重要性を認める姿勢への変化が確認される。しかしながら，教員空間の機能による分離と分散配置の主張には変化が確認されない。

　以上に述べてきた，2.3.1の（1）から2.3.3の（3）をまとめると，第二次世界大戦後，建築計画学研究では，画一教育，画一校舎からの変革が強く主張され，中学校の運営方式については，当初はプラトーン型が提案され，次いで，教科経営を軸とした教科教室型運営が強く支持され，さらに，教科オープンスペースによる教科センター方式の提案がなされた。また，計画学の初期には静謐な閉じた空間である必要があるとされた学級教室は，オープンプラン・スクールの提案とともに不要であるとされ，教科教室型運営においては，学級教室を学習空間としてのオープンな教科教室と生活空間としてのホームベースに分割して設置することが提案された。また，職員室については，当初は休憩，会議空間に特化すべきとされ，次いで，機能による分化が必要であるとして，執務空間としての「教科職員室（研究室）」と教務室・校務センター・会議室，生活空間としての休憩室・ラ

ウンジに分割し，分散して設置することとそのオープン化が提案された。なお，中学校では生活指導が重要視されていることが認識されてはいるが，打ち合わせなどはラウンジで実施できるとしている。以上のように，運営方式，教室の計画，教員空間の計画について，アメリカやイギリスを範として，建築学が主導して提案がなされたことが確認された。なお，イギリスやアメリカの教育および学校建築が先進事例として捉えられており，日本の教育の歴史や特質，さらに，学校現場の実態と比較論証した資料は極めて少ない。

　一方，現場教員の意見や要望，さらに，学校現場の実態が計画学の提案とは異なることが確認された。中学校教員は，学校の秩序が保ちにくいとして，当初から，プラツーン型運営や教科教室型運営の問題点を指摘する一方，生徒の落ち着きが得られる特別教室型運営を支持しており，加えて，生徒の生活拠点としての学級教室の必要性を指摘している。さらに，職員室は学校運営の場として多機能な空間であることが肯定的に捉えられており，中学校においては学年経営が重要視されていることが重ねて指摘されていることから，学年教員間の連携が容易な従来型の統合型職員室が支持されていたと考えられる。また，中学校においては特別教室型運営に加えて教科教室型運営においても，学級経営，学年運営が学校運営の基盤であること，学級経営・学級活動の占める時間の割合は大きく，その活動には生徒の個人机が設置された学級教室が必要であることが重ねて指摘されている。以上のように，建築計画学研究者と教員の意見は異なるが，当初，建築計画学は教員・学校の意見を重視すべきであるという姿勢であった。しかしながら，次第にその方向性が変化し，建築学が教育方法や教育システムにまで踏み込んだ提案をすべきであるとされ，教員が重要視する生徒指導は生徒管理であると否定され，学級経営は教育病理現象の原因であるとされた。また，教科教室型運営および教室移動の問題点を指摘する教員に対して，建築計画学の研究者からは教員の資質や姿勢が問題視されている。さらに，学校は教員が教える場ではなく，生徒が学ぶ場であるとして，教員は学校のユーザーではなく，管理者，サポーター，カウンセラー，サービスを行う人などと位置づけられている。

　また一方，建築家や建築計画学の研究者の発言や論述の中にも，上記に述べた方向とは異なる意見や記述がみられる。まず，**資料 16** の学校の計画における現場での調査を重視する，学級教室を学校生活の根拠地として重要視する。ついで，**資料 25-9** の初期の計画学から方向性が変化したことに疑問を呈する。同じく，**資料 25-3**，**資料 25-9** のオープンプランスクールに疑問を呈する，従来型の校舎やクローズドな学級教室を評価するなどである。なお，日本建築学会の主要な研究者が執筆者となっている**資料 7**（「建築学体系 32」），**資料 12**（「改訂増補 建築学体系 32」），**資料 19**（「新建築学体系 29」）の 3 つを比較すると，**資料 7**，**資料 12** では**資料 16** の著者は執筆者の一人で，**資料 12** には同氏の研究と推察される小学校の史的考察が加わっている以外には，**資料 7** と**資料 12** には内容的な大きな差異がみられないが，**資料 19** では執筆者とともに内容が一新され，オープンプランスクールの提案が建築学会の主流となっていたことが確認される。しかしながら一方，昭和 50 年代以降，オープンプランスクールに関する研究が多数を占めるなか，**資料 16** の著者らは，学級教室に関する研究発表を精力的に行っており[184]，学級教室が学校における基本的な空間であるとする建築

計画学の初期の理念を継承し続けたといえる。なお，**資料 19** では**資料 16** の著者は執筆者には含まれていない。

なお，近年，オープンプランスクールや，教科教室型運営の検証研究がみられる[185]。

2.4 小　　結

本章では，第二次世界大戦後，6・3 制の実施によって誕生した新制中学校は，現実には統合型職員室による特別教室型運営が大半を占める一方，建築計画学から新制中学校の運営方式および教員空間に関する新しい提案がなされた経緯を，建築学会の学会誌や学校建築に関する文献などから整理し，以下の 3 つの知見を得た。

1) 第二次世界大戦後，教育方法や学校校舎の改革が強く志向され，文部省の要請を受けた建築計画学の専門家グループからは，新制中学校におけるプラツーン型運営や教科教室型運営が提案され，教員空間については休憩室の設置と，機能による分離が提唱された。しかしながら一方では，静謐な学級教室が重要視されており，運営方式の決定は学校に任せるべきとされていた。

2) 昭和 40 年代中期以降には，建築計画学が主導して大きく方向性が変化し，オープンプランスクールの提案に続いて，昭和 50 年代後半には教科センター方式の教科教室型運営が提案され，中学校においては，教科経営を軸とした教科教室型運営が提案され，生徒指導は管理であるとして否定された。また，学級教室，学級経営は学級王国と捉えられ，教育病理現象の原因となることから不要であるとされ，生徒の生活拠点としてのホームベースの設置が提案された。同時に，教員空間としては，教科職員室の設置とそのオープン化が提案され，さらに，オフィス空間としての校務・教務センター，ラウンジと会議室の設置による教員空間の分散配置が提案された。一方，建築家や建築計画学の研究者の中には，オープンプランスクールに疑問を呈する研究者や閉じた学級教室を設計した事例，さらに，学級教室を重要視する建築計画学の初期の理念を継承した研究などがみられた。

3) 中学校教員は，当初からプラツーン型や教科教室型の運営の問題点を指摘する一方，学級経営や学年経営が学校運営の基盤であるとして特別教室型運営を支持している。さらに，教科教室型運営においても学級経営，学年経営による生徒指導が学校運営の軸であることから，個人の机とイスが設置された学級教室の必要性を指摘している。また，職員室を多機能な空間であると捉えており，統合型の職員室を疑問視する姿勢はみられない。

注
1) 参考文献［1］p.721 によると，独立校舎は 15% である。
2) 参考文献［2］資料編 pp.374-376，参考文献［3］p.153 を参照。
3) 参考文献［3］pp.5-6 を参照。
4) 参考文献［4］p.199 を参照。

5) 参考文献［1］p.724 を参照。また，参考文献［5］pp.97-112 には，「第十三 生徒指導」として示されているが，p.97 のその冒頭で，「新制中学校および新制高等学校は，その最も重要な働きの一つとして，生徒が自分の問題を解決するのを援助してやる指導計画を実施しなければならない」としている。さらに，同文献の p.99, 12 行 - p.100, 4 行には「（一）教科課程」が示され，p.100, 3-4 行に「單に知識を生徒に傳えるかわりに，生徒の全人的発達を遂げさせることを求めている教師は，それだけで教師であると同時に指導する者であるといってよい」と教科指導における生徒指導にも言及している。

また，参考文献［6］p.21, 10 行には，「すべての生徒は教科課程（生活に対する適應の問題をめぐって編成された）学習指導要領各科編・特別な学習單元・特別な活動・学校の健康計画・学校レクリエイション等々の種々の型の集團指導により，いろいろな方法で達することができる。他方生徒には個人的問題を持っていて，親しみ深く，しかも頼りになってくれる教師と自分の問題を話し合うことを要する特別な相談の者も必ずいるものである。この二つの型は相互に補足しあうものである」と集団指導に加えて個人指導の必要性を述べている。なお，参考文献［5］，参考文献［6］には，中学校と高等学校を分けて記述している部分はない。

6) 参考文献［4］p.206 を参照。
7) 参考文献［4］p.206 を参照。
8) 参考文献［7］p.239, 8-10 行に「二人担任制とは，全職員が学級担任ということであり，『教科担任である前に学級担任であれ』ということである。換言すれば，生徒の生活の事実に即した日々の具体的な指導の上に，教科や特別教育活動の指導を積み上げよということである」とある。
9) 参考文献［7］p.256, 9 行を引用。
10) 参考文献［7］p.256, 下 17-19 行に「学級の全部の生徒にわたって一人ずつ話し合っていき，一つの学級が終わったら次の学級へ移り，一学期に一応全学年全員に及び，二学期三学期に第二回目の話し合いをする」とある。
11) 下表に示した。

資料 1 ＝参考文献［8］	資料 12 ＝参考文献［19］	資料 23 ＝参考文献［30］
資料 2 ＝参考文献［9］	資料 13 ＝参考文献［20］	資料 24 ＝参考文献［31］
資料 3 ＝参考文献［10］	資料 14 ＝参考文献［21］	資料 25 ＝参考文献［32］
資料 4 ＝参考文献［11］	資料 15 ＝参考文献［22］	資料 26 ＝参考文献［33］
資料 5 ＝参考文献［12］	資料 16 ＝参考文献［23］	資料 27 ＝参考文献［34］
資料 6 ＝参考文献［13］	資料 17 ＝参考文献［24］	資料 28 ＝参考文献［35］
資料 7 ＝参考文献［14］	資料 18 ＝参考文献［25］	資料 29 ＝参考文献［36］
資料 8 ＝参考文献［15］	資料 19 ＝参考文献［26］	資料 30 ＝参考文献［37］
資料 9 ＝参考文献［16］	資料 20 ＝参考文献［27］	資料 31 ＝参考文献［38］
資料 10 ＝参考文献［17］	資料 21 ＝参考文献［28］	資料 32 ＝参考文献［39］
資料 11 ＝参考文献［18］	資料 22 ＝参考文献［29］	

12) 参考文献［8］pp.14-18 を参照。
13) 参考文献［8］p.14, 左 23-31 行を引用。
14) 参考文献［10］pp.5-7 を参照。
15) 参考文献［10］pp.16-21 を参照。
16) 参考文献［11］p.11, 左 41-45 行を引用。
17) 参考文献［12］p.5, 5-6 行を引用。
18) 参考文献［8］p.15, 左 25-27 行を引用。

19) 参考文献［10］p.16，左 13-18 行を引用．
20) 参考文献［10］p.16，右 7-8 行を引用．
21) 参考文献［12］p.14，22-23 行を引用．
22) 参考文献［8］p.16，右 35-37 行を引用．
23) 参考文献［8］p.16，右 38-40 行を引用．
24) 参考文献［8］p.18，左 2-7 行を引用．
25) 参考文献［8］p.18，右 1-8 行を引用．
26) 参考文献［11］p.18，右 3-6 行を引用．
27) 参考文献［12］p.82，1-2 行を引用．
28) 参考文献［10］p.21，左 31-33 行を引用．
29) 参考文献［14］p.285，22-23 行を引用．
30) 参考文献［14］p.293，11-12 行を引用．
31) 参考文献［16］p.7，表①運営方式の種類と現在の状況，クラス単位によらない運営方式の項より引用．
32) 参考文献［16］p.7，表①運営方式の種類と現在の状況，U＋V形の項より引用．
33) 参考文献［18］p.15，2-3 行を引用．
34) 参考文献［18］p.113，19-20 行を引用．
35) 参考文献［8］p.16，左 15-17 行を引用．
36) 参考文献［9］p.87，'30 圖　管理部諸室' を参照．
37) 参考文献［11］p.13，左 20-21 行を引用．
38) 参考文献［13］p.26，18-21 行を引用．
39) 参考文献［14］p.243，4 行を引用．
40) 参考文献［14］p.243，5-7 行を引用．
41) 参考文献［14］p.243，7-8 行を引用．
42) 参考文献［15］p.12，左 16-20 行を引用．
43) 参考文献［15］p.12，左 24-26 行を引用．
44) 参考文献［18］p.155，1 行を引用．
45) 参考文献［18］p.156，13-14 行を引用．
46) 参考文献［20］p.212，7 行を引用．
47) 参考文献［21］p.12，14 行を引用．
48) 参考文献［21］p.148，8-12 行を引用．
49) 参考文献［21］p.149，16 行 -p.150，1 行を引用．
50) 参考文献［21］p.150，4-5 行を引用．
51) 参考文献［18］p.103，2-3 行を引用．
52) 参考文献［18］p.105，9-12 行を引用．
53) 参考文献［18］p.105，16 行を引用．
54) 参考文献［40］p.40，4-10 行には「9ページの茨城県取手の井野小学校の設計を見ていただきたい。これは長倉康彦先生という日本の学校建築の，これは吉武先生の一番弟子です。この方が設計したので，この当時の思想としては教室をなるべく阻害しない。廊下だって授業を阻害するから，廊下に直接面しない学校という。それでこれを造ったわけです。これを見ていただきますと，低学年と高学年に分かれておりまして，各教室は直接廊下には面しておりません。廊下からちょこっと入っている。要するに教室が独立している。廊下を歩いているのでも邪魔にならないというような教室を造りました」と記述され，同文献の30-38行には，「それで実は次のページを見ていただきますとその次の福光中部小と，

これは富山県の福光町にありますが，これ長倉先生が設計しているんですが。この教室，CR と書いてあるクラスルームですが，そこの境が点々になっている。取れちゃうんです。特に隣との間仕切りはあるんですが，廊下と称するところは全然ないんです。昨日まで『各教室は独立しなくちゃいけない。廊下を通っても邪魔になる』なんて言っていました人が，ここまで変化をしたと。それで長倉先生はその後，大野先生と連名でオープン教育の本などをお書きになっていますが，教育思想というのはこういうふうに変わっていくんだなと。そうなると学校建築はよっぽどフレキシビリティーを持たせないと，教育方法の変化に対応できません」と，長倉氏の主張の変化について記述されている。

55）参考文献［22］p.155, 14-15 行を引用。
56）参考文献［22］p.155, 26-27 行を引用。
57）参考文献［24］p.3（まえがき），16-19 行を引用。
58）参考文献［24］p.154, 25-29 行を引用。
59）参考文献［24］p.294, 15-16 行を引用。
60）参考文献［21］p.52, 17 行 - p.53, 2 行を引用。
61）参考文献［22］p.111, 23-24 行を引用。
62）参考文献［22］p.111, 31-33 行を引用。
63）参考文献［24］p.294, 12-14 行を引用。
64）参考文献［24］p.294, 16-18 行を引用。
65）参考文献［23］p.70, 13-15 行を引用。
66）参考文献［23］p.70, 7-8 行を引用。
67）参考文献［23］p.28, 12-13 行を引用。
68）参考文献［26］p. v, 3-8 行を引用。
69）参考文献［26］p. vi, 4-6 行を引用。
70）参考文献［26］p.91, 10-11 行を引用。
71）参考文献［26］p.91, 11-13 行を引用。
72）参考文献［26］p.94, 13-14 行を引用。
73）参考文献［26］p.112, 22-24 行を引用。
74）参考文献［26］p.112, 30 行 - p.113, 1 行を引用。
75）参考文献［26］p.113, 14-15 行を引用。
76）参考文献［27］pp.66-73 を参照。
77）参考文献［27］p.67, 中 21-24 行を引用。
78）参考文献［27］p.66, 左 9-12 行を引用。
79）参考文献［27］p.67, 左 12-15 行を引用。
80）参考文献［28］p.28, 右 6-12 行を引用。
81）参考文献［28］p.28, 右 15-18 行を引用。
82）参考文献［29］pp.60-71 を参照。
83）参考文献［29］pp.61-64 を参照。
84）参考文献［29］p.61, 中 20-21 行を引用。
85）参考文献［29］p.62, 左 31-33 行を引用。
86）参考文献［29］p.62, 左 34-36 行を引用。
87）参考文献［29］p.62, 右 20-21 行を引用。
88）参考文献［29］p.62, 右 15 行を引用。
89）参考文献［29］pp.65-71 を参照。

90）参考文献［29］p.66，左 1-6 行を引用。
 91）参考文献［29］p.66，右 19-23 行を引用。
 92）参考文献［29］p.69，1 行を引用。
 93）参考文献［29］p.69，10-11 行を引用。
 94）参考文献［29］p.70，左 14-16 行を引用。
 95）参考文献［30］p.6，右 15-19 行を引用。
 96）参考文献［30］p.6，右 36-38 行を引用。
 97）参考文献［30］p.7，左 1-3 行を引用。
 98）参考文献［30］p.9，左 9-11 行を引用。
 99）参考文献［30］p.36，左 39 行－右 3 行を引用。
100）参考文献［31］pp.106-111 を参照。
101）参考文献［31］pp.106-108 を参照。
102）参考文献［31］p.106，左 11-15 行を引用。
103）参考文献［31］p.109 を参照。
104）参考文献［31］p.109，左 21-24 行を引用。
105）参考文献［31］p.109，右 24-27 行を引用。
106）参考文献［31］pp.110-111 を参照。
107）参考文献［31］p.110，中 19-28 行を引用。
108）参考文献［32］pp.12-63 を参照。
109）参考文献［32］p.13，1-4 行を引用。
110）参考文献［32］pp.14-17 を参照。
111）参考文献［32］p.17，右 15-17 行を引用。
112）参考文献［32］pp.18-27 を参照。
113）参考文献［32］p.20，右 2-3 行を引用。
114）参考文献［32］p.20，右 11-12 行を引用。
115）参考文献［32］p.22，右 14-16 行を引用。
116）参考文献［32］p.27，右 10-11 行を引用。
117）参考文献［32］p.24，左 20 行を引用。
118）参考文献［32］p.18，右 10-11 行を引用。
119）参考文献［32］p.20，右 41 行を引用。
120）参考文献［32］p.19，左 40-44 行を引用。
121）参考文献［32］p.22，右 8-10 行を引用。
122）参考文献［32］pp.34-35 を参照。
123）参考文献［32］p.35，中 15-18 行を引用。
124）参考文献［32］p.34，左 17-18 行を引用。
125）参考文献［32］p.35，左 27-29 行を引用。
126）参考文献［32］p.35，左 35 行－中 1 行を引用。
127）参考文献［32］p.35，中 30-32 行を引用。
128）参考文献［32］pp.52-53 を参照。
129）参考文献［32］p.53，左 23-35 行を引用。
130）参考文献［32］p.53，右 29-43 行を引用。
131）参考文献［33］p.112，12-13 行を引用。

132) 参考文献［33］p.40，4行を引用。
133) 参考文献［34］pp.54-75を参照。
134) 参考文献［34］p.55，左11-15行を引用。
135) 参考文献［34］p.56，中19-22行を引用。
136) 参考文献［34］p.56，右10-14行を引用。
137) 参考文献［34］p.56，右25-32行を引用。
138) 参考文献［34］p.57，左1-9行を引用。
139) 参考文献［34］p.57，右36行-p.58，左1行を引用。
140) 参考文献［34］p.58，中18-21行を引用。
141) 参考文献［34］p.58，中38-46行を引用。
142) 参考文献［34］pp.60-64を参照。
143) 参考文献［34］p.60，右20-27行を引用。
144) 参考文献［34］p.60，右12-16行を引用。
145) 参考文献［34］p.62，中13-17行を引用。
146) 参考文献［34］p.63，中28-33行を引用。
147) 参考文献［34］p.63，右25-30行を引用。
148) 参考文献［35］pp.4-30を参照。
149) 参考文献［35］p.9，左14-16行を引用。
150) 参考文献［35］p.13，右16-19行を引用。
151) 参考文献［35］p.25，左4-6行を引用。
152) 参考文献［35］p.25，右27-30行を引用。
153) 参考文献［36］p.3，8-9行を引用。
154) 参考文献［36］p.17，4-5行を引用。
155) 参考文献［36］p.72，7-9行を引用。
156) 参考文献［36］p.72，11行-p.73，2行を引用。
157) 参考文献［36］p.194，4-6行を引用。
158) 参考文献［36］p.111，5-8行を引用。
159) 参考文献［36］p.159，12-13行を引用。
160) 参考文献［36］p.170，6-8行を引用。
161) 参考文献［36］p.199，1-3行を引用。
162) 参考文献［36］p.179，10行-p.180，1行を引用。
163) 参考文献［37］p.8，左32-38行を引用。
164) 参考文献［37］p.16，左13-17行を引用。
165) 参考文献［37］p.16，左23-29行を引用。
166) 参考文献［37］p.16，右6行を引用。なお，資料30の著者は，参考文献［41］において，教科教室型運営の先導校2校における調査を実施しており，教室移動に関する問題点として，中学校側は，'移動に伴う慌ただしさ'，'忘れ物'，'教室に対する愛着が薄く整美に非協力的'，'学年教師間の連携がとりにくく生徒指導面で支障がある'と評価し，70%以上の生徒が'休み時間がもっと欲しい'と回答したと報告している。
167) 参考文献［37］p.16，右12-13行を引用。
168) 参考文献［37］p.13，右29-30行を引用。
169) 参考文献［37］p.14，左27-29行を引用。

170) 参考文献［38］p.16，右 8-11 行を引用。
171) 参考文献［38］p.17，左 15-20 行を引用。
172) 参考文献［39］p.23，15-17 行を引用。
173) 参考文献［39］p.31，29-30 行を引用。
174) 参考文献［39］p.118，20-22 行を引用。
175) 参考文献［39］p.119，28-29 行を引用。
176) 参考文献［39］p.120，24-27 行を引用。
177) 参考文献［39］p.143，4-7 行を引用。
178) 参考文献［39］p.120，34 行 - p.121，2 行を引用。
179) 参考文献［39］p.121，17 行を引用。
180) 参考文献［39］p.121，22-23 行を引用。
181) 参考文献［39］p.142，22-24 行を引用。
182) 参考文献［39］p.138，5 行を引用。
183) 参考文献［39］p.120，13 行を引用。
184) 日本建築学会大会の梗概集には，小・中学校のオープンプランスクールに関する研究発表は 1978 年には 1 編，1980 年には 2 編，1981 年には 3 編，1982 年には 6 編，1984 年には 1 編，1986 年には 2 編が報告されている。一方，青木正夫，竹下輝和両氏の「学級教室に関する建築計画的研究」は，1984 年に第 1 報，第 2 報の 2 編が報告され，次いで，1985 年には第 3 報，第 4 報，第 5 報の 3 編，さらに，1986 年には，第 6 報と第 7 報の 2 編が報告されている。
185) 小学校のオープン型教室に関する検証研究は，参考文献［42］，教科教室型中学校および分離型職員室に関する研究には参考文献［43］，参考文献［44］，参考文献［45］などがみられる。なお，参考文献［45］には中学校のオープン教室についても述べられている。

参考文献
［1］ 文部省：学制百年史，帝国地方行政学会，1972
［2］ 菅野　誠，佐藤　譲：日本の学校建築 ── 発祥から現代まで ──，文教ニュース社，1983
［3］ 吉武泰水：建築設計計画研究拾遺 II ── 簡易版 ──，吉武泰水先生を偲ぶ会・世話人，2004.11.22
［4］ 内田　糺，森　隆夫編：学校の歴史　第三巻 中学校・高等学校の歴史，第一法規，1979
［5］ 文部省学校教育局：新制中学校　新制高等学校　望ましい運営の指針，1949.4
［6］ 文部省初等中等教育局（編）：通信教育テキスト　中学校・高等学校の生徒指導，日本教育振興会，1950
［7］ Ih 中学校：Ih 中学校三十年史，Ih 中学校，1976.12.19
［8］ 日本建築学会：建築雑誌　第 63 輯　739 号，日本建築学会，1948.4
［9］ 文部省教育施設局工營課 學校建築研究會編：新制中學校建築の手びき，明治圖書出版，1949.3
［10］ 日本建築学会：建築雑誌　第 65 輯　763 号，日本建築学会，1950.6
［11］ 文部省教育施設部学校建築研究会編：学校建築計画図集，彰國社，1951
［12］ 文部省学校建築研究会編：学校施設計画の手びき，教育弘報社，1953
［13］ 池田伝蔵，片山恂一：学校建築の計画，理工図書，1957
［14］ 建築学大系編集委員会：建築学大系 32　学校・体育施設 第 3 版，彰国社，1962
［15］ 日本建築学会建築設計々画規準委員会編：学校のブロックプラン　パンフレット№ 17，日本建築学会，1964.11
［16］ 日本建築学会編：建築設計資料集成 4，丸善，1965

[17]	大串不二雄：学校施設，第一法規，1967	
[18]	長倉康彦：建築設計講座　学校建築，理工図書，1969	
[19]	建築学大系編集委員会編：改訂増補　建築学大系 32　学校・体育施設　新訂第 1 版，彰国社，1973	
[20]	日本建築学会：学校建築計画，丸善，1971	
[21]	長倉康彦：開かれた学校　そのシステムと建物の変革，NHK ブックス 189，1973	
[22]	長倉康彦，船越　徹，吉田あこ：吉武泰水編　建築計画学 9　学校 II，丸善，1974	
[23]	青木正夫：吉武泰水編　建築計画学 8　学校 I，丸善，1976	
[24]	日本建築学会：学校建築　計画と設計，日本建築学会，1979	
[25]	日本建築学会編：建築設計資料集成 6　建築 —— 生活，丸善，1979	
[26]	新建築学大系編集委員会編：新建築学大系 29　学校の設計，彰国社，1983	
[27]	文教施設協会：教育と施設 4 号，文教施設協会，1986.8	
[28]	建築思潮研究所編：建築設計資料 16　学校　小学校・中学校・高等学校，建築資料研究社，1987.3	
[29]	文教施設協会：教育と施設 23 号，文教施設協会，1988.12	
[30]	西日本工高建築連盟：新建築設計ノート　学校，彰国社，1989	
[31]	文教施設協会：教育と施設 31 号，文教施設協会，1990.12	
[32]	日本建築学会：建築雑誌　Vol. 107 No. 1326，日本建築学会，1992.4	
[33]	長倉康彦：「開かれた学校」の計画，彰国社，1993	
[34]	文教施設協会：教育と施設 44 号，文教施設協会，1994.3	
[35]	建築思潮研究所編：建築設計資料 67　学校 2　小学校・中学校・高等学校，建築資料研究社，1998.6	
[36]	上野　淳：シリーズ　教育の挑戦　未来の学校建築　教育改革をささえる空間づくり，岩波書店，1999	
[37]	長澤　悟，中村　勉編：建築デザインワークブック［1］　スクール・リボリューション —— 個性を育む学校，彰国社，2001	
[38]	建築思潮研究所編：建築設計資料 105　学校 3　小学校・中学校・高等学校，建築資料研究社，2006	
[39]	上野　淳：学校建築ルネサンス，鹿島出版会，2008	
[40]	篠塚　脩：義務教育施設のあゆみ，わが国の学校施設設備のあゆみ —— 高野文雄氏・篠塚　脩氏講演録 ——，国立教育政策研究所教育政策・評価研究部，pp.29-66，2003.3	
[41]	長沢　悟，横山俊祐，金　承済：教科教室型運営校における運営状況と施設の評価 —— 中学校の建築計画に関する調査・分析　その 1，昭和 59 年度日本建築学会関東支部研究報告集，計画系 (55)，pp.257-260，1984	
[42]	山口勝巳，屋敷和佳：東京都・富山県・秋田県の公立小学校におけるオープン型教室の整備状況と整備指針　小学校におけるオープン型教室の整備と評価に関する研究　その 1，日本建築学会計画系論文集　No.635，pp.25-32，2009.1	
[43]	藤原直子，竹下輝和：教員の行動特性からみた中学校職員室に関する考察，日本建築学会計画系論文集　No.632，pp.2041-2048，2008.10	
[44]	屋敷和佳，山口勝巳：国公立中学校における教科教室制の実施状況と校舎の利用実態・評価，日本建築学会計画系論文集　No.634，pp.2583-2590，2008.12	
[45]	藤原直子，竹下輝和：教員空間の改変からみた中学校職員室に関する考察，日本建築学会計画系論文集　No.657，pp.2547-2554，2010.11	

第3章

教員空間の改変からみた中学校職員室

3.1 はじめに

　第二次大戦後には教室不足の解消を目途として，一部の中学校では教室の利用効率の高いプラツーン型や教科教室型の運営が試行され，次いで，昭和30年代以降には建築計画学が主導して，教室の効率的活用に加えて教科指導の充実を目標にしたプラツーン型運営，教科教室型運営，さらに，教科センター方式の中学校校舎が建設され，教科教員集団ごとの分離型職員室，すなわち教科職員室[1]が設置されて運営が開始された。一方，郊外の新興住宅地の開発などによる生徒増で校舎不足に陥った地域では，教育委員会が主導して教科教室型運営を実施した事例もある。しかしながら，これらプラツーン型運営，教科教室型運営，教科センター方式の運営が採用された中学校では，しばらくその運営が実施された後に，特別教室型運営に切り替えられるケースがみられ，さらに，施設の使用過程のなかで，教員空間の改変が実施された事例がみられる。しかしながら一方では，教科職員室が設置された教科センター方式の中学校は近年も引き続き建設されている[2]。

　本章では，それら運営方式の変更と教員空間の改変が実施された中学校において，その過程を資料や詳細なヒアリング調査によって検証し，中学校の職員室について考察する。

　なお，本研究における教員空間の改変とは，改修や転用による教員空間の用途変更，および，その他の空間の改修・転用による教員空間への用途変更を示すものとする。

3.2　教員空間の改変と運営方式の変更の過程

3.2.1　調査対象校と分析方法

　表3-1に示すように，調査対象校は校舎のブロックプラン，教科教室型運営の開始時期，学校規模，空間改変後の執務空間の種類から10校を選出し，学校における観察記述調査，資料の収集，現校長・教頭・教員，元校長・教員へのヒアリング調査を実施した。また，学校規模については，標準規模校[3]以上の中学校とし，小規模校を1校加えた。なお，収集した資料は各学校によって種類や数は異なるが，学校史・記念誌，学校要覧，研究紀要，学校経営・教育計画，教室配置図，施設台帳，建築図面，市教育史，建築系の文献・雑誌などであり，これらの資料をもとに運営方式の変更，および，教員空間の改変の過程を分析した。

　なお，教科教室型運営当時の元教員へのヒアリング調査，さらに，記念誌や研究紀要などで教員空間の変遷が確認され，さらに，教科教室型運営および教員空間に対する教員および生徒らによる評価・検証・総括が確認できるケースに限定した。

　まず，昭和30年代に教科教室型運営が開始されたA，B中学校の2校は，いずれも大学の建築学の研究者が関わった初期の事例であり，バッテリー型の校舎である。なお，B中学校では教育委員会も事前研究の段階から関わっている。A中学校は地方の山間部にある小規模校であり，B中学校は首都圏にある大規模校である。続いて，昭和40年代に教科教室型運営が開始された4校は，教育

表3-1 調査対象校および教員空間の改変実態

中学校	校舎概要	教科教室型運営の実施期間[*1]	運営開始時の学級数	運営開始時の執務空間[*2]	空間改変後の執務空間	教員空間の改変と運営方式の変更の時期
A中学校	2階建・ホール型 1棟（教室：バッテリー型）	昭和33－56年 （24年間）	6	教科職員室 管理室（会議・休憩室）	統合型職員室	教員空間の改変が先行
B中学校	4－2階建 3棟並列型（1棟：バッテリー型）	昭和38－57年 （20年間）	22	教科職員室 総務部職員室・会議室	統合型職員室	教員空間の改変が先行
C中学校	4階建・片廊下型 3棟並列型	昭和43－56年 （14年間）	18	教科職員室 職員室（会議室）	統合型職員室	―
D中学校	5階建・片廊下型（一部中廊下） 1棟・一文字型	昭和44－49年 （6年間）	30	教科職員室 教務室・大会議室	学年職員室 統合型職員室	同時
E中学校	4階建・片廊下型 2棟並列型	昭和46－54年 （9年間）	28	教科職員室 大会議室	統合型職員室	―
F中学校	4階建・片廊下型 1棟・ロの字型	昭和47－57年 （11年間）	18	教科職員室 職員室（会議室）	統合型職員室	同時
G中学校	3階建・ホール型 3棟・連結型	昭和56－平成6年 （14年間）	19	教科職員室 会議室	学年職員室 会議室	同時
H中学校	3階建・ホール型 4棟・連結型	昭和57－平成5年 （12年間）	17	教科職員室 校務センター	学年職員室 統合型職員室	―
I中学校	3階建・一部ホール型 1棟・L字型	昭和59－平成6年 （11年間）	13	教科職員室 会議室	統合型職員室 教科職員室	―
J中学校	3階建・ホール型 1棟	昭和61－平成2年 （5年間）	15	教科職員室 会議室	学年職員室 統合型職員室	運営方式の変更が先行

注[*1] B中学校においては，プラツーン型運営の実施期間を含む。
注[*2] 教科職員室は教科教官室，教科研究室，教科準備室等の呼称があり，複数の呼称が併用されている事例もある。

委員会主導の事例であり，C，D，E中学校は関西圏の同一市内にあり[4]，F中学校はそれら3校に近接した他府県にある中学校であり，いずれも片廊下型の校舎である。以上の6校では，同一教科の教科教室（群）[5]と教科職員室が隣接・近接して教科ごとにまとまって設置されている。

最後に，昭和50年以降に教科教室型運営が開始されたG，H，I，J中学校の4校は同一県内にあり，いずれも建築計画学の研究者が指導して建設されたホール型の校舎で，教科教室（群）に隣接した教科用オープンスペースと教科研究室などがグルーピングされた教科センター方式の中学校である。なお，G中学校以外は教科教室の全てもしくは一部が，オープンもしくはセミオープンの教室であった[6]。

3.2.2 教員空間の改変の時期と運営方式の変更の時期

教員空間の改変の時期と運営方式の変更の時期は必ずしも一致していない。空間改変の時期が特定できないC，E，H，I中学校の4校を除いた6校について，教員空間の改変の時期と運営方式の変更の時期の関係をみると，以下の3つのパターンがみられる。まず，教員空間の改変が先行したパターン，次に，運営方式の変更と教員空間の改変が同時に実施されたパターン，さらに，運営方式の変更が先行したパターンである。

3.2.3 教員空間の改変の実際とその過程

空間の改変によって設置された職員室は,「統合型職員室」が6校,「学年職員室」が4校である。また, D, J中学校は空間改変によって設置された学年職員室でしばらく運営された後に, さらに, 統合型職員室が設置されており, H中学校も学年職員室と統合型職員室が併設されている[7]。また, I中学校では統合型職員室に加えて, 当初の教科研究室も併用されている。

教員空間の改変の時期と運営方式の変更の時期の関係, および, 空間改変後の職員室の種類から, 以下の4校を抽出した。まず, 教員空間の改変が先行し統合型職員室が設置されたB中学校である。次に, 運営方式の変更と教員空間の改変が同時に実施され, 統合型職員室が設置されたF中学校, および, 学年職員室が設置されたG中学校の2校である。続いて, 運営方式の変更が先行したJ中学校である。最後に, 大学の建築学の研究室が計画・設計に携わった極めて初期の事例であり, さらに, 文部省の指導によるモデルプランの鉄筋校舎として建設され[8], 校舎使用開始後に長期間にわたって連続的に空間改変が実施されたA中学校を小規模校の事例として加え, 以上5校の教員空間の改変の過程を詳述した。

(1) A中学校

A中学校は昭和30年の町村合併による2つの中学校の統合校であり, 昭和32年に新校舎が完成し, 昭和33年から教科職員室による教科教室型運営が開始された。当時の校長が自作の設計図を持参して文部省に出向き, さらに, 文部省から紹介された大学の研究室に設計を依頼した。なお, 元校長は, 夏休み期間中には大学の研究室で, 数名の研究者と協働して設計に関与した[9]。

図3-1に1階東側の教員空間の2つの計画案, および, 教員空間の改変過程を示す。計画案1, 計画案2はそれぞれ別の資料に記載されているプランであり[10], いずれも, 校長室に隣接して衛生室と「会議・休憩室」が配置されており, さらに, 計画案1では会議・休憩室が隔壁もしくは腰壁で仕切られていることから, 会議と休憩のスペースの分割が意図されていたと推察される。

一方, 昭和37年の教室配置図では, 校長室の隣は宿直室, および, 「管理室」で, 衛生室は別に設置されていたことが確認できることから[11], これが実現されたプランであると考えられ, 管理室(写真3-1)には, 教頭が常駐し, 会議・休憩室として使用された。

また, 教員の執務室や居場所として, 社会, 理科, 音楽, 技術・家庭科については, 教科教室に隣接した「準備室」が設置されており, 数学や国語, 英語(兼美術)についても教室に隣接したベランダ側に, 狭小な準備室が設置されていた。さらに, 教員間の連絡のためにインターホンが設置された。

しかし, 教員間のコミュニケーション不足や教員の管理上の問題から, 昭和40年代初めには, 管理室が統合型の「職員室」に用途転用された[12]。さらに, 昭和45年には, 昇降口を改修して放送室が新設され[13], 前後して宿直室が印刷室に転用された。

昭和57年には特別教室型運営に変更され, 校長室が印刷室と一体化して拡張され, 用務員室などを改修して印刷室が移設された。次いで昭和63年には, 校長室が昇降口に移設され, 管理室すなわ

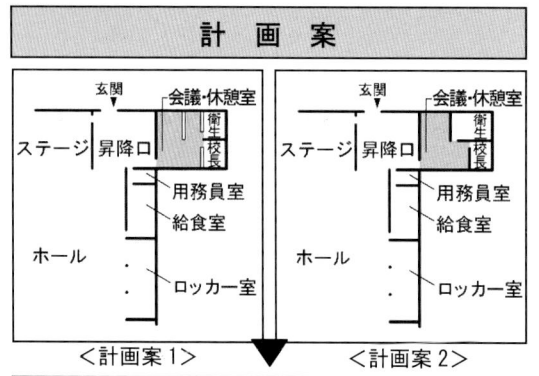

写真3-1 管理室（開校当時）
注）参考文献［7］p.58による。

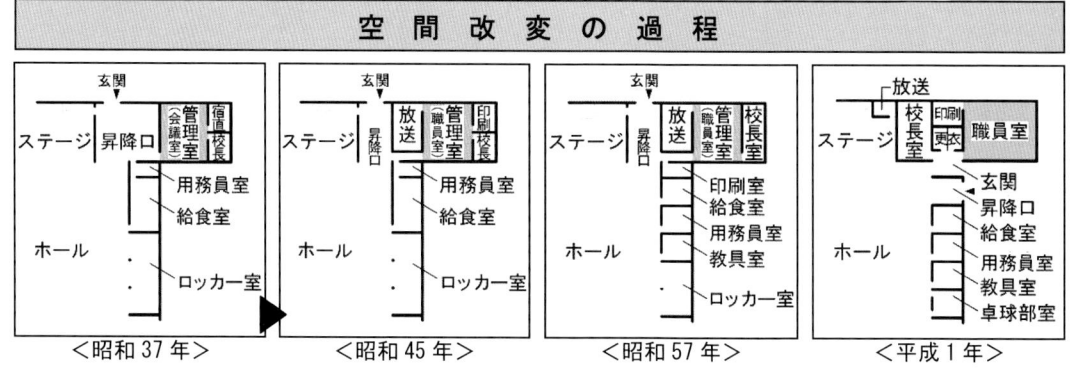

図3-1　A中学校の教員空間の計画案と空間改変の過程（1階：東側）

注）計画案1は参考文献［7］p.40，計画案2は参考文献［8］p.25および参考文献［9］p.113に掲載されている。また，昭和37年，57年，平成1年の図面はそれぞれの年度の学校要覧をもとに筆者が作成した。なお，昭和45年の図面は参考文献［7］の文中の記述をもとに筆者が作成した。

写真3-2　印刷室（A中学校）
注）筆者撮影（平成18年）

写真3-3　職員室（A中学校）
注）筆者撮影（平成18年）

写真3-4　元準備室（A中学校）
注）筆者撮影（平成18年）

ち職員室が校長室と一体化して拡張された。さらに，放送室が改修されて印刷室(写真3-2)と更衣室に分割され，東側の印刷室，給食室などを改修して，北側の玄関，昇降口が移設された。なお，管理室は平成1年以降の教室配置図では「職員室」(写真3-3)と記載され，国語，数学などの元準備室は，現在，ドアが外され学級用の収納の場として利用されている(写真3-4)。

（2） B中学校

B中学校はプラツーン型運営の先導校への3回の視察に加えて，先導校の校長や教育委員会，教育学者を招聘して校内研修会を開催するなど，昭和35年から全教員による3年間の事前研究が実施され，昭和37年には学校経営研究協力校に指定された。昭和38年には，教科職員室が設置された新設の校舎で，国語，数学などの普通教科は学級教室で授業が実施されるプラトーン＝学級教室型運営[14]が開始され，続いて，昭和39年には，普通教科も専用の教科教室を設定して教室移動が実施されるプラトーン＝教科教室型運営[15]に変更され，さらに，教科教室型運営に変更された。

校舎の設計は大学の研究者が担当した[16]。教員空間は，「教科職員室」[17]に加えて，学年会の場である3つの学年集会室，さらに，1棟の1階には，教頭，教務主任，生活指導主任，事務部主任が常駐する総務部職員室，および，会議室，校長室，応接室，事務室が設置された(図3-2)。教科担任はタテ割[18]とし，欠勤教員の補講も教科教員が担当し，一方，教科担任，学級担任はともに3年間持ち上がりとして，教科指導と生活指導の両立が目標とされた。また，教員間の連絡には，各教

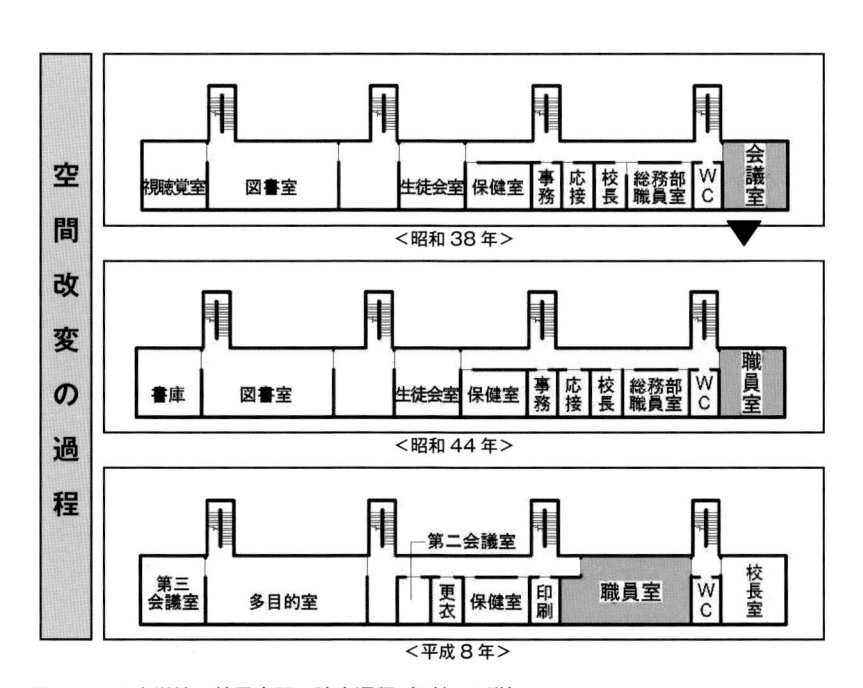

図3-2　B中学校の教員空間の改変過程（1棟：1階）

注）昭和38年は参考文献［11］p.59，昭和44年は参考文献［10］の記述，平成8年は学校要覧をもとに，筆者が作成した。

員に毎日配布される朝会記録，午前と午後に事務員によって運搬される校内交換便が活用され，インターホン，校内電話，校内緊急放送施設が設置された。

昭和39年の研究紀要では，「教科担任は常に教官室にまとまっているので，連絡会や協議会がしばしば行われるように思われ易いが，担任数の多い教科では最もそうした会が必要であるにもかかわらず，実際には全員そろっていることはまれであり，常に連絡，共同研究，協議等がなされうる状態にあるとは云えない。まれには全員在室の場合があっても，いわゆる教科指導連絡会として定設されたものでない限り，自然，各担任それぞれの教材研究や，次の時間の教材や教具の準備にあてられた，貴重な時間として費やされることになるであろう」[19]と，教科会の必要性を述べながらも，教科職員室における執務が現実には教科会の開催には繋がらないと述べられている。さらに，昭和44年の研究紀要には「職員が研究室へ常駐すれば，職員室は不用のようでもあるし，本校でも始め2，3年はそのようにしたが，長い間には職員間の意志の疎通を欠き，人間関係のうえでも好ましくない状態にあった。そこで，職員からの切望もあり，合同の職員室を設けることとし，現在も続いている」[20]と，教員の要望によって，昭和40年代初めには会議室の転用による統合型の「職員室」が設置され，学年ごとに席を決めて「空き時間・放課後等は職員室で事務や教材研究を行ない，続いている時間の間の休みは準備室で休むことにしている」[21]と，執務の場が職員室に移されたことが確認される。また，前後して学年集会室が教科資料室に変更され，その後，総務部職員室が教務室と会議室に分割され，事務室が印刷室に転用された。

昭和58年には特別教室型運営に変更され，次いで，昭和63年には校長室，応接室，教務室，会議室，廊下の改修によって職員室が移設拡張され，職員室が校長室に転用された。

なお，教科職員室・資料室は現在，教材などの収納場所として利用されている。

（3）F中学校

F中学校は昭和46年に仮校舎で開校し，昭和47年に新校舎が完成している。校舎の建設にあたっては，教科ごとの教員集団と設計者が数度の打ち合わせを実施しており，研究紀要にも共同設計と記述されている[22]。

新校舎が完成した昭和47年から教科職員室による教科教室型運営が開始され，昭和48年には教科教室型運営の研究指定校になった。さらに昭和52年から3年間，教員と21名の教育研究者が合同で教科教室型運営についての研究を行い，教科教室型運営の現状や問題点が記載された研究紀要が記念誌に付記されている。

教員空間は，各教科職員室に加えて，1階に会議室として設置された職員室は，3つのドアとアコーディオンカーテンによって3分割が可能で，職員会議などの教員全員の会議とともに学年会議の場としても計画されていた（図3-3）。また，教員間の連絡には校長室，事務室，教科職員室間の連絡ができる自動交換式20回線の校内電話が利用されていた。

しかしながら，研究紀要によると「従来の職員室を中心にした管理体制の上に教科の教官室を中心とした二元的な管理ではなくして，一元的に教科の教官室を中心にした学校運営・管理ができる

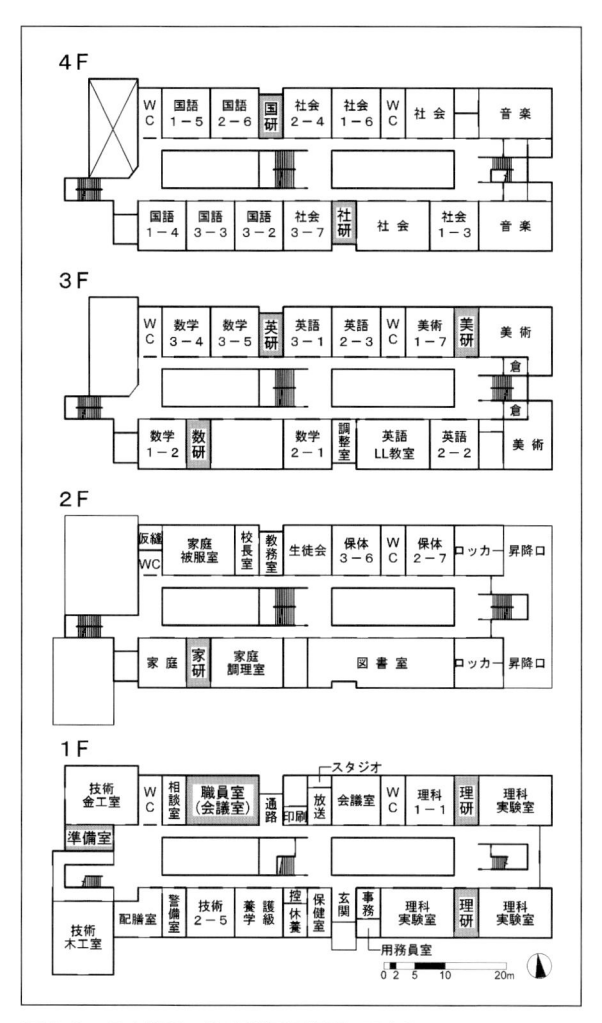

図3-3　F中学校　教室配置図(昭和55年)

注)参考文献[26] p.19の図面をもとに筆者が作成した。

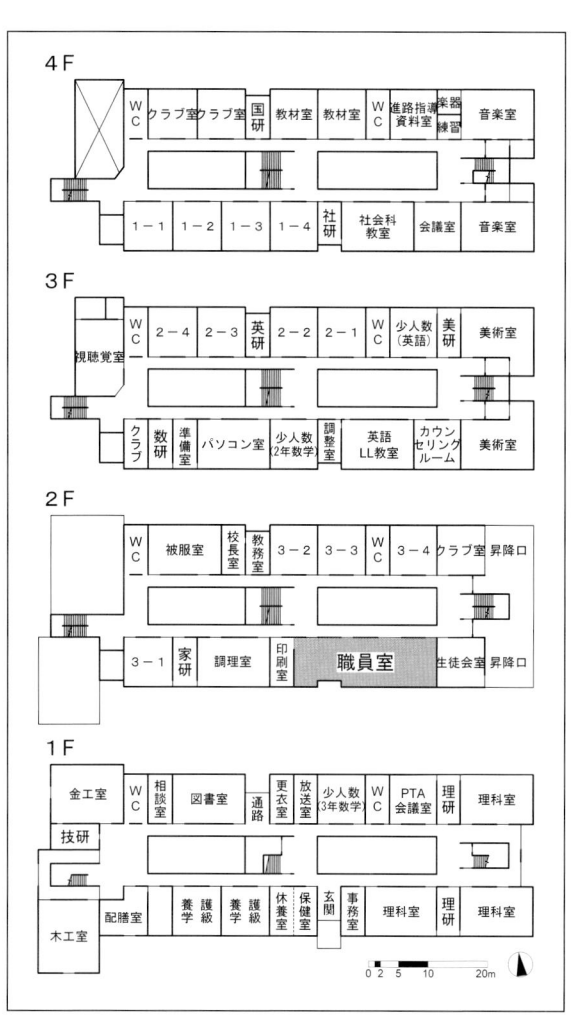

図3-4　F中学校　教室配置図(平成16年)

注)平成16年の教室配置図をもとに筆者が作成した。

写真3-5　職員室(F中学校)

注)筆者撮影(平成17年)

写真3-6　会議室当時の2人用机(F中学校)

注)筆者撮影(平成17年)

かどうか。この点については，実践の結果かなり困難であることが明らかになり，時間的に区分して始業時・放課後は職員室を中心にした管理体制で，授業時は教科の教官室を中心にした管理体制で臨んでいる。このことは，各時間帯では一元化されて学校運営が行われていることになる」[23]と，教科職員室による教科経営を主軸とした学校の運営は困難であることが確認されており，時間帯によって教科職員室と職員室との使い分けを行い，さらに，昼休み時間にも職員室での全教員の集合が試みられた。

昭和58年には特別教室型運営に変更され，同時に，2階の図書室が「職員室」に転用され（写真3-5），隣接して印刷室が移設された（図3-4）。

なお，教科研究室や教科準備室は現在，教科の収納場所として使用されている。

（4）G中学校

G中学校は，昭和54年には大学の研究者が主催する研究所と建設会社が技術提携して作成した基本設計が完成し[24]，昭和56年に校舎が新設されて開校し，教科職員室による教科教室型運営が開始された。開校前には校長，教頭が先禍校の視察を実施している[25]。

校舎はA，B，Cの3つの棟が長い廊下で連結され，棟や階ごとに教科メディアセンターと教科教室，教科教官室がまとめられた教科センター方式であり，C棟には校長室，および，教頭が常駐する会議室が設置されている（写真3-7，図3-5）。

既往研究によると，教科職員室に関しては，「教科指導面では随時相談ができるので充実するという評価の反面，学級担任との連絡や学年指導面での情報伝達が疎になるという意見も強い」[26]と記述され，運営方式に関して学校は，「教科指導面ではAV機器やOHPの準備や活用が十分できること，生徒同志(ママ)あるいは生徒と教師の交流が深まる」[27]と評価しながらも，「移動に伴なう慌しさ，忘れもの，自分の教室という愛着が薄く環境美化に努力しない，学年教師間の連携がとりにくく生徒指導面で支障がある」[28]と問題点が指摘されている。また，当時の校長は学級経営の重要性を述べ，さらに，「先生同士のコミュニケーションにも支障があった。先生は教科ごとに分かれて校舎に分散するため，全員が集まるような職員室はない。そのため横の連絡がとりにくく，学校全体の管理も難しかった」[29]とその問題点を指摘している。なお，学校が作成した教科教室型運営の実態をまとめた資料[30]には，上記と同様な利点・問題点とともに，学年教員間の連携がとれず生徒指導面で支障があると学年経営上の問題点が指摘されている。

平成5年には公開授業が実施され，その翌年には中学生会議で生徒が市長・教育長に対して教科教室制の見直しを求める質問を行い[31]，さらに，保護者（PTA）から，教科教室型運営の見直しを求める要請書が市教育委員会（教育長）に提出された[32]。

平成7年には学年ごとに学級教室がまとめられて特別教室型運営に変更され，同時に，教科教官室や教科教室の転用によって「学年職員室」が設置された（写真3-8，写真3-9）。なお，学級数の関係で，2年生の1つの学級教室が3年生の棟に設置され，さらに，3年の学年職員室は3年の学級教室が設置されたB棟の2階と3階の2ヵ所に設置された（図3-6）。

平成8年以降は棟や階ごとに各学年の学年職員室と学級教室がまとめられて，学年ブロックが形成されている（図3-7）。さらに，平成17年にはA棟にあった学級教室が，C棟に移され，各学年の学級教室はB棟，C棟にまとめられた。また，使用が中止されていたランチルームの一部改修によって，C棟の図書室が移設された（図3-8）。

写真3-7　会議室（G中学校）
注）筆者撮影（平成18年）

写真3-8　1年学年職員室と室名プレート（右上）（G中学校）
注）筆者撮影（平成18年）

写真3-9　3年　学年職員室の出入り口（左），出入り口内部の入室制限プレート（右）（G中学校）
注）3年学年職員室（左）の室内には生徒の入室を制限するプレート（右）がかかっている。筆者撮影（平成18年）

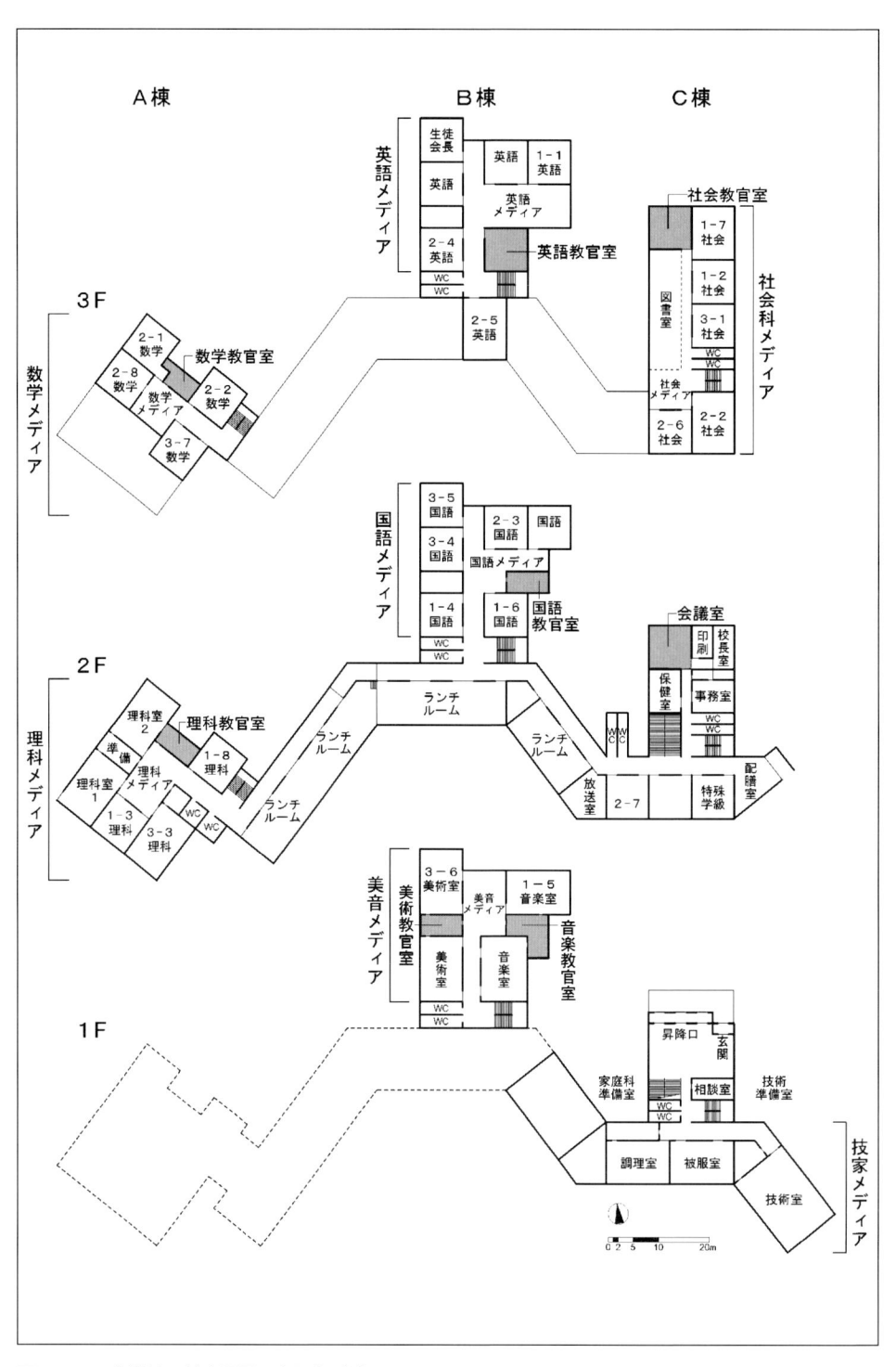

図3-5　G中学校　教室配置図（平成1年）

注）平成1年の学校経営計画の教室配置図をもとに筆者が作成した。

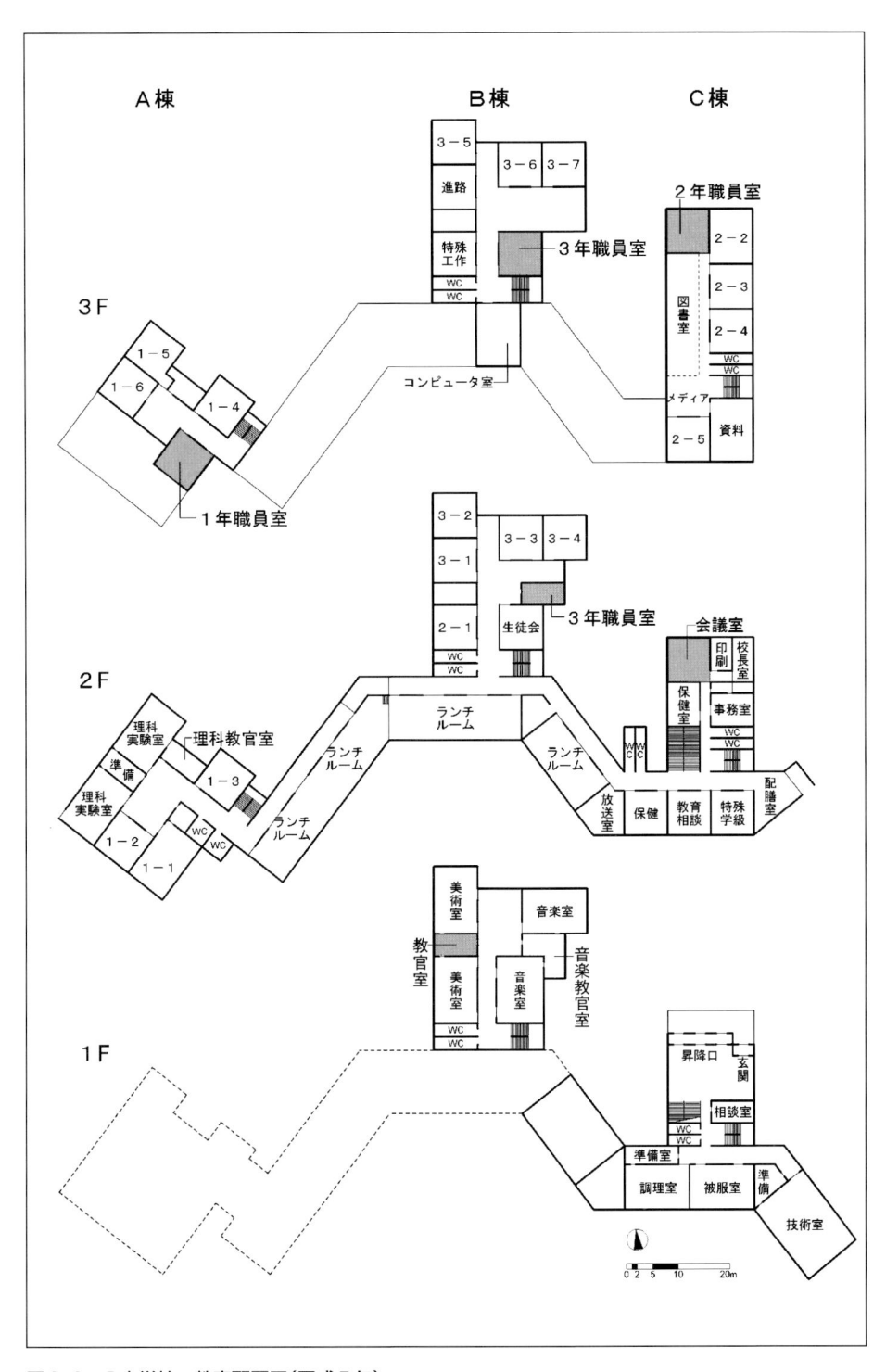

図3-6　G中学校　教室配置図（平成7年）

注）平成7年の学校経営計画の教室配置図をもとに筆者が作成した。

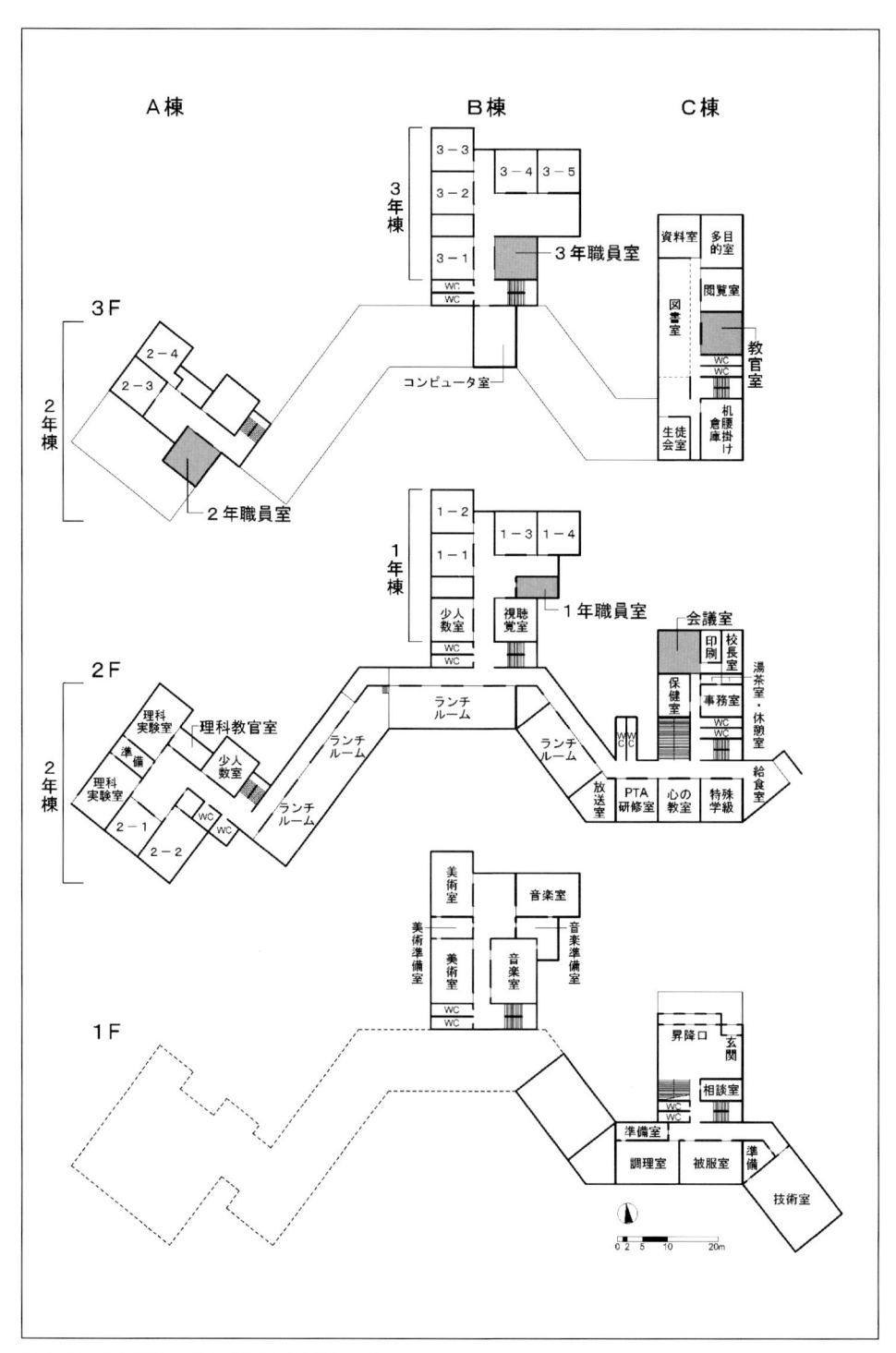

図3-7　G中学校　教室配置図(平成16年)

注) 平成16年の学校経営計画の教室配置図をもとに筆者が作成した。

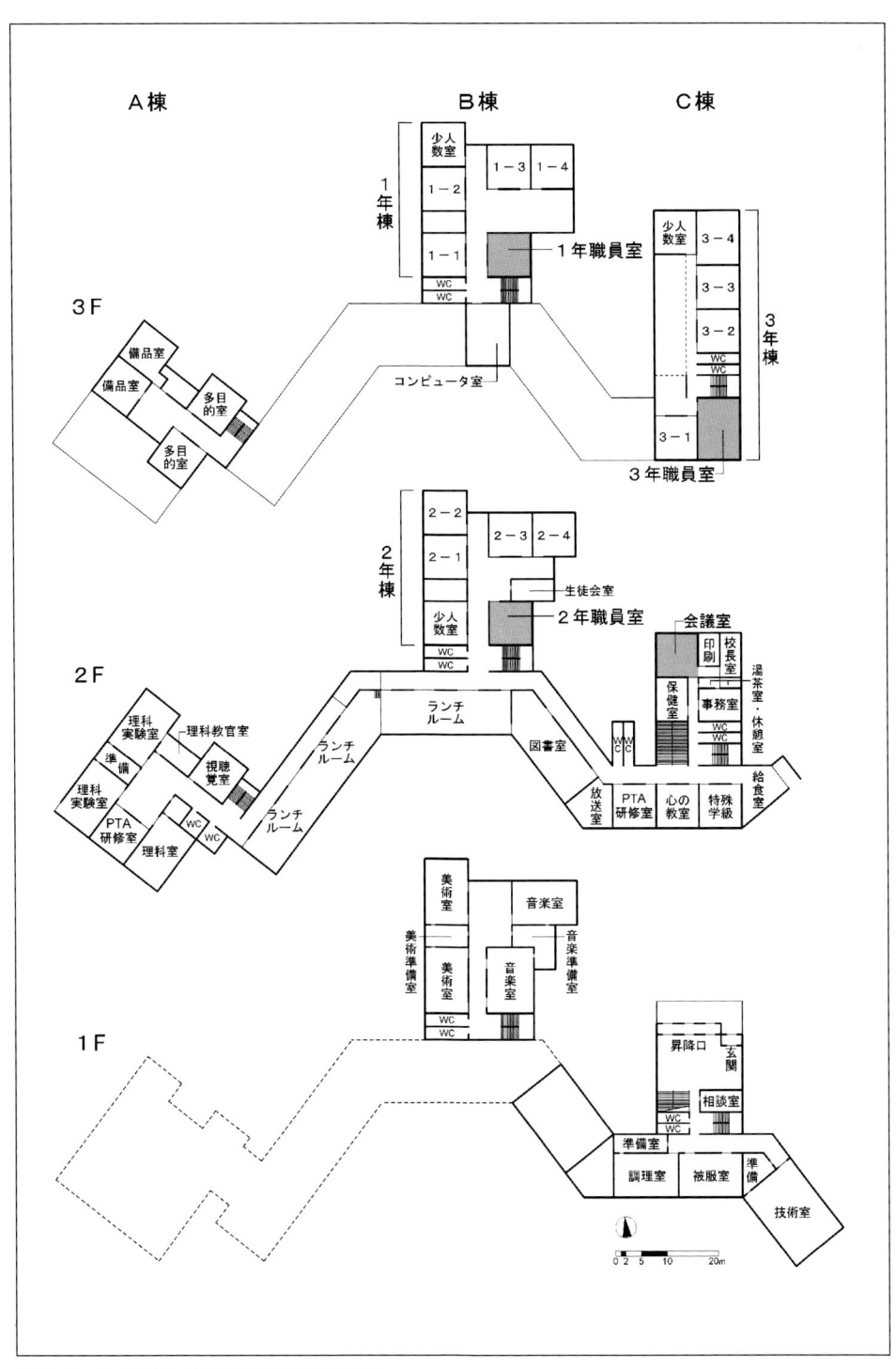

図 3-8　G中学校　教室配置図（平成 17 年）

注）平成 17 年の学校経営計画の教室配置図をもとに筆者が作成した。

(5) J中学校

　J中学校は新設校舎で昭和61年に開校した。校長，教頭が開校前に先導校の視察を実施し，開校初年度から市の委託研究校に，昭和63年には市と県の研究指定校になった。

　開校当初は腰壁で仕切られたオープンな「教科教官室」(写真3-10)，教科多目的ホールとロッカーで仕切られたオープンな教科教室がまとまり，教科センター方式の教科教室型運営が開始されたが(図3-9)，初年度の夏休みには，教科教官室の腰壁の上部にガラスがはめ込まれて閉じた空間になった(写真3-11)[33]。

　研究報告書[34]によると，学習用具の管理の不徹底や紛失，清掃の不徹底，学級への定着が薄いなどの生徒指導上，学級経営上の問題に加えて，オープンな教室のために隣接する教室の教員の声が聞こえ，授業中の集中力が持続できないなどの教科指導上の問題も指摘されており，開校5年目の平成2年に特別教室型運営に変更された。

　平成11年には2階建て片廊下型の4教室が増築され，さらに，平成12年には2階の国語教官室，数学教官室と3階の社会教官室が3つの「学年職員室」(写真3-12)に転用され，2階に会議室(現，少人数指導室)が新設されて(写真3-13)，教頭，教務主任が1階の旧会議室から移動して常駐した。平成15年には教科用ホールの名称がメディアに変更され，学年職員室・メディア・学級教室がグルーピングされ，学年のブロックが構成されている。

　次いで平成18年には，1階の昇降口と玄関ホールの改修によって統合型の「職員室」(写真3-14)と事務室が新設され，さらに，旧事務室が職員トイレに改修され，2階の会議室が少人数教室に転用された(図3-10)。また，教室については，平成20年の夏休みに，3階の学級教室(写真3-15)，さらに，平成21年には，2階の学級教室に壁とドアが設置された[35]。なお，ランチルームとして設置された1階の多目的ホールは，現在，集会などに利用されている。

　平成12年以降は，校長は1階の校長室，教頭は2階の会議室，教員は2階，3階にある3つの学年職員室で，それぞれが分散して執務していたが，校長室に隣接して統合型職員室が設置されて，平成18年以降は全教員が1階に集合した。

　なお一般的に，中学校では職員室への生徒の入室は制限され，挨拶や礼儀作法などの入室指導が実施される(写真3-9，写真3-16)。さらに，通常，定期試験の前後の期間には，試験問題作成や成績処理などの執務が実施されるため，生徒の入室は禁止される(写真3-17)。

第3章　教員空間の改変からみた中学校職員室

写真3-10　開校当時の教科センターと教官室（J中学校）
注）腰壁で仕切られたセミオープンの教官室（左奥：数学，右手前：英語）G市教育委員会作成のパンフレット「G市立J中学校」による。発行年は不明。

写真3-11　3年　学年フロア（J中学校）
注）左の写真とほぼ同じ角度の写真である。
（左奥：3年職員室，右手前：資料室）筆者撮影（平成18年）

写真3-12　3年　学年職員室（J中学校）
注）筆者撮影（平成15年）

写真3-13　会議室（J中学校）
注）平成12年から平成17年まで会議室として使用し，教頭が常駐していた。筆者撮影（平成15年）

写真3-14　統合型職員室（J中学校）
注）執務机は学年ごとの配置である。
　　筆者撮影（平成18年）

写真3-15　1年　学年フロア（J中学校）
注）壁とドアが設置された教室と1年の学年職員室（右奥）。
　　筆者撮影（平成20年）

写真3-16　統合型職員室の入室制限と入室指導の掲示（J中学校）
注）筆者撮影（平成18年）

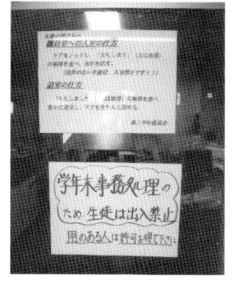

写真3-17　学年職員室の入室禁止の掲示（J中学校）
注）上は入室指導の掲示。筆者撮影（平成15年）

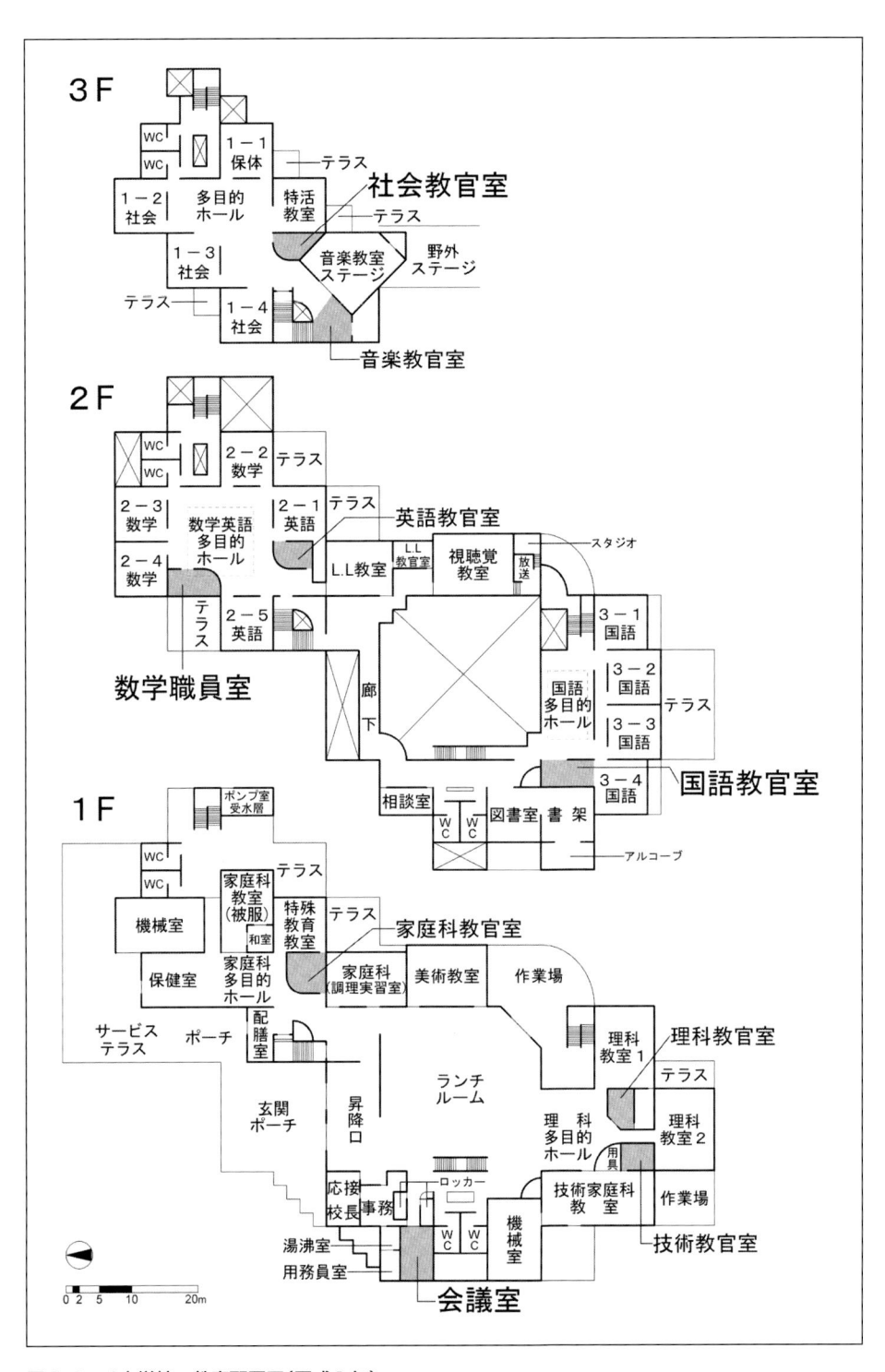

図 3-9　J 中学校　教室配置図（平成 1 年）

注）平成 1 年の学校経営計画の教室配置図をもとに筆者が作成した。

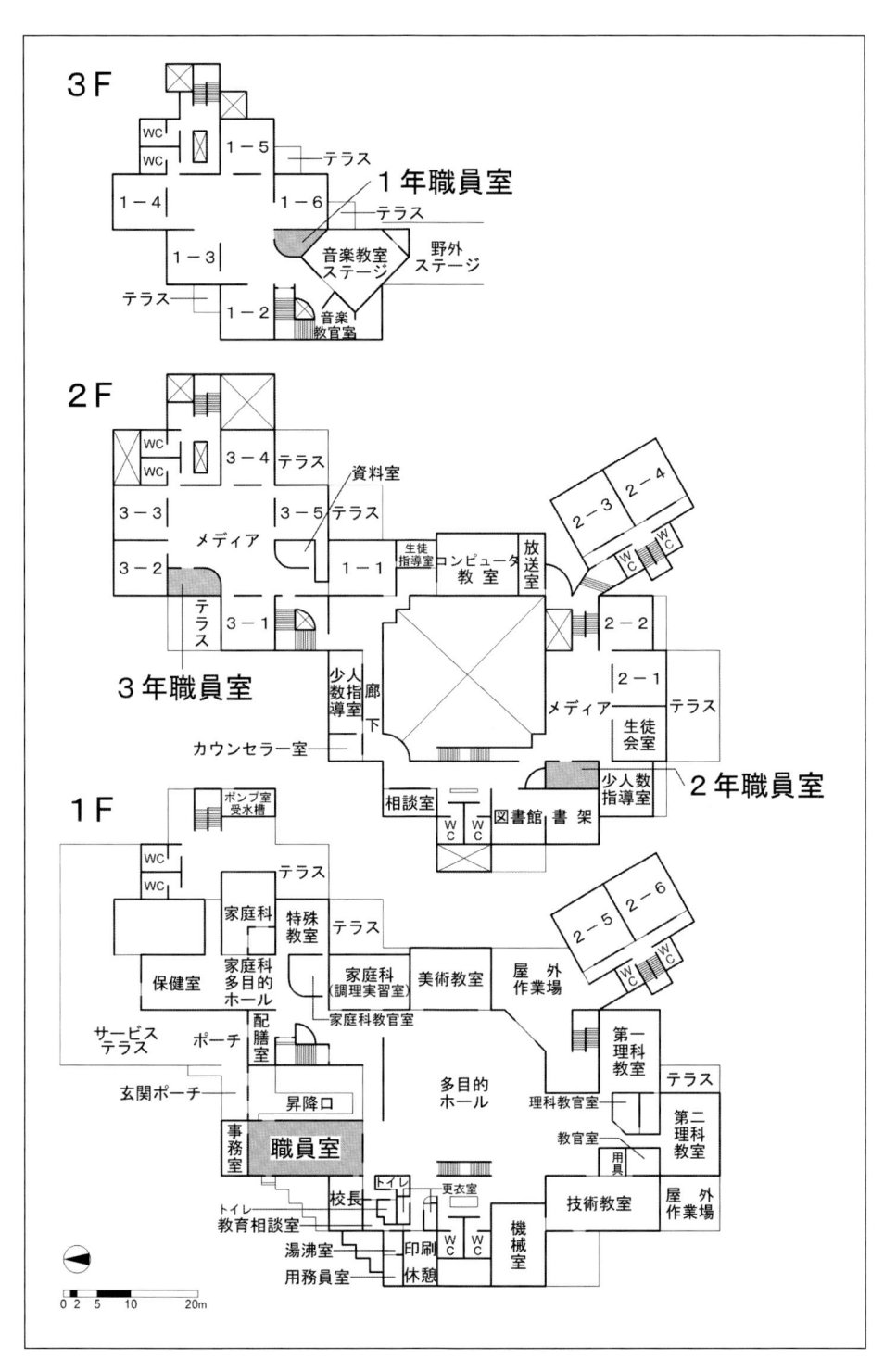

図3-10　J中学校　教室配置図(平成18年)
注）平成18年の学校経営計画の教室配置図をもとに筆者が作成した。

3.3 教員空間の改変と運営方式の変更の要因

中学校における教員の執務は，教科指導，生徒指導，校務分掌の3つに大別される[36]。一方，中学校の学校経営・運営には，学級経営，学年経営，および教科経営の3つの側面がある。

そこで，教員の執務および学校の運営の2つの視点から，運営方式の変更および教員空間の改変の要因について考察する。

3.3.1 教科指導と教科経営

教官室などの教科職員室については，教科研修や打ち合わせが開催しやすく教科指導の組織化が図れることや教室に近接していることから生徒の個別指導に適していることが教科経営上および生徒指導上の利点としてあげられている[37]。一方，通常，教科会は定例会のため，教科職員室での執務が教科会の開催には直結せず，さらに，教科職員室に籠り教科セクトに陥るなどの問題点も指摘されている[38]。次いで，授業に関しては，教科職員室や教科教室に教材・教具が整備されていることや教員の移動が少なくてすむこと，板書を授業後も残しておけることなどが評価されている[39]。

しかしながら一方，生徒の教室移動のために授業開始が遅れ授業時間が短縮されることが問題視

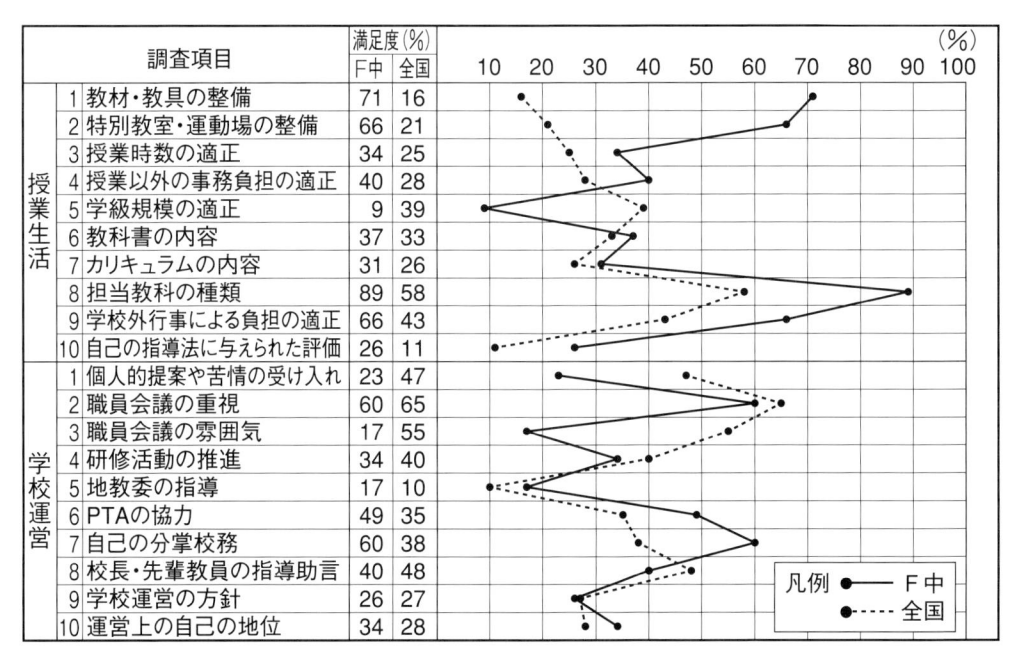

図3-11　F中学校　教員アンケート結果 ── 諸事項に対する満足感 ──

注）F中学校のデータは（昭和54年，35名）を集約したもので，全国平均は，国立教育研究所（当時）が集約（昭和36年，59校，742名）したデータである。参考文献［13］のp.81に記載されている図表'諸事項にたいする満足感'をもとに筆者が作成した。

第3章 教員空間の改変からみた中学校職員室   89

されており[40]，さらに，授業のまとめとして重要な終了前の時間は生徒が落ち着かないことや教材忘れや貸し借りが多いこと，またさらに，教具を大切にしないことや授業後に生徒の質問や板書写しの時間が充分にとれないことなどの問題点も指摘されている[41]。

　図3-11は，教科教室型運営開始から8年目の昭和54年に実施されたF中学校の教員アンケートの結果である[42]。

　F中学校の教員は＜授業生活＞に関しては，'5.学級規模の適正'を除くすべての項目で全国平均に比べて満足度が高い。なかでも，'1.教材・教具の整備'，'2.特別教室・運動場の整備'に関しては全国平均それぞれ16％，21％に対して，F中学校は71％，66％と極めて高く，教科指導上の満足度が高いことが確認できる。

　一方，＜学校運営＞に関しては，半数の項目で全国平均より満足度が低く，なかでも，'1.個人的提案や苦情の受け入れ'，'3.職員会議の雰囲気'に関しては，全国平均それぞれ47％，55％に対して，F中学校ではそれぞれ23％，17％と満足度が極めて低く，教員間のコミュニケーション不足や連携不足が示唆されており，学校運営上の問題点があると考えられる。

　次いで図3-12は，教科教室型運営開始から5年目の昭和47年度，および，11年目の昭和53年度に，C中学校において生徒を対象に実施されたアンケートの結果である[43]。

　まず，教室移動に関しては，'移動が気分転換になる'という回答もみられるが，いいえ，すなわ

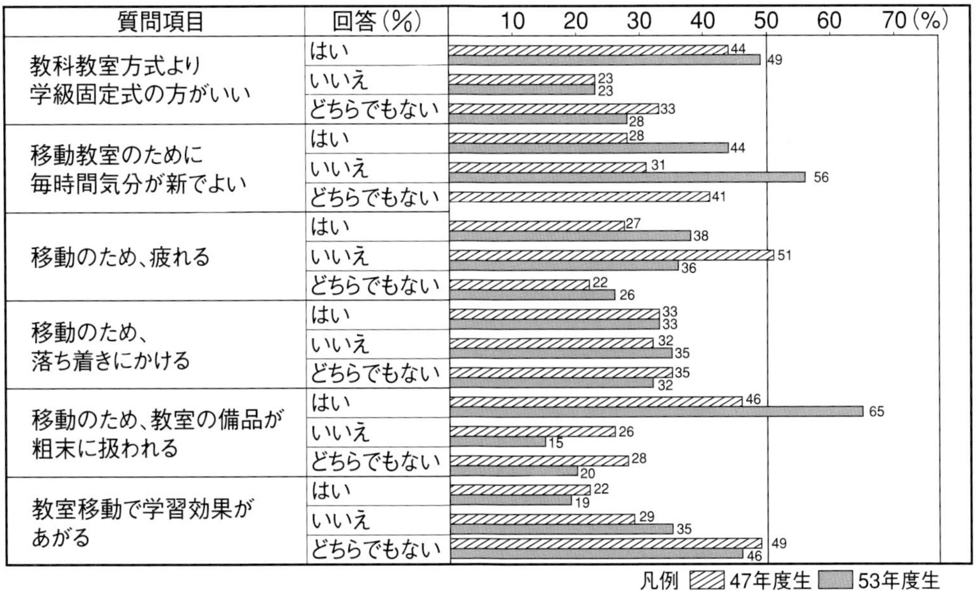

図3-12　C中学校　生徒アンケート

注）参考文献［25］p.41「昭和47年度生と昭和53年度生の生活実態・意識調査結果の比較（抜粋）」のデータ（表）から'教科教室型運営'と'移動'に関する項目を抽出し，著者が作成した。なお，質問項目は資料のままとした。また，「移動のために毎時間気分が新でよい」の質問項目については，53年度生のアンケートには「どちらでもない」の選択枝がない。調査対象生徒はそれぞれの年度の総生徒数と推測できるが，参考文献［25］p.115によると，昭和47年度生は全校で1,392名，昭和53年度生は全校で1,388名である。

ち'気分転換にならない'とする回答の方が両年度とも多く，一方では，'移動のため落ち着かない'との回答が約3割あり，さらに，'移動のため疲れる'，'教室の備品が粗末に扱われる'については，昭和47年度生に比して，昭和53年度生ではそれぞれ10ポイント以上増加し，'移動が疲れる'とした生徒は4割，'備品が粗末に扱われる'については6割半ばに達している。またさらに，'教室移動で学習効果があがる'と回答した生徒は両年度とも約2割に過ぎず，いいえ，すなわち'学習効果があがらない'とする約3割に，'どちらでもない'の約5割を加えると，約8割の生徒は教科教室型運営の学習面の効果を認識していないといえる。さらに，学級固定式，すなわち特別教室型運営を支持する生徒は半数近くを占めている一方，両年度とも教科教室型運営を支持する生徒は約2割に過ぎない。

　以上，教科教室型運営は，教員にとっては教科経営や教科指導上の利点はあるが，生徒の教室移動による教科指導上の問題点，および，生徒の心身への負担も確認され，さらに，学校運営上の問題点があることが判明した。一方，生徒にとっては，教科教室に自ら出向くことから自主性や社会性が養われ，教科指導上の効果が大きいとされてきたが[44]，運営を実施した結果，その教室移動のために，授業後の質問や板書写しが充分にできない，復習や次の授業の準備の時間がとれないなど，学習行為に支障をきたしたことが確認されており，学習効果を認めて教科教室型運営を支持していた生徒は2割程度と少なく，教員側からも生徒側からも移動による制約が大きな問題点となっていたことが明らかになった。

3.3.2 生徒指導
(1) 教室移動と学級経営

　生徒の教室移動は教科指導上の問題点があることが判明したが，続いて，生徒の教室移動と生徒指導の関係について考察する。教員による事前研究が実施された学校においては，生徒の教室移動の問題点を解消するための種々の対策が講じられている。具体的には，廊下や階段の幅を広くする，右側通行や一方通行の指導をする，床や天井に騒音防止材を施すなどによって移動時の混雑や騒音を緩和し，さらに，効率的な教室移動が可能な時間割を組む，生徒に教材を持ち歩かせるなどで移動距離の短縮が図られている。

　実施後の状況をみると，F中学校では，教科教室型運営開始後7年目の昭和53年に，PTAによって生徒および保護者に対してアンケート調査が実施されており，PTA新聞に掲載されている調査結果をみると[45]，生徒は教科教室型運営について，設備が整っている，気分転換になる，運動になる，けじめがつく，公共物を大切にする，集中できる，他の教室の友達に会える，先生に質問しやすいなどを利点と評価しているが，学習面における評価項目は少なく，一方，疲れる，移動時間が少ない，忘れ物をした時（に困る），廊下が狭い，階段が混雑する，ロッカーが遠い，教室を間違える，トイレに行く時間がない，自分の机に落書きをされる，傷病の時（に困る）など，教室移動による問題点が多岐にわたって指摘されている。保護者の意見も生徒と大きな差はみられないが，授業参観の時，教室を間違える，が特徴的である。

次に，G中学校においても，先述した保護者が作成した教科教室制の見直しに関する要請書には，教科教室型運営の問題点は教室移動に起因するとして，10分休み時間が移動のためだけに費やされる，ロッカーが混雑するなどを指摘するとともに，教室で生徒がくつろげない，机・椅子を大事にしない，学級の掲示が困難である，学級帰属意識の欠如などの問題点が指摘されている。さらに，10分休み時間の機能のうちの'前の学習時間の延長'，'休憩・遊ぶ・トイレ・予習・復習'，'次時間の準備'を阻害すると記され，生徒にとって10分休み時間は，生活行為とともに授業の準備や予習，復習をするための重要な時間であると記述されている。

ここで，C中学校を事例として，特別教室型運営と教科教室型運営の普通教科の授業の終了から次時の授業開始までに要する移動人数を比較する。C中学校は昭和47年，53年ともに生徒数は約1,400名であり（図3-12の注を参照），学級数は32，教員数は47名である。特別教室型運営の場合は，10分休み時間中に授業を終了した教員と次時の授業に向かう教員，すなわち，学級数の2倍の延べ64名の教員が移動すれば次時の授業は開始できる。一方，教科教室型運営では64名の教員の移動に加えて1,400名の生徒の移動が必要になり，10分休み時間の廊下などを通行する人数は特別教室型運営に比して20倍を超えることになる。さらに，生徒は移動に要した時間を差し引いた時間内に，トイレや水飲みを済ます必要があるため，その混雑度は特別教室型運営に比して増加すると考えられ，生徒にとっては10分休み時間が過密な時間になっていたと判断できる。そのため，「『今年度から教科教室型をやめて固定教室にします。生徒の皆さんはもう授業ごとに教室を移動する必要はありません』。昨年4月の新学期の初日，全校生徒を前に校長がそう言うと，生徒の間から一斉に歓声と拍手がわき起こった」[46]との記述からも，教室移動に対する生徒の心身の負担が大きく，移動に対する不満が強かったことがうかがえる[47]。また，以上に述べてきた教室移動に伴う問題点は，同時に生徒の生活拠点としての学級教室の喪失による問題点であるともいえる。

一方，教員側からも，生徒・生活指導の基盤になる学級経営の重要性が重ねて指摘されており，なかでも，朝・帰りの10分間程度の短学活は，各種の連絡に加えて，挨拶を含む基本的生活習慣の指導などを行う学級経営上極めて重要な時間であると位置づけられている[48]。しかしながら，学級教室が教科教室との兼用で個人の机や椅子が固定的に決められていないため，充分な学級経営ができないことが指摘されている[49]。さらに，生徒の学級帰属意識が希薄になり，落書きや破損が多く，清掃が不徹底になり，掲示活動が不充分になったことが指摘されている。中学校における掲示活動は，通常，時制・時間割，係活動，進路，教科などの情報，学校や学年の目標に加えて学級目標や生徒の個人目標などの掲示によって，生徒の学校・学年・学級の帰属意識の向上が図られる。しかしながら，教科の掲示物が優先されると学級用の掲示物の位置やスペースが限定され，学級経営上の効果を低下させたと判断される。さらに，オープンな教室では生徒の集中力が低下することに加えて，掲示用の壁の面積がさらに減少することから，学級経営の困難性がより高くなったと考えられる[50]。さらに加えて，生徒の居場所が不確定であるため，教員は緊急を要する生徒への連絡や指導には苦慮していたことが判明した[51]。また，B中学校において，初年度の昭和38年に「プラトーン＝教科教室型」ではなく，「プラトーン＝学級教室型」を実施したのは，移動による混乱

と生徒指導上の問題を処理するための自信ある方策がなかったからであると記述されている[52]。

先述したG中学校の元校長は，「中学では学級経営が非常に大事。これさえしっかりやっておけば，生徒の生活もおのずとしっかりしてくる。その学級経営ができなかった」[53]とし，特別教室型運営に移行後は，「生徒の生活は以前より格段に改善されて落ち着きを取り戻した。読書量も増えた」[54]と，中学校における学級経営の重要性を指摘している。

（2）学年経営

一般的に，中学校においては，生徒指導上の問題は日常的に発生し，昼休み時間や放課後には，随時，学年会が開催され，さらに，10分休み時間にも個人的な生徒指導に加えて，突発的な生徒指導問題の対処，さらに，学年教員同士の情報交換や打ち合わせが行われている[55]。調査校では，種々の連絡手段の活用や設置，時間を決めての集合，学年集会室の設置など，教員同士の意思疎通を図るための方策が講じられているが，教員同士のコミュニケーション不足，なかでも，学年教員同士の連携不足は解消されなかったことが確認された[56]。すなわち，教科職員室では，学年教員間の日常的な情報交換による生徒の動向把握や問題行動の抑止・防止は困難であり，さらに，生徒指導問題が生じた場合の学年教員間の連絡や協議には移動が必要になり[57]，迅速な対処は困難になることから，生徒指導問題が拡大し深刻さを増したと考えられる[58]。

また，生徒の側からも，学年内の生徒同士の連絡，連携の必要性は高く，さらに，異学年間の交流による問題行動を防止するためにも，一般的に，棟や階ごとに学年の学級教室がまとめられ，ときには昇降口，トイレ，水飲み場なども学年ごとに割り当てられる。しかしながら，教科教室型運営においては，通常，教科職員室の周囲に教科教室がまとめられ，学級担任教員の担当教科の教科教室が学級教室を兼ねる。そのため，学年の学級教室は分散して設置され，異学年の学級教室が混在することになり（図3-3，図3-5），異学年の交流による生徒問題が発生しやすく，さらに，同学年の生徒同士の連絡がとりにくくなる。しかしながら一方では，学級担任教員にとっては学級教室が教科教室と同室で教科職員室からも近いことから，昼休み時間や放課後の生徒指導が行いやすいことが学級経営上の利点となっていたと考えられる。

一方，J中学校においては，当初から学級教室が学年ごとにまとまっている（図3-9）。このケースでは，同学年の生徒同士の連絡には利便性があるが，各教科のエリアと各学年のエリアが重複しているため，授業のための教科教室への移動が他の学年エリアへの移動，すなわち，下級生が上級生のエリアを使用することにもなり，上級生と下級生間の接触の機会が極めて多くなり，生徒指導問題が増加する可能性が高くなったと考えられる。また，学級担任教員にとっては学級教室と教科教室の2室の管理が必要となり，さらに，学級教室が教科職員室と近接しているとは限らず，学級経営が極めて困難であったと判断される。すなわち，J中学校においては，異学年間の生徒問題の発生の可能性がより高くなり，一方では，教員の生徒指導がより困難になった事例であると考えられる。

以上から，学年ごとにまとまった学級教室を設置して特別教室型運営に変更することにより，教

室移動による生徒の学習・生活両面での問題点を解消し，異学年間の問題行動を抑止し，さらに，生徒の生活拠点，教員の指導空間を確保して，学級経営，学年経営を強化・充実させ，安定した学校運営を意図したことが明らかになった[59]。

また同時に，学年教員同士の連絡・連携・協議による生徒指導をスムースに実施するために，常時，学年教員が集合し，教員が移動することなしに，終日にわたって随時，時機に応じた効率的・効果的な情報交換や打ち合わせができる空間，すなわち，「学年職員室」，もしくは，学年教員同士が机を集合させた「統合型職員室」が設置されたと判断される。

3.3.3 校務分掌と学校経営

小学校では，通常，1人の教員によって教科・学習指導と生徒・生活指導が学級教室で実施されている。このいわゆる学級担任教員による学級経営が単位となり，次いで，同学年の教員による学年経営，さらに，全教員による学校経営がなされている。一方，中学校においては，学級担任教員の学級経営および同学年教員の学年経営による生徒・生活指導に加えて，教科教員による教科・学習指導と生徒・生活指導が実施され，生徒・生活指導が横断的に実施されている。したがって，学級経営・学年経営と教科経営を統合し，生徒指導および学校経営を円滑に実施するためには，校務分掌組織が要になると考えられる。

校務分掌組織は学校ごとに異なっており，分掌の構成・編成，分掌の種類，分掌数・担当業務数，分掌名は多種多様である。生徒指導に関する分掌は，通常，教科・学習・進路指導に関わる分野と生徒・生活指導に関わる分野に大別され，学年内の分掌と兼務するシステムになっている。さらに別途，各種委員会組織があり，なかでも，学校の運営全般を計画・立案する企画・運営委員会には，通常，校長，教頭，教務主任，学習・進路指導主任，生徒・生活指導主任，事務主任などに加えて，3人の学年主任がメンバーになっている。

ここで，昭和30年代に教科教室型運営を開始し，その運営を長期間継続したA中学校とB中学校における校務分掌表をもとに中学校の職員室について考察する。

A中学校は昭和38年には7学級で教員数は12名（校長を含む）の小規模校であり，授業を担当しない校長と社会科担当の教頭，理科の教員の3名を除いた他の教員は，2教科以上の授業を担当している。昭和38年の校務分掌表[60]によると，各種委員会や基本的な執務である学級担任，教科担任，クラブ活動以外に46に分岐しており，全教員で担当する5つの分掌を除くと，各分掌の担当者はそれぞれ1名で，なかには，2つの分掌を担当する教員もみられる。

一方，B中学校は昭和38年には23学級で，教員数35名（校長を含む）の大規模校である。昭和38年の校務分掌表[61]は学級，教科，クラブ活動の基本的な執務以外に32に分岐しており，このうち，30の分掌には複数の教員が配属されており，なかには，11名で担当している分掌もみられる。

以上のとおり，A中学校のような小規模校では，通常，1つの分掌を1名程度の教員が担当しているケースが多いため，全教員との連絡や連携が必要になる。さらに，小規模校では限られた教員数で時間割を編成するため複数教科や複数学年を担当するケースが多くなり，生徒に関する情報交

換や教科内打ち合わせのための他学年の教員との連絡が必要になる。したがって，小規模校では校務分掌上の執務の遂行に加えて，生徒指導や教科指導上からも全学年の教員との連絡の必要性が高くなる。なお，A中学校の運営方式が変更された昭和57年の前後の期間，すなわち，昭和55年から昭和59年までの校務分掌表には大きな変更点は確認できないことから，運営方式の変更による校務分掌上の執務遂行には変更点がないことが明らかになった。

一方，B中学校のような大規模校では，通常，1つの分掌を複数の教員で担当しているため分掌内の連絡や打ち合わせが必要になり，なかでも，各学年の教員が配属されている生徒指導に関する分掌では，突発的な生徒指導問題の対処などの緊急な協議の頻度も高く，全学年の教員の集合の必要性が高かったと考えられる。さらに，教員が複数学年の授業を担当するタテ割の時間割を採用していたB中学校では，教科指導上からも生徒指導上からも，他学年の教員との連絡の必要性が極めて高かったと考えられる。

以上により，校務分掌による執務の遂行をスムースに行い，さらに，時機に応じた的確な生徒・生活指導や教科・学習指導を実施するためには，学校規模によらず全教員との連絡や連携が必要となるため，統合型職員室が設置されたと考えられる。

3.3.4 考　察

調査校では，教科職員室に替わって，学年教員の机が「島」[62]型に配置された統合型職員室，もしくは，学年職員室が設置された。その選択に際しては，生徒の状況や代替スペースの有無，さらには，校舎のブロックプランなどが検討されたと考えられる。なお，学年職員室においても，通常，教員の執務机は1～2ヵ所に対面して集合した島型になっている。

ここで，分離型職員室である教科職員室，学年職員室，および，統合型職員室についてその利点や問題点を整理し考察する(図3-13)。

まず，教科職員室は，授業における教員の移動が小さいなどの教科指導上の利便性に加えて，随時，生徒の教科指導や生活指導が可能で，教科教員同士の打ち合わせや教科会は実施しやすく，教科経営上の利点は大きい。しかしながら一方，校長，教頭との連絡が取りにくく，さらに，学年教員同士の情報交換や連携による学年経営，他学年との連絡や連携，および全教員による校務分掌の遂行には支障があり，学年会や職員会議のためには教員の移動が必要になることから，学年経営，学校運営・経営は困難であるといえる。

次に，学年職員室は，教科職員室と同様，校長，教頭との連絡や校務分掌上の執務の遂行は困難で，さらに，他の学年との連絡や連携も困難であり，職員会議のためには教員の移動が必要であり，学校経営上には支障があるといえる。しかしながら一方，学級教室と近接していることから，時機に応じた学級・学年の生徒指導が行いやすく，学年教員の情報交換や学年会の開催は随時，極めて円滑に実施することができることから生徒指導上の利点が大きいと考えられる。さらに，通常，学年の学級担任・副担任が担当学年の授業を受け持つため，学級教室に近接した学年職員室には，学級担任教員に加えて授業担当の国語，数学，社会，英語などの教科教員が在室していることになる。

そのため，生徒側からは学級担任教員，教科担任教員との連絡がともにとりやすく，学級担任教員，および教科担任教員の生徒の個人指導が容易である。さらに，授業のための教員の移動も小さく，通常，学年教員が担当する欠勤教員の自習指導もスムースにできるといった利点もある。

しかしながら，音楽，家庭科などの特別教科については，標準規模校以上の学校においても教員数は通常，1～2名で，それぞれの教科の特別教室（教科教室）で授業を実施するため，教員にとっては授業のための移動が小さくなるとは限らない。さらに，それらの教科の教員は，通常，複数の学年の授業を受け持っているため，所属学年以外の教員や生徒との連絡が必要であるが，現実には行いにくい。またさらに，すべての教科において，教科教員同士の交流の機会が極めて少なくなることから，教科内の教員間の連絡や連携は不充分になるとともに教科会の開催には移動が必要になり，中学校においては，生徒・生活指導とともに重要視される教科指導のための教科経営は極めて困難になると判断される。

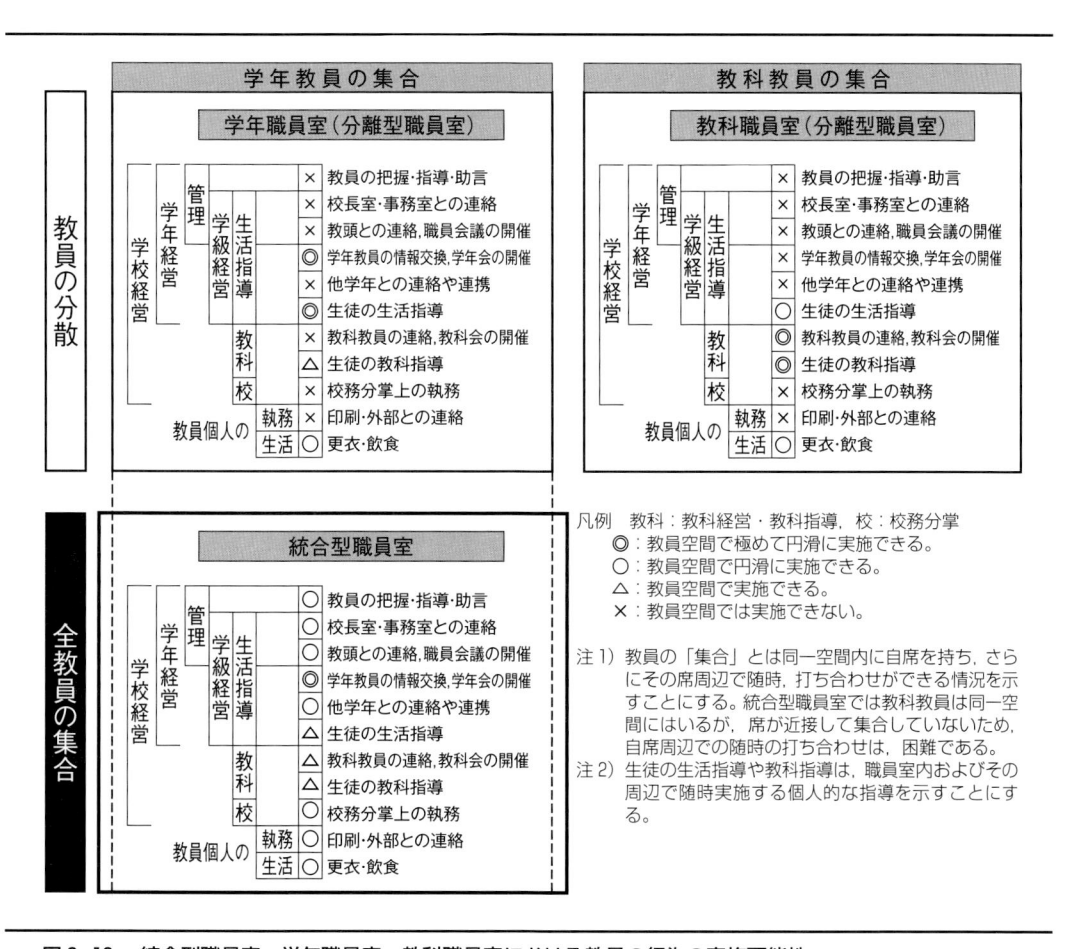

図 3-13　統合型職員室・学年職員室・教科職員室における教員の行為の実施可能性

注）図表は筆者が作成した。

最後に，統合型職員室について考察する。教科教員同士の執務机が集合していないことから，教科内の随時の打ち合わせは困難であるが，同一空間内で執務していることから連絡は可能であり，スペースが確保されていれば教科会も開催できる。一方，学年教員同士の情報交換や打ち合わせ，学年会は随時実施することができ，他学年との連絡や連携もスムースであり，教頭や校長との連絡や相談，さらに，全教員による校務分掌上の執務は円滑に実施することができ，臨時の職員会議なども随時，開催できる。なかでも，教頭が常駐していることから，突発的な出来事が多発する中学校においては，教頭・生徒指導主任を中心とした教員同士の協議を随時実施することができ，迅速な判断や対処が可能となり安定した学校の運営につながると考えられる。

　D中学校，J中学校においては，空間改変によって学年職員室が設置されて，しばらく運営された後に，さらに，統合型職員室が設置されている。2校ともに校長の強い意向であったことから，学年経営に加えて教科経営，校務分掌の円滑な実施や効率的な会議の開催などによって安定した学校運営・経営が目途とされ，さらに，校長としての教員の把握や指導を含めた学校経営上の総合的な判断の結果であると考えられる。なお，J中学校では統合型職員室が設置された平成18年は，生徒の在校時間帯は主として学年職員室で執務し，放課後などには統合型職員室で執務して2つの職員室が併用されていたが，平成20年には主たる執務空間が統合型職員室に移され，10分休み時間にも情報交換が実施されていた。一方，D中学校は，従来から生徒指導が極めて重要視されてきたことから[63]，放課後などには情報交換などのために全教員が統合型職員室に集合するが，学年職員室を主たる執務空間にしている。

　次いで，H中学校では，平成17年に校務センターの名称が職員室に変更され，平成20年現在，職員室で執務する教員も観察されたが，生徒在校時間中は大半の教員が学年職員室で執務していた。また，G中学校では平成19年度に，教科経営上の観点から統合型職員室の設置が検討されたが，生徒指導が手薄になることを理由にその設置が見送られた。

　以上から，H，G中学校のように，数棟が長い廊下で連結されたプランは，校舎中央付近に設置された職員室からは学級教室が遠くなり教員の移動距離が大きくなることに加えて，生徒の指導や監督が不充分になることから学年職員室が選択され，継続して使用されている事例であると考えられる。また，I中学校では学級教室の近くにある教科研究室が継続して使用されている。会議室の転用によって設置された統合型職員室は長い校舎の端部にあり，教室からは遠いことから，生徒指導の利便性を考慮しての使用であると考えられる。

　最後に，教員個人の執務について考察する。A中学校では，開校当初，校長室の隣の宿直室と兼用であった印刷室[64]は，校長室の拡張時に職員室の外に移設されたが，校長室移設による職員室の拡張時には再び職員室に隣接して設置された。また，B，F中学校においても，拡張や移設による統合型職員室の設置とともに，印刷室を職員室に隣接した場所に移設している。印刷室は教科指導，道徳指導や学活，および校務分掌上の教材や資料の作成など教員の使用頻度が極めて高く，昼休み時間や放課後に加えて10分休み時間などの緊急な使用も多い。さらに，印刷室は会議資料や試験問題などの生徒や部外者に秘匿する必要がある印刷物が多く，その保管場所になることも多い。その

ため，教員の利便性が高く，教員による管理や監督が容易な空間に移されたと考えられる。また，通常，外部との連絡は職員室や事務室などに限られているため，教科職員室および学年職員室は保護者などからの連絡を直接受けることはできず，加えて，印刷や外部への連絡などには移動が必要になることから，個人の執務上からも統合型職員室の利便性が高いといえる。

なお，教員空間の改変の時期と運営方式の変更の時期が一致していないケースは，生徒の状況や

写真3-18　統合型職員室（I中学校）
注）入り口のプレートは会議室のままである（右上）。
　　執務机は現在も一段の引き出しのテーブルが使用されている。筆者撮影（平成18年）

写真3-19　1年　学年職員室（H中学校）
注）左側の壁には行事黒板，学年黒板がある（右上）。
　　筆者撮影（平成20年）

写真3-20　統合型職員室（D中学校）
注）筆者撮影（平成16年）

写真3-21　学年職員室（D中学校）
注）筆者撮影（平成16年）

写真3-22　統合型職員室（C中学校）
注）筆者撮影（平成16年）

写真3-23　統合型職員室（E中学校）
注）筆者撮影（平成16年）

代替スペースの有無などによって，いずれか一方が優先して選択され，先行して実施された事例であると考えられる。とりわけ，教員空間の改変が運営方式の変更に先立って実施されたＡ，Ｂ，2つの中学校では，空間改変後も教科教室型運営が長期間継続されている。これは，統合型職員室の設置によって，教科教員間の連絡は確保されながらも，学年教員による生徒指導問題の迅速な対処が可能になり，学年会や職員会議の開催，校務分掌組織による執務もスムースに実施できることから，学年経営や学校経営上の問題点が改善され，比較的安定した学校の運営が可能になった事例であると考えられる。すなわち，教科教室型運営においても統合型職員室が有用であることが明らかになった。また，教科教室型運営の開始時期の相違による運営方式の変更，および教員空間の改変の要因やその過程には差異が確認できなかった。

　以上のように，教科職員室による教科教室型運営の問題点は，生徒指導の困難性が主たる要因であることが判明した。すなわち，公立中学校においては，生徒指導問題の発生は日常的であると考えられ，教員の異動も勘案すると，教員の連携構築が容易で迅速な対処が可能な統合型職員室の有用性が高いと考えられる。

　しかしながら一方，国立大学附属校や小規模校では教科教室型運営が長期間継続されている事例がみられる[65]。国立大学附属校や一部の私立校は，生徒指導問題の発生がそれほど多くないケースであると推測され，さらに，教員の異動も極めて小さいことから[66]，生徒指導に関する教員の連携が継続され，生徒指導および問題発生時の対処もスムースに実施されると判断される。そのため，教員が教科指導に注力できる時間が確保されて，教科職員室による教科教室型運営の利点が生かせる事例であると考えられる。また，小規模校においても教科教室型運営が長期間継続する傾向にあるが，各教科1名程度の教員では教科経営が成立しているとはいいがたく，生徒数が少ないため教室移動の問題も小さく，さらに生徒指導上の問題の発生も少なく，一方では，移動が生徒の刺激になり学習意欲の向上につながるなどの効果が期待できる事例であると考えられる。

3.4　小　　結

　本章では，教科職員室が設置されたプラトーン型運営や教科教室型運営，教科センター方式の運営の専用校舎を建設して，学校の運営が開始された後に特別教室型運営に変更され，さらに，その運営方式の変更の前後に教員空間の改変が実施された中学校について，その空間改変の過程を分析し，中学校職員室に関する次の4つの知見を得た。

1) 教科経営を軸とした教科教室型運営の中学校では，生徒の教室移動と生活拠点としての学級教室の喪失が，生徒の学習・生活両面の活動に支障をきたし，問題行動の要因になる一方，指導空間としての学級教室を失った学級担任教員の学級経営が不充分になった。そこで，専用の学級教室を学年ごとにまとめて設置して特別教室型運営に変更して教室移動による問題点を解消し，学級経営や学年経営に注力することによって安定した学校の運営を実現した。

2）教科教室型運営の中学校に設置された教科職員室は，教科経営上の利点は認められるが，教科指導上の問題点も確認され，教員間のコミュニケーションが不足する。なかでも，最も大きな問題点は学年経営の場の喪失であり，学年教員による生徒指導体制の確立が極めて困難なことである。すなわち，学年教員間の連絡や協議には移動が必要になることから，情報交換による生徒把握や問題行動の抑止が不充分になり，生徒指導問題の迅速な対処が困難になった。そこで，教員空間の改変が実施され，常時，学年の教員が集合して，随時，情報交換や打ち合わせができる体制，すなわち，学年職員室，もしくは，統合型職員室が設置された。

3）中学校では，学級経営，学年経営，および教科経営を統合して学校運営・経営を実施するために校務分掌組織が要となっており，学校規模や運営方式にかかわらず，全学年の教員との連絡や連携が必要になる。また，職員会議などを随時開催することができ，校長，教頭による教員の指導や助言も可能であるなど，学校経営上の総合的な観点からは統合型職員室が優位的である。そのため，空間改変によって学年職員室が設置された事例の中には，再び空間改変が実施されて統合型職員室が設置されたケースがある。なお，学級教室に近接して設置された学年職員室は，教科経営や学校経営上の問題点はある一方，生徒の指導や監督などの生徒指導上の有用性は極めて大きい。

4）印刷室は使用頻度が高いことに加えて緊急の使用も多く，さらに，秘匿すべき書類なども多いことから，通常，職員室に隣接して設置される。また，一般的に事務室や校長室は教員の利用も多いことから職員室に隣接して設置される。すなわち，教員個人の執務上からは校長室，事務室，印刷室などに隣接，近接した統合型職員室が有用であるといえる。

　なお，職員室は，通常，生徒の入室を制限され，試験期間は入室禁止の措置がとられるため，オープンな職員室は教員の執務に支障があることから，調査校では閉じた空間になった。

注

1）教科教員集団ごとの分離型職員室は，教官室，研究室，準備室など，学校によって呼称が異なり，さらに，同一校においても，資料によって呼称が異なる事例もある。そこで本研究では，教科職員室と総称する。

2）参考文献［1］pp.56-59，参考文献［2］pp.2584-2585を参照。

3）学校教育法施行規則（第55条）によると，12～18学級を標準としている。

4）参考文献［3］pp.12-14には歴代校長，現校長，現教頭，教員，および歴代のPTA会長や同窓会長，計22名による座談会が掲載されている。p.13，左4-7行には，初代校長の発言として「あれは，そもそも委員会がつくった構想でしてね。全市で三校指定されまして実施したというわけです。要するにしなければしょうがなかったわけですね」とあり，また，p.13，左14-15行には，同氏の発言として「実験校というわけでして，これも方々の学校から見学者がよく来ていました」とある。

　次いで，参考文献［4］はK市の昭和36年から昭和63年までの教育がまとめられており，pp.333-448には，中学校教育について記述されている。昭和36年以降には生徒増による教室不足，校舎不足の現状が記述されており，さらにpp.345-347には，C，D，E中学校における教科教室型運営実施に

関する総括が記述されている。なお，p.345, 14 行 - p.346, 1 行には，「『社会の変化により，今日求められる人間像として，主体性のある豊かな感情をもつ人間，社会性に富み，優れた知性を持ち社会に適応できる人間』の育成を目標とし，そのためには，思いきった教育システムの改革をし，より機能的な教育を求めて，この方式を取り入れ，教育の現代化を目指した」とあり，さらに，p.347, 12 行には「この方式は少ない教室の有効利用と教科の専門性の充実にあった」とあるように，2 つの目的があったことが確認できる。

　なお，公立学校の建設計画には，通常，教育委員会が関与するが，新しい運営方式を導入する場合には，建築計画学の研究者が関与・指導する事例が多いなかで，教育委員会が教科教室型運営を主導した事例であり，ブロックプランは従来型の片廊下型の校舎である。しかしながら，教育委員会が主導した場合は，準備段階で学校内に委員会などを組織して，先導校の視察などによって事前研究を実施したり事後の研究報告会を開催した事例が多く，4 つの調査校ではすべて事前の委員会を組織して教育委員会との連携を図って校舎が建設されている。

5）教科教室型運営においては，通常，教科教室は教科ごとにまとめられる。

6）J 中学校では，すべての教室がロッカーで仕切られたオープン教室である。また，H，I 中学校の 2 校は，可動間仕切りが設置されたセミオープンな教室であった。

7）参考文献［1］p.44, 30-34 行によると「開校後数年の時点で，学級数は 17 学級となり，プレファブ教室さらには普通教室と特別教室からなる教室棟を増築することとなった。この時点で，移動に混乱を来たしたことと時間割が組めなくなったことのために，全校単位の移動による『教科教室制』をあきらめ，棟別に学年を割り当てて学年別の『教科教室制』が行われるようになった」と記述されている。さらに，p.45, 4-5 行には「その数年後，つまり『教科教室制』実施 10 年余りの時点で『教科教室制』は取り止められ，『普通教室制』へ変更された」とある。

　次に，参考文献［5］p.149, 中 20-22 行では「建てて 3 年目で教科教室型を固定教室型に変更してしまった」とある。また，参考文献［6］p.259 に，開校初年度には校務センターに机を置いたと記述されており，職員室として使用したと判断される。

　一方，学校の教室配置図（昭和 61 年-平成 20 年）をみると昭和 62 年までは，教室には教科ごとにまとまった教科名のみが記述され，昭和 63 年から平成 5 年までは学級名と教科名が併記され，学級は学年ごとにまとまり，一方，教科名はばらばらになってはいるが，おおむね，各学年に国語，数学，社会，英語の教科教室が配置されている。また，平成 4 年以降は社会，数学，国語の教官室が 3 つの学年職員室になっており，平成 6 年以後は教室の教科名は消え，学級名のみになっている。以上のことから，昭和 62 年までは教科教室型運営，昭和 63 年から平成 5 年までは学年教科教室型運営，平成 6 年に運営方式が特別教室型に変更になったと推察され，参考文献［1］の記述ともおおむね合致する。なお，一般的に教科教室型運営の取り止め時期については，学年別に移行するケースや年度の途中で移行する事例などがあり，資料に明確に記録されていない事例も少なくない。また，平成 17 年には校務センターの名称が職員室に変更されているが，現在も，大半の教員は学年職員室で執務していることから，空間改変によって学年職員室が設置され，校務センターも統合型職員室として併用しているケースであると判断できる。

8）参考文献［7］pp.48-51 を参照。

9）参考文献［7］pp.49-50 には校長がほとんど東京に滞在して東京大学吉武研究室に通いつめたとの記述がある。さらに，参考文献［8］p.22 には，設計の協働者として，長倉康彦氏，守屋秀夫氏，船越徹氏，大田利彦氏とともに，校長名が記載されており，校長の構想による図面が示され，さらに，pp.30-31 には校長が設計の経緯について寄稿している。

10）計画案 1 は参考文献［7］p.40 に，計画案 2 は参考文献［8］p.25, および，参考文献［9］p.113

に記載されている。
11) 参考文献［7］p.106，10-11行には放送室について，「建設当初は体育館横に保健室と同室であり」との記述がある。
12) 元教員 S.N 氏（昭和34-45年在職）へのヒアリング調査において，建設に関わった校長が在職中（昭和32-40年）には変更しなかったが，校長の退職後，ほどなくして，執務机を準備室から管理室に移動し，職員室に変更したことが確認された。
13) 参考文献［7］p.106，17-18行には，「四十五年に玄関口を改造して，機械室とスタジオに分けた小さな放送室を作った」との記述がある。
14) 参考文献［10］p.14 を参照。
　　なお，プラトーン（プラツーン）型については本書の序章'4. 研究の方法'を参照。なお，「プラトーン＝学級教室型」は，普通教科の授業は移動せずに学級教室で実施する方式である。
15) 参考文献［10］p.15 を参照。
　　プラトーン型運営において，普通教科も教科専用教室を決め，教室の移動を実施する運営方式である。なお，「プラトーン＝教科教室型」，および，「プラトーン＝学級教室型」の表記は，いずれも，参考文献［10］による。
16) 参考文献［9］pp.120-123 を参照。なお，p.120 には設計者として，内田祥哉氏，長谷川吉信氏，船越　徹氏，原　広司氏の氏名があり，原氏の氏名のあとには括弧書で担当と記されている。
17) 参考文献［11］pp.39-40 の図面では国語職員室，数学職員室……，が使用され，p.47，11行ではそれらが教科職員室と総称され，p.57，7行では，教官室が使用され，p.59 の図面では研究室が使用されている。また，参考文献［10］p.25，20行では研究室が使用されている。
18) 参考文献［12］pp.133-134 に示されている昭和23年の時間割（東京都品川区立浜川中学校）によると，国語，数学，社会などの教科担当教員は2つの学年の授業を担当している。このような授業担当方式を'タテ割'と呼び，所属学年の授業数は少なくなる。なお，小規模校では各教科担当教員は1名前後であるため，タテ割にならざるを得ない。一方，現在，一般的である'ヨコ割'は，各学年所属の学級担任・副担任教員は，教科についても主として所属学年の授業を受け持つ方式で，通常，新年度に教員の学年の配属を決定する際には担当教科を考慮する。生徒にとっては，主に学年所属の教員から授業を受けることになり，教員側からは学年教員同士の生徒に関する情報交換がしやすく，修学旅行などの学年単独の行事にも対応しやすいことから円滑な学年経営が実施しやすい方式といえる。
19) 参考文献［11］p.70，5-11行を引用。
20) 参考文献［10］p.25，20-22行を引用。
21) 参考文献［10］p.25，23-24行を引用。
22) 参考文献［13］p.71 を参照。
23) 参考文献［13］p.85，左15-21行を引用。
24) 参考文献［14］p.28 の学校沿革によると，昭和54年10月8日の項に「基本設計は教科教室制という新しい学校運営方式の導入によりその権威者である東京都立大学の工学博士，長倉康彦氏が率いる長倉研究所と技術提携して完成させている」と記述されている。
25) 参考文献［14］p.30 に，オープンシステム校視察として愛知県東浦北部中学校，埼玉大附属中学校，東京都目黒第一中学校が記されている。
26) 参考文献［6］p.259，右26-28行を引用。
27) 参考文献［6］p.260，左9-11行を引用。
28) 参考文献［6］p.260，左12-14行を引用。
29) 参考文献［5］p.149，左30-中5行を引用。

30) 参考文献［15］pp.5-6 を参照。なお，発行年に関しては，学校の沿革が昭和58年3月まで記述されていることから，開校3年目の昭和58年度にまとめられたものと推察できる。
31) 参考文献［1］p.39 を参照。
32) 参考文献［16］を参照。
33) 参考文献［1］p.51 および，教育委員会へのヒアリング調査による。
34) 参考文献［17］を参照。
35) J中学校の校長は，統合型職員室の設置と教室の壁の設置を市長や教育委員会に強く要請した結果，平成18年に統合型職員室が新設され，平成20年には3階の学級教室に壁とドアが設置された。教室に壁が設置された1年の学級担任教員に対するヒアリング調査からは，生徒が時間を守り，格段に落ち着いたという意見が聞かれた。筆者が訪問したのは平成20年9月，改修された教室での生活が3日目の午前中のことであり，2日間という短い時間での生徒の変化に教員の驚きが大きかった。なお，H中学校，I中学校の教室も，現在，壁が設置されて閉じた教室になっている。

また，J中学校と同じ県内に，オープンスクールの先導校として昭和50年代の初めに開校した中学校があるが，生徒指導上極めて困難な状況に陥り，校舎に不具合が生じたことも加わって全面改築が計画された。教員も参画した校舎検討委員会においてはオープンシステムを採用しないことが決定され，平成16年に片廊下型の教室と統合型職員室が設置された校舎が建設された。
36) 参考文献［18］を参照。
37) 参考文献［6］p.259, p.260, 参考文献［19］p.30, 参考文献［1］p.38, p.46, 参考文献［13］p.91, 参考文献［20］p.10, 参考文献［21］p.16, p.17, p.29, 参考文献［22］p.8, p.10
38) 参考文献［6］p.259, 参考文献［11］p.70, 参考文献［20］p.10, 参考文献［22］p.10
39) 参考文献［6］p.260, 参考文献［1］p.38, p.44, p.46, 参考文献［4］p.346, 参考文献［10］p.17, 参考文献［11］p.66, 参考文献［13］p.75, p.91, 参考文献［20］p.10, 参考文献［21］p.16, 参考文献［22］p.8 を参照。

なお，参考文献［13］p.72, 左7-9行には，教員の意見として，「完全教科教室型としての設備なり条件なりが，たとえ8割でもととのえば，やっぱりこの方が僕らにとっては便利だし。生徒にとってはしんどうなるでしょうが」と，生徒は移動によって負担が大きくなる一方，教員は便利であると述べており，設備面や移動が小さいことなどを総合した意見であると考えられる。
40) 参考文献［13］p.76 を参照。

さらに，参考文献［10］p.31 には東京大学吉武研究室がB中学校で実施した調査結果が掲載されており，移動に要する時間は2.0分から6.5分くらいであるとし，授業時間の延長がみられることから，生徒の90%が移動し終わるのに7〜8分と記述されている。また，A中学校の結果も付記されており，5分程度と記されている。

次いで，参考文献［11］にもB中学校での調査結果が掲載されており，p.73には，全学年の生徒を対象に，昭和38年10月7日(月)から12日(土)に実施された「教室移動時間の調査」が記されている。授業に遅れて入室した生徒の理由として，各学年ともに'前の時間の終わりが遅かった'が最多であり，その他には'更衣'，'遊び'，'便所・水飲み'，'売店にいった'，'ロッカーの混雑'や'廊下の混雑'などを回答している。さらに，同文献のp.74には，「移動に要した超過時間」が学年およびA・Bの教科ブロック別の図表として示されており，3〜5分の遅れが多いが，10分を超えるケースもみられる。

また，参考文献［13］p.73, 右30行 - p.74, 左2行には，教員の意見として「それに始まらないしね，なかなか授業が。45分(第7限に学業不振の指導をする日は，45分の短縮授業にする)で，正味40分もとれないという授業もありますの(括弧：原文のまま)」と記述されている。

41) 参考文献［6］p.260，参考文献［1］p.39，p.40，p.44，p.51，参考文献［4］p.346，参考文献［10］p.26，p.27，参考文献［11］p.63，参考文献［13］p.73，p.76，参考文献［5］p.148，参考文献［16］p.2，参考文献［17］p.82，参考文献［21］p.16，p.18，参考文献［23］p.25，参考文献［24］p.261，参考文献［25］p.19 を参照。
42) 参考文献［13］p.81 を参照。
43) 参考文献［25］p.41 の表から，筆者が項目を抜粋して図表を作成した。
44) 参考文献［10］p.6 には，教育基本法第1条 '教育の目的' が人格の完成であることについて述べた後，10-12行には「このような目的を達成するための根本的課題は，いかにして身についた自主性と社会性を育てるかにかかっていると思う。そして，プラトーン・システムないしは教科教室型はこの課題を解決するためのひとつの道であると思う」と記述され，参考文献［11］p.4 にも同様な記述がある。さらに，参考文献［13］p.74，右23-24行にも，教科教室型の源流のドルトン案に関して，「教師主導下の一斉方式から，生徒の自学を軸にした個別方式」とあり，p.74，右29行 - p.75，左1行には，「教科教室そのものが目的ではなく，自主的個別学習が中心のねらいで」とある。
45) 参考文献［26］p.59 を参照。調査数は1，2，3年生の各1クラスを対象にしたとの記述はあるが，実数は不明である。なお，意見には①，②，……の記号がついていることから，本文中の生徒の意見は多い順に並んでいると推察できる。なお，生徒の希望としては，①移動しない方が良い，②このままで良い……(以下略)と記されている。
46) 参考文献［5］p.148，左10-16行を引用。
47) 参考文献［25］p.26 には，'教科教室制度' と題する生徒の作文が掲載されている。その右16-18行には，特別教室制を「田舎の学校では，勉強は，そこそこだけど，自由時間が多くて，人数が少ないためか，みなの心が一つとなっていた」とし，一方，23-26行には，教科教室制を「そこはもう人はうようよとし，移動の時間で，自由時間は，少ないわ，一度迷えば，どの教室か，わからなくなるわで」と記している。次いで，参考文献［27］p.6 には，'教科教室' というタイトルの生徒の作文が掲載されている。この女子生徒は，中学に入学して一番困ったことは，教科教室制であるとして，その上5-11行には，「たった十分の休憩時間で広い校舎内を，教科ごとに教室を探し回ることは，入学したての私達にとって容易なことではなかった。いくら探しても目指す教室がみあたらず，チャイムの鳴ったあとでようやくその教室をみつけ出し，あわててすべり込む，というような，そんな毎日の連続だったのである」とし，さらに机の落書きがあることや落ち着けないこと，移動が苦痛であることを記述し，上21-23行には，「私は一日も早くこの制度がなくなり，今のようなことのない，落ち着いて勉強や運動のできる，楽しいC中学校が出来て欲しいと思う」と記し，教室移動が生徒の心身に大きな負担を与え，学習にも集中できていないことから，教科教室型運営の廃止を希望している。
48) 参考文献［10］p.26，15-16行には「学級経営がうまくいっていれば心配はない」，参考文献［17］p.80，19-22行には「オープン・スペースをもった教科経営教室という形態の中でも，学校生活の基盤となるのは学級である。学級という集団の中で学習し，生活をともにしているのである。だから，学級の雰囲気が一人ひとりの生徒の学習活動や生活態度に大きな影響を及ぼすことになる」，また，参考文献［25］p.62，左29-34行には「第2の課題は『生き生きした学級づくり』である。生徒にとって学校生活の基本は学級である。活気があり，楽しくて思いやりに満ちており，お互いに励ましあって意欲的に学習に取り組める学級は，すばらしく豊かな人間関係を作り上げてくれる」と学級活動や学級経営が生徒・生活指導面に加えて学習面でも基盤になっていると記述されている。さらに，参考文献［21］p.42，1-2行の「毎朝の8時40分から50分までおよび，放課後15時から15時10分までの終礼時の活用が生活指導の1つのポイントとなる」と朝と帰りの短学活が生活指導の基盤であることが記述されている。

49) 参考文献［25］p.65, 右 12-18 行には,「授業の時間ごとに教科教室に移動して学習するというやり方は, 生徒の側からすれば自分の教室, 自分の机というものがなく, 落ち着いて座るべき位置がないことになります。このような心の安定が得られない状態では教育の成果はあまり期待できません。心の安定があってこそ学校教育は成り立つものですから(傍点：原文のまま)」と生徒の心の安定には個人の机と椅子が必要なことが述べられている。

50) 参考文献［17］p.83 には生徒の集中力の低下についての記述がある。注 48 に記述したように, 学級経営のなかで重要視されている短学活は, 通常, 10 分程度と短く, 生徒, 教員とも集中力が必要とされる。特に, 帰りの学活は終了時間が学級によって異なるため, より高い生徒の集中力が要求されるが, 外部の生徒の声が聞こえる教室では生徒の集中力は極めて低くなると考えられる。

また, 教員の集中力については, 教室に壁が設置された J 中学校の 1 年生の学級担任教員に対する筆者のヒアリング調査によると, 授業中や学活時にはオープンな教室の 1 ヵ所の出入り口に, 常に生徒の視線や意識が向うため, 結果的に教員もその出入り口に意識が向けられ, 授業中や学活の集中力が低下していたが, 壁の設置によって生徒・教員ともに落ち着いたとのコメントが得られた。

さらに, 参考文献［17］pp.80-81 には 'HR 教室経営の工夫' として, 学級担任教員が学級の雰囲気づくりのために実施すべき掲示物として, 学校目標以下 25 種類が示されている。一般的に, 中学校の掲示活動は重要視されており, 校務分掌中に掲示係や委員会が設置されている学校も少なくない。それらの学校では, 学級担任教員の指導・活動による学級帰属意識の向上に加えて, 学年で統一した掲示をすることにより, 学年帰属意識の向上が目途となっている。

51) 参考文献［21］p.19, 21-22 行には,「時間割編成表を見て生徒をさがしまわるという, 時間の上で大変手間取る不便さがある」と記述されている。また, 参考文献［28］p.9, 22-24 行には「授業中急な連絡の時, 我がクラスを求めて学校中をおお探し, そんな不便な一幕も……」と記述されている。

52) 参考文献［11］p.57 を参照。

53) 参考文献［5］p.149, 左 12-16 行を引用。

54) 参考文献［5］p.149, 中 14-16 行を引用。

55) 参考文献［18］を参照。

56) 参考文献［6］p.259, p.260, 参考文献［1］p.39, 参考文献［3］p.13, 参考文献［11］p.61, 参考文献［13］p.76, 参考文献［5］p.149, 参考文献［21］p.16, p.29, p.43, 参考文献［23］p.18, 参考文献［29］p.19 を参照。

なお, A 中学校においても, 注 12 で述べた元教員 S.N 氏のヒアリング調査で, 学年および全教員間のコミュニケーション不足が確認された。

57) 参考文献［18］を参照。

58) 参考文献［1］p.51, 参考文献［5］p.148, 参考文献［25］p.19, p.50, p.54 を参照。

教員間の連携不足については各校の資料に記述されている。参考文献［13］p.76, 右 23-28 行には「従来の普通教室＋特別教室システムでは, 同学年のホーム・ルームは 1 ヶ所にかたまっているから, 同 1 学年内での教師同志(ママ), 生徒同志(ママ)の連絡がとり易かったが今度は, 1 年生のホーム・ルームの隣りは 3 年生のホーム・ルームであったり, また, 教師も教科別に分かれているから, 学年内の問題を共通話題としてとりあげることは, 当然少なくなる」とある。次いで, 参考文献［3］p.13, 左 33-36 行には「職員室という全体の先生方が集まるところがなく, 教科の中でしか交流できなかったという―若い先生達なんかは人間関係がもの足らなかったんでしょうね」とあり, さらに, 左 37-38 行には「どうしても教師間の連帯感というものが出てこなくて」とある。さらに, 参考文献［4］pp.345-347 の「(エ)教科教室方式と学校経営」で, C, D, E 中学校における教科教室型運営の総括がなされており, p.347, 12-13 行には, 3 校の総括として「この方式は少ない教室の有効利用と教科の専門性の充実に

あったが，生徒の毎時間の移動による不安，教職員のまとまりなどの問題点が多く出てきた」として教科教室型運営が廃止に至った理由を記している。

さらに，参考文献［25］p.19，右 17-30 行には「『教室移動によって生徒に落ちつきがない』『教室移動のために教具を乱雑に扱い，無責任ムードが氾濫している』等の声の中で生徒指導 45 年度を迎えた。流動する生徒の日々の生活の中で，これといった決め手はもちろんないであろうが，動く中で，何らかの方策を投げかけてみる必要に迫られた年であった。そして，いくつかの具体策を立て，その実現を図ってきたが，その成果は遅々として表れていないといえようか。いや，生活指導という立場を考えたとき，何か大きなとりとめもない深みに落ちこむ感じもし，また，時代性を持った新たな生活指導の場が生まれつつあるとも感じさせるものがある」と記述され，さらに，p.50，1-2 行に「昭和 57 年春，荒廃の極に達していた本校に着任，C中に行きたくない・行かせたくないという親子の不安を解消し，安心して行ける学校の実現に向かってスタートを切った」と記したT校長はこの年から特別教室型運営に移行させ，C中学校を立て直した人物として，p.58，6-7 行に「薬物乱用・授業妨害などいろいろな教育課題の解決に苦労する時期でした。これを沈静化し，正常化への努力をされたのが前任のT校長でした」と次期の校長が記述している。

また，参考文献［30］p.57，18 行には卒業生の意見として，「学校が荒れていて，二年生のときに固定教室になってしまいました。昭和 58 年のときです」と記述され，さらに，参考文献［21］p.26，21-22 行には「教科教室方式は，教科指導に重点をおき，生活指導を軽視したものであり，基本的生活習慣がじゅうぶんでない生徒の実態にそぐわないものではないか」と記述されている。なお，学校の'荒れ'に関する具体的な記述が資料に記載されているのは極めて例外的で，そのごく一部と推察される。また，ある調査校の元教員のヒアリング調査では，学校が荒れた原因は教科教室型運営にあると考えた保護者が学校に対して抗議行動を計画していたとの意見も聞かれた。筆者の学校訪問時には，その荒れの形跡が多数の壁の傷として残っていた。

59) 参考文献［25］p.50，11-12 行には，注 58 で述べたT校長の文章として，「子どもが誇れる学校づくりに取り組み，その様子を学級・学年・学校だよりで毎月家庭へ伝えた」と記している。次いで，p.51，右 8-12 行には「4月以来，ガラスや床・腰板の破損が目だって減り，生徒指導・学級経営に全校あげて取り組んだ結果，教育の場としての学校の秩序と信頼が回復してきた。土台・基礎工事はできたのである」と記されている。また p.54，右 20-23 行には「担任教師を指導の中心にすえ，学年でフォローしあい，人間的な共感をもって接していこうとする教師集団によって生徒指導が行われている」と記されている。

なお，H，I中学校に近接した地域に，教科センター方式による運営が計画された中学校は，昭和 62 年の校舎の完成後には教科教室型運営は実施されず*，特別教室型運営によって運営されている。また，教員空間としては，当初から，会議室を統合型職員室として使用し，併せて，教科教官室を学年職員室として使用している。（*：年度当初に極めて短期間，実施された可能性は否定できないが，当初から教科の研究室が学年職員室として使用されている。）

60) 参考文献［31］折込みページを参照。
61) 参考文献［11］pp.17-18 を参照。

なお，校務分掌には，学級担任，教科担任，クラブ活動などの基本的な執務を含む広義の校務分掌と，それら以外の執務を指す狭義の校務分掌の2つの概念があり，各校の校務分掌表もその2種に大別できる。B中学校の校務分掌表は前者であり，A中学校の校務分掌表は後者である。

62) 参考文献［32］p.60 を参照。
63) 参考文献［20］p.17，2-3 行には「経営困難という名を冠された本校，事実それにふさわしい生徒を多く抱えた本校は，学年毎に校舎を別にし，職員室も三分し，挙校一致して生徒指導に当り，それなり

の成果を挙げてきた」と記述され，校舎も3つに分けて学年毎に運営されていた。
64）参考文献［7］にも参考文献［8］および参考文献［9］にも印刷室の記載はなく，昭和37年の教室配置図にも記載がないが，注12に示した元教員S.N氏のヒアリング調査から，校長室の隣の宿直室に謄写版があったとのコメントがあり，宿直室と印刷室が共用されていたことが確認された。その後，宿直勤務が廃止され，印刷室専用スペースになったと考えられる。
65）参考文献［2］を参照。参考文献［5］p.149左11-29行には「一部のエリート校は別にして，先生たちのエネルギーの多くは学習よりも生徒の生活指導に充てられる。その現実がなかなか外部には理解されていない。『意欲のある一部の生徒にとっては効果的な仕掛けも，一般の生徒にとっては逆の効果を及ぼすこともある。教科教室型そのものが悪いとは言わない。我々が十分に活用しきれなかった面もある。しかし教育の実態と懸け離れた理想論だけでは学校の運営はできない』」と記されている。
66）参考文献［33］によると，教科教室型運営を開始した4つの中学校では，運営開始後4年で教員の半数以上が異動したと報告されている。

参考文献

［1］　屋敷和佳（代表）：中学校・高等学校における教育多様化のための施設・設備の改革と課題に関する研究，平成6・7年度文部省科学研究費補助金一般研究（C），1997.6
［2］　屋敷和佳，山口勝巳：国公立中学校における教科教室制の実施状況と校舎の利用実態・評価，日本建築学会計画系論文集，No.634，pp.2583-2590，2008.12
［3］　E中学校：創立二十周年記念誌，E中学校，1989.3.5
［4］　K市教育史第三集編集委員会：K市教育史　第三集，K市教育史第三集刊行委員会，1993
［5］　雑誌「日経アーキテクチュア」，日経BP社，1996.10
［6］　長沢　悟，横山俊祐，金　承済：教科教室型運営校における運営状況と施設の評価──中学校の建築計画に関する調査・分析　その1──，昭和59年度日本建築学会関東支部報告集，計画系(55)，pp.257-260，1984
［7］　A中学校：A中学校20周年記念誌，A中学校，1979
［8］　雑誌「新建築」，新建築社，1958.5
［9］　雑誌「建築文化」，彰国社，1963.11
［10］　B中学校：研究紀要「プラトーン＝教科教室型」──6年間の実践──，B中学校，1969
［11］　M区教育委員会，B中学校：研究紀要「本校におけるプラトーン型学校経営の実際」M区教育委員会，B中学校，1964.2
［12］　飯干　陽：新制中学校の成立，あずさ書房，1990
［13］　KN教育研究懇談会：研究紀要「教科教室システムについて──学校診断最終報告──KN教育研究懇談会」，創立10周年記念誌，F中学校，pp.69-95，1980
［14］　G中学校：創立1周年記念誌，G中学校，1982.7
［15］　G中学校：本校の概要，G中学校，発行年不明
［16］　G中学校PTA会長：G中学校の教科教室型運営システムの見直しに関する要請，G中学校PTA，1995.2
［17］　J中学校：望ましい教育課程の編成と実施管理をどのように行うか──一人ひとりを伸ばす学習指導法の工夫・改善をめざして──，昭和63・平成1学年度O県教育委員会研究指定校G市教育委員会指定研究校　研究報告書（最終年次），J中学校，1989.11
［18］　藤原直子，竹下輝和：教員の行動特性からみた中学校職員室に関する考察，日本建築学会計画系論文集，No.632，pp.2041-2048，2008.10

[19] J中学校：創立十周年記念誌，J中学校，1996.3
[20] D中学校：教科教室方式による学校運営，D中学校，1969.6
[21] D中学校：教科教室方式をとり入れた学校運営 そのⅡ，D中学校，1972
[22] D中学校：教科教室方式による学校運営，D中学校，1970.7
[23] D中学校：D中学校30周年記念誌，D中学校，1978
[24] 長沢 悟，横山俊祐，金 承済：教科教室型運営校における生徒の移動行動と意識——中学校の建築計画に関する調査・分析 その2，昭和59年度日本建築学会関東支部研究報告集，計画系(55)，pp.261-264，1984
[25] C中学校：C中学校 創立30周年記念誌，C中学校，1997.2.1
[26] F中学校：創立10周年記念誌，F中学校，1980.10
[27] E中学校：すずらん11号，E中学校，1980.3.15
[28] E中学校：創立30周年記念誌，E中学校，1999.3.12
[29] D中学校：D中学校 創立40周年記念誌，D中学校，1989.3.14
[30] F中学校：創立二十周年記念誌，F中学校，1990.11.10
[31] A中学校：昭和38年度 学校要覧，A中学校，1963
[32] 油布佐和子編：シリーズ 子どもと教育の社会学5 教師の現在・教職の未来 あすの教師像を模索する，教育出版，1999
[33] 藤原直子，竹下輝和：教科教室型中学校の検証研究，日本建築学会大会学術講演梗概集，E-1分冊，pp.177-178，2005.9

第 4 章

教員の行動特性からみた中学校職員室

4.1 はじめに

本章では，統合型職員室が設置された中学校と分離型職員室が設置された中学校における教員の行動記録調査や教員空間の使われ方観察調査などの分析から教員の行動特性を抽出し，中学校職員室に関する考察を行い，建築計画的知見を得ることを目的とする。

4.2 教員の執務と生活

中学校では通常，校長，教頭以外の教員は教科担任と学級担任・副担任を兼務し，各学年に所属している[1]。そこで，中学校の学級担任教員の一日の行動を概観すると，教科担任としての担当教科の授業，および学級担任としての学級活動（長学活）や道徳の授業は50分という決められた時間内に完了させる必要がある。また，学級担任教員は毎日，朝と帰りの短学活，給食（昼食）指導，清掃指導も担当する。さらに，中学校の教員は通常，教科担任，学級担任・副担任の他に校務分掌上の複数の執務を担当している[2]。

以上のことから，中学校の学級担任教員は，教科指導のための教材準備などに加えて，学級担任としての帳簿類の作成や生徒指導，さらに，委員会や生徒会，部活動などを含む校務分掌上の資料の作成や生徒の指導，さらには各種の会議や打ち合わせを授業以外の時間帯に実施しなければならず，時間に対する制約・拘束感は極めて大きいと判断される。

そこで，図4-1に示すように中学校教員の執務について，（ⅰ）執務行為の内容，（ⅱ）執務行為の対象者・共同者，以上の２つの軸に時間の制約を加えた類型化を行った。

まず，＜執務A＞は授業や学活など，学校における最も中心的な生徒指導で，時間割や時制[3]に組み込まれた執務であり，通常は，教室で生徒を対象に実施される行為である。時間の制約が極めて強く，一般的に優先順位は最上位の執務である。次いで，＜執務B＞は授業や学活以外の生徒の指導であり，補習などの教科に関する生徒の指導と，学級，生徒会や部活動などの生徒の指導があり，他の教員と共同で実施されることも多く，時間の制約はかなり強い行為である。次に，生徒の指導以外の執務のうち，＜執務C＞は職員会議，委員会，研修会，学年会，教科会など，他教員との共同・協同・協働による執務であり，＜執務D＞は保護者会やPTA役員会など，保護者を対象とした執務で，いずれも時間の制約は強い。最後に，教員が個人的に実施する執務は，＜執務E＞，＜執務F＞，＜執務G＞に分けられる。＜執務E＞は，教材研究や試験問題の作成や採点などの教科指導に関する執務である。次いで，＜執務F＞は担任学級生徒の生活指導や進路相談など，教科指導以外の生徒の個人的な指導に関する執務であり，さらに，＜執務G＞は通知表の作成，指導要録の記載や会議資料の作成などの直接的な生徒指導を伴わない校務分掌上の執務であり，通常，これらの個人的な執務は執務A～D以外の時間帯に実施される。

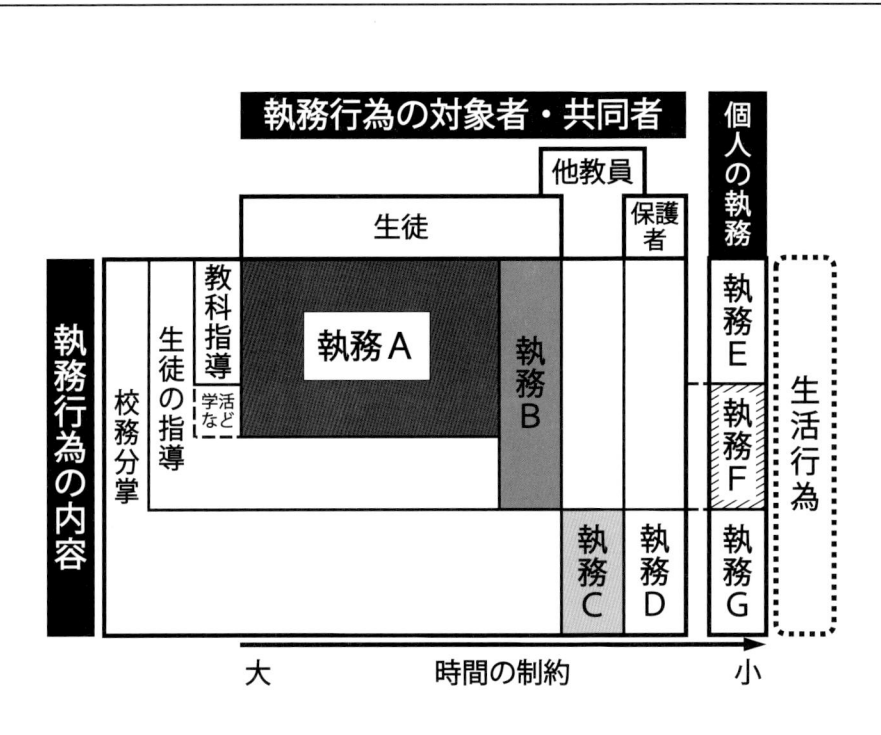

<執務 A> 生徒の教育・指導にかかわる行為で，時間の制約が非常に強い行為
（授業，学活，試験，道徳，学年集会など）

<執務 B> 生徒の指導にかかわる行為であるが，時間の制約は執務Aほど強くない行為
（補習などの教科に関する指導，学級の班活動の指導，生徒会活動や部活動の指導など）

<執務 C> 教員同士の教育的行為で，時間の制約はかなり強い行為
（職員朝礼，職員会議，委員会，研修会，学年会，教科会など）

<執務 D> 教員と保護者にかかわる行為で，時間の制約はかなり強い行為
（保護者会，個人面談，PTA役員会など）

<執務 E> 教員の個人の裁量で活動できる行為のうち，教科指導に関する行為
（教材研究，教材制作，成績評価，試験問題作成など）

<執務 F> 教員の個人の裁量で活動できる行為のうち，生徒の指導に関する行為
（生徒の個人的な生活指導，進路のための個人指導，相談など）

<執務 G> 教員の個人の裁量で活動できる行為のうち，校務分掌に関する行為
（通知表の作成，生徒指導要録の記載，会議資料の作成など）

図 4-1　教員の執務の類型化

注）図表は筆者が作成した。

4.3 教員の一日行動

4.3.1 調査対象と調査概要

調査対象校は，学校経営上の共通点が多いと考えられる標準規模校以上で，典型的なブロックプランで計画され，一般的な「統合型職員室」が設置されている2校に加えて，「分離型職員室」が設置されている1校，計3つの中学校を選定した。具体的には，特別教室型運営のK中学校とL中学校は「統合型職員室」で，K中学校は片廊下型の2棟並列型校舎，L中学校は片廊下型の一文字型校舎である。さらに，K中学校は「統合型職員室」に加えて，年度によって該当学年は異なるが，南棟（2棟）に学級教室がある1つの学年のみに余裕教室を転用した「学年職員室」がその学年の学級教室近くに設置されている。次に，教科教室型運営のM中学校はホール型の校舎で，教科研究センターは教科教員集団ごとの「分離型職員室」であり，教科ごとに仕切られたスペースに各教科教員の執務机が，学年配属とは関係なく配置されている。また，校長室，事務室に隣接して教務センターが併設されていて，会議スペースには教頭，教務主任が常駐しており，会議用のテーブルが設置されている。以上の3つの中学校に加えて，教員行動特性の比較から，同等規模の小学校を調査対象とした。選定したN小学校は片廊下型の2棟並列型校舎で，校長室，事務室，更衣室が近接した典型的な統合型職員室が1階に設置されており，印刷コーナーは職員室内に設置されている。

調査校の学校概要・調査概要は表4-1に，調査項目・調査内容は表4-2に示す通りである。なお，予備調査として，K中学校，L中学校では職員室における一日観察記録調査を実施し，M中学校とN小学校においては校内の一日観察調査を実施し，校内状況や教員の行動特性の概略を把握し，以後の調査の参考にした。

教員の精密・詳細な行動記録調査は，3つの中学校の学級担任教員15名，およびK中学校の校長と教頭各1名，さらにM中学校の副担任教員1名の計18名の中学校教員に，N小学校の3名の学級担任教員を加えた計21名の教員について行った。

さらに，K中学校，L中学校，M中学校とN小学校における教員空間の使われ方の精密な観察記録調査とアンケート調査を実施するとともに，K中学校については校長を含む学級担任・副担任の計20名の教員に対してインタビュー調査を実施した。なお，以上の調査は2000～2001年に実施したものである。

表4-1 学校概要と調査概要

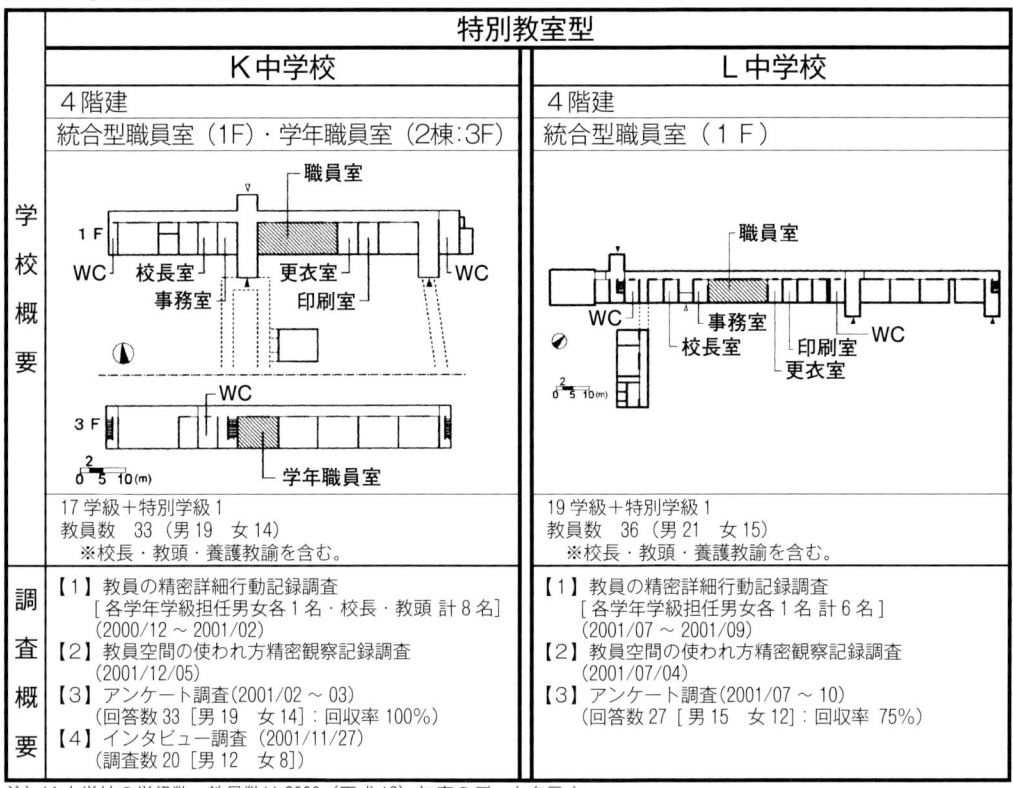

特別教室型	
K中学校	**L中学校**
4階建	4階建
統合型職員室（1F）・学年職員室（2棟:3F）	統合型職員室（1F）
[平面図：1F 職員室、校長室、事務室、更衣室、印刷室、WC／3F 学年職員室、WC]	[平面図：職員室、校長室、事務室、印刷室、更衣室、WC]
17学級＋特別学級1 教員数 33（男19 女14） ※校長・教頭・養護教諭を含む。	19学級＋特別学級1 教員数 36（男21 女15） ※校長・教頭・養護教諭を含む。
【1】教員の精密詳細行動記録調査 ［各学年学級担任男女各1名・校長・教頭 計8名］ （2000/12～2001/02） 【2】教員空間の使われ方精密観察記録調査 （2001/12/05） 【3】アンケート調査（2001/02～03） （回答数33［男19 女14］：回収率100%） 【4】インタビュー調査（2001/11/27） （調査数20［男12 女8］）	【1】教員の精密詳細行動記録調査 ［各学年学級担任男女各1名 計6名］ （2001/07～2001/09） 【2】教員空間の使われ方精密観察記録調査 （2001/07/04） 【3】アンケート調査（2001/07～10） （回答数27［男15 女12］：回収率75%）

注）K中学校の学級数・教員数は2000（平成12）年度のデータを示す。

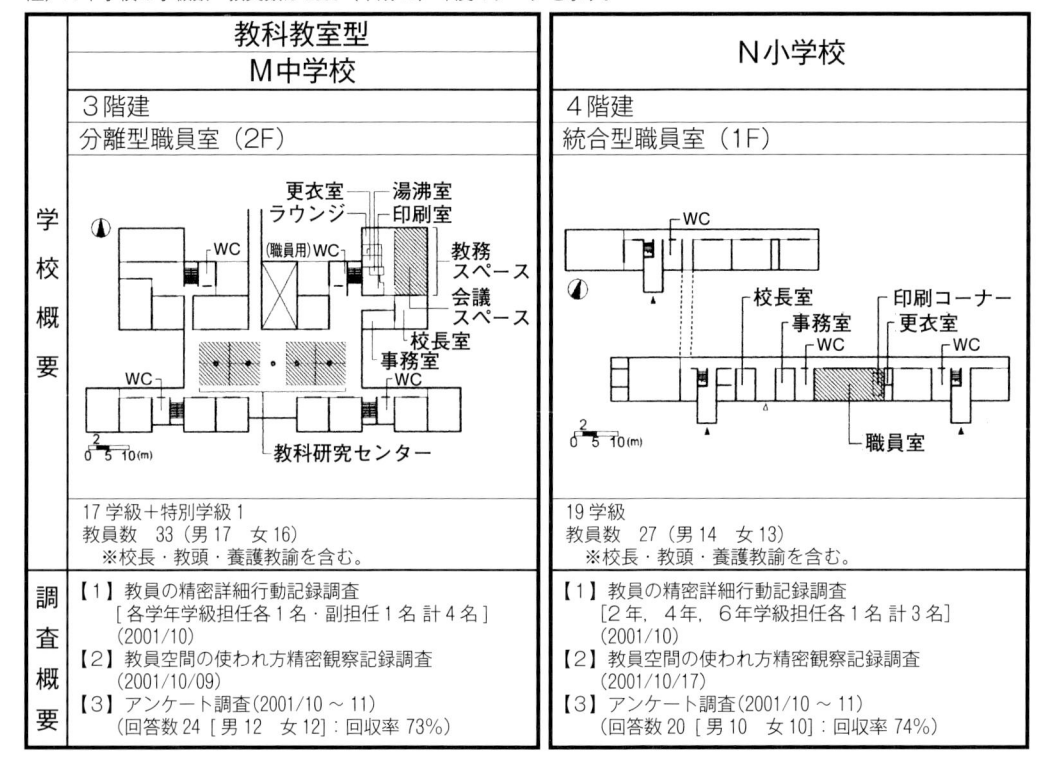

教科教室型	
M中学校	**N小学校**
3階建	4階建
分離型職員室（2F）	統合型職員室（1F）
[平面図：更衣室、湯沸室、ラウンジ、印刷室、教務スペース、会議スペース、校長室、事務室、WC、（職員用）WC／教科研究センター]	[平面図：校長室、事務室、印刷コーナー、更衣室、WC、職員室]
17学級＋特別学級1 教員数 33（男17 女16） ※校長・教頭・養護教諭を含む。	19学級 教員数 27（男14 女13） ※校長・教頭・養護教諭を含む。
【1】教員の精密詳細行動記録調査 ［各学年学級担任各1名・副担任1名 計4名］ （2001/10） 【2】教員空間の使われ方精密観察記録調査 （2001/10/09） 【3】アンケート調査（2001/10～11） （回答数24［男12 女12］：回収率73%）	【1】教員の精密詳細行動記録調査 ［2年, 4年, 6年学級担任各1名 計3名］ （2001/10） 【2】教員空間の使われ方精密観察記録調査 （2001/10/17） 【3】アンケート調査（2001/10～11） （回答数20［男10 女10］：回収率74%）

表4-2　調査項目と調査内容

【1】教員の精密詳細行動記録調査 　　出勤から退勤までの教員の一日行動を追尾して観察記述し，時間・場所・行為を詳細に記録し，併せて，写真記録も行った。
【2】教員空間の使われ方の精密観察記録調査 　　執務行為の場である事務室・印刷室（印刷コーナー），生活行為の場である更衣室（喫煙室）・トイレ・ラウンジ・湯沸し室などの使われ方を観察し，入室数を時間・場所で記録した。
【3】アンケート調査 　　下記7項目に関して，自由記述式の留め置き調査とした。なお，（ⅰ）職員室に関しては，さらに以下のように，①〜⑥に細分類した。 　　　　（ⅰ）職員室（M中：教務センター，教科研究センター） 　　　　　　　①個人用設備　②共用設備　③広さ　④喫茶・飲食　⑤喫煙　⑥その他 　　　　（ⅱ）印刷室　（ⅲ）更衣室　（ⅳ）トイレ　（ⅴ）駐車場 　　　　（ⅵ）学校を生活する場と考えた時の一番強い希望 　　　　（ⅶ）その他
【4】インタビュー調査 　　下記5項目に関して，1〜数名ごとの聞き取り調査を実施し，メモとテープで記録した。なお，調査対象者には質問項目を示さず，自由に発言できるよう留意した。 　　　　（ⅰ）職員室　（ⅱ）校長室・事務室・印刷室・更衣室・トイレ 　　　　（ⅲ）学年職員室　（ⅳ）他校例　（ⅴ）学校内で一番落ち着く場

表4-3　調査対象教員

	特別教室型													教科教室型			N小学校		
	K中学校						L中学校						M中学校					
教員ID	①	②	③	④	⑤	⑥	⑦	⑧	⑨	⑩	⑪	⑫	⑬	⑭	⑮	⑯	⑰	⑱
学年	1	1	2	2	3	3	1	1	2	2	3	3	1	2	3	2	4	6
性別	男	女	男	女	男	女	男	女	男	女	男	女	女	男	男	男	男	女
年齢	44	34	29	47	37	37	37	50	42	30	44	49	32	41	40	28	36	36
教科	社	美	数	国	数	国	国	音	音	数	英	体	英	数	国	—	—	—

4.3.2 教員の一日行動記録

表4-4に，3つの中学校の15名の学級担任教員の一日行動記録を示す。

まず，15名の中学校学級担任教員の一日行動を時間量で分析する。中学校の学級担任教員15名の平均時間量をみると，校内に一日645分滞在し，そのうち348分(54%)を執務A・B・C・Dにあて，残りの時間を個人の執務E～Gと生活行為，授業や生徒に関する教員同士の情報交換や日常的な会話，休息などにあてている(表4-4，図4-2)。

次に，教員の一日の移動距離[4]についてみると，中学校の学級担任教員15名の平均は約2,700 mであるが，5,000 mを超える事例もみられる(表4-4，図4-3)。執務A・B・C・Dは通常，一つの空間でなされ，これらの時間を除いた校内滞在時間で移動が行われることになる。この移動距離の差は，教員の行動特性による個人差，職員室などの教員空間の配置の差が大きく影響すると考えられる。教員の行動特性の個人差には執務A・B・C・Dを除いた校内滞在時間(図4-4)，印刷室や事務室での執務行為とトイレや更衣などの生活行為の頻度(表4-4，図4-5)，調査日の一日の授業時間数(図4-6)，その他，委員会や部活動の指導などの校務分掌上の執務特性，行事の有無などが考えられる。

表4-4 中学校教員の一日行動記録

		教員			滞在時間(注)(分)	一日の移動距離(m)	執務時間（分）					職員室滞在時間（分）		行動記録（回）							
		ID	学年	性(齢)	教科			執務A	執務B	執務C	執務D	A+B+C+D	職員室・教務セ	学職室・教科セ	執務行為(回)	生活行為(回)						
															事務室	印刷室	更衣室	トイレ	喫茶	喫煙	ラウンジ	給湯室
特別教室型	K中学校	①	1	男(44)	社	622	1,885	207	0	10	130	347	114	170	0	2	0	0	3	4	ー	ー
		②	1	女(34)	美	547	2,729	223	36	10	0	269	190	64	3	1	2	1	2	0	ー	ー
		③	2	男(29)	数	635	1,516	190	107	9	0	306	240	ー	1	3	0	1	4	9	ー	ー
		④	2	女(47)	国	639	1,623	170	43	87	0	300	435	ー	2	5	2	2	2	0	ー	ー
		⑤	3	男(37)	数	830	1,241	135	55	3	170	363	415	ー	0	3	0	2	2	0	ー	ー
		⑥	3	女(37)	国	740	2,316	259	0	121	0	380	397	ー	1	12	1	3	3	0	ー	ー
	L中学校	⑦	1	男(37)	国	547	1,829	316	31	37	5	389	128	ー	2	0	0	0	5	0	ー	ー
		⑧	1	女(50)	音	620	2,901	318	24	15	2	359	213	ー	1	7	0	4	5	0	ー	ー
		⑨	2	男(42)	音	584	3,190	210	31	11	32	284	112	ー	0	2	17	3	7	19	ー	ー
		⑩	2	女(30)	数	714	3,398	238	40	55	0	333	259	ー	2	8	2	3	4	0	ー	ー
		⑪	3	男(44)	英	685	3,407	312	62	83	9	466	125	ー	0	4	14	1	7	13	ー	ー
		⑫	3	女(49)	体	542	2,580	193	29	49	0	271	218	ー	2	5	4	2	4	0	ー	ー
教科教室型	M中学校	⑬	1	女(32)	英	615	2,249	241	62	26	0	329	35	194	2	1	0	2	4	0	1	1
		⑭	2	男(41)	数	609	4,521	271	14	98	0	383	194	11	1	2	7	7	8	0	3	10
		⑮	3	男(40)	国	750	5,233	271	118	49	0	438	80	173	12	2	1	4	0	2	5	
	中学校教員平均					645	2,708	237	43	44	23	348	265									

凡例　教務セ：教務センター，教科セ：教科研究センター，学職室：学年職員室
注）校内の滞在時間は，出勤後の私用の外出は除く。

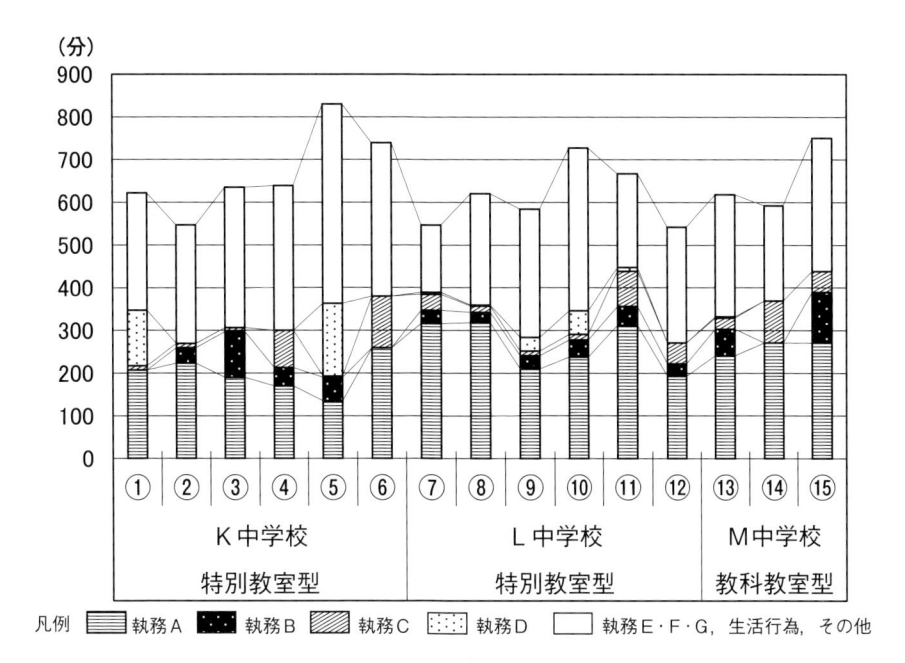

第4章 教員の行動特性からみた中学校職員室　　117

図4-2　中学校学級担任教員の一日の類型別執務行為の時間と校内滞在時間

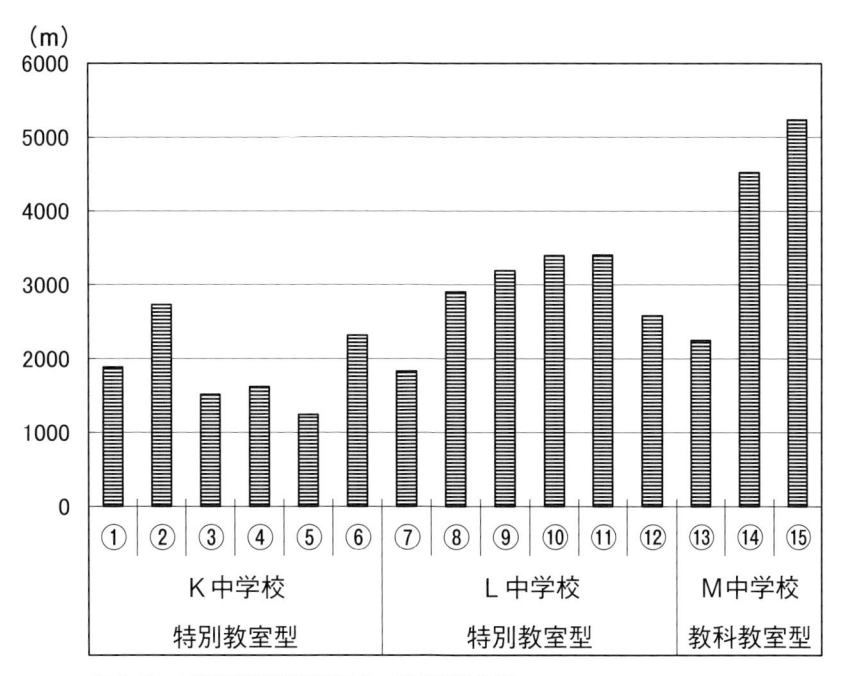

図4-3　中学校学級担任教員の一日の移動距離

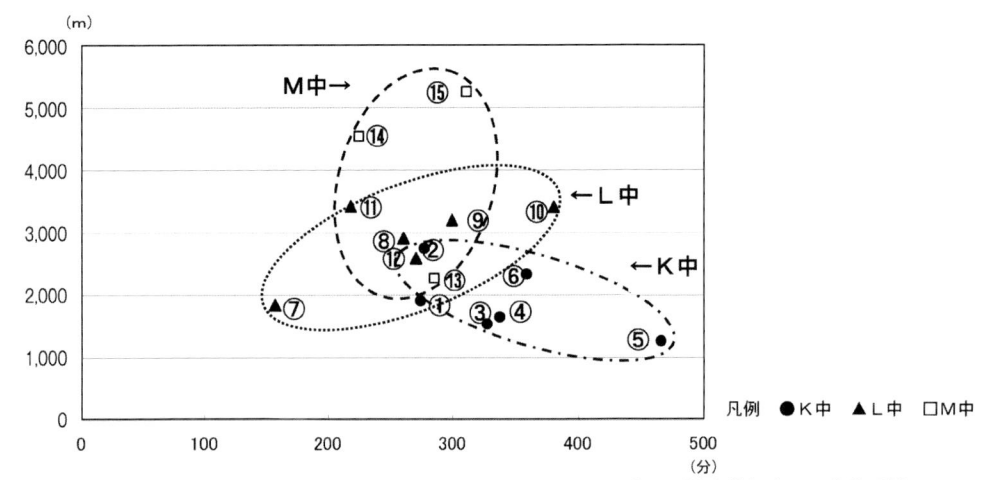

図4-4 中学校学級担任教員の一日の執務A・B・C・Dを除いた校内滞在時間と移動距離

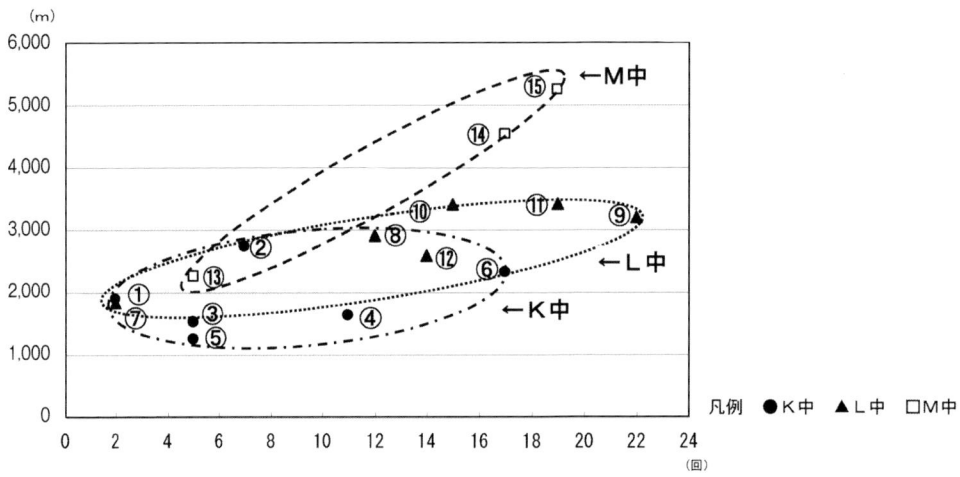

図4-5 中学校学級担任教員の一日の事務室・印刷室，更衣室・トイレの使用回数と移動距離

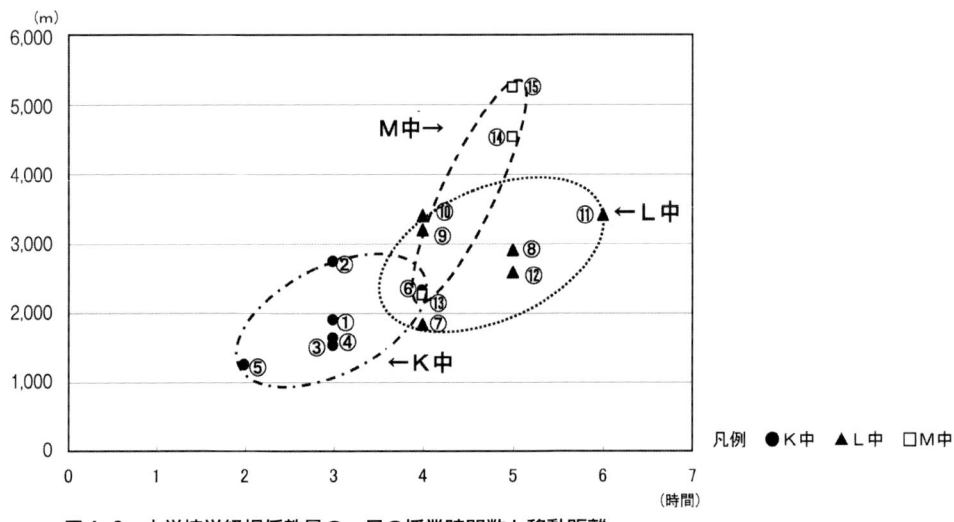

図4-6 中学校学級担任教員の一日の授業時間数と移動距離

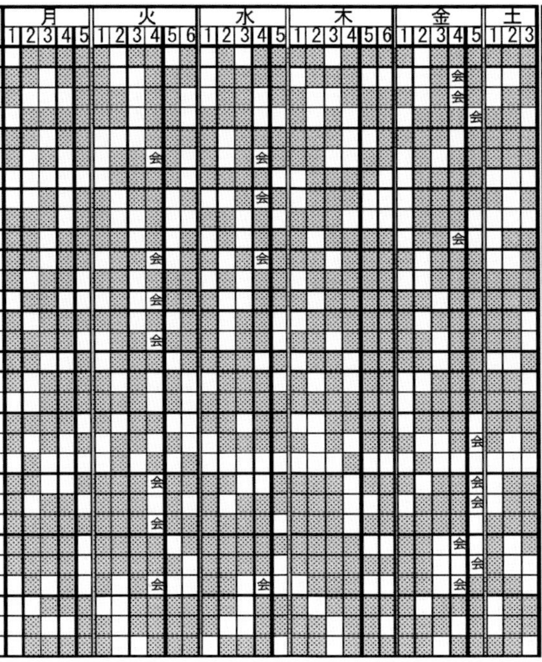

第4章　教員の行動特性からみた中学校職員室　　　　　　　　　　　　　　　119

図4-7　時間割表(平成12年：K中学校)

　ここで，中学校の教員の一日の行動をみてみると，時間割や時制の上では，一日平均1.5時間程度の空き時間を持つが(図4-7)[5]，現実には空き時間に急な執務が入ることは少なくない。調査の結果，予定された行動に加えて，突発的な出来事が多岐にわたって発生し，空き時間が執務時間に変更されていることが判明した。具体的には欠勤教員の自習指導(執務A：⑫教員，⑮教員(図4-20))や休職教員の代理授業(執務A：⑪教員［2時間］(図4-8))，さらに，突発的な生徒の問題行動への対処(執務B：⑨教員(表4-7，図4-8))，生徒の個人指導(執務B：⑮教員(表4-7，図4-20))に変更されるケースが観察された。

⑨ **教員の行動記録　L中　2年担任　男(42歳)　音楽**
01/07/06(金) 授業(3) 空き時間(1) 生徒総会, 保護者会(外部)
＜校務分掌＞生徒指導部：主任（生徒指導主任），音楽科主任，運営委員会
＜生徒会＞安全風紀委員会
＜部活＞器楽隊部
【持ち時間】19 (含会議)

⑪ **教員の行動記録　L中　3年担任　男(44歳)　英語**
01/09/05(水) 授業(6)-休職代理(2) 空き時間(0)
＜校務分掌＞研修部（研修推進委員），教務部（同和教育）運営委員会，研修委員会，同和教育委員会，準備委員会
＜生徒会＞人権学習委員会
＜部活＞男子バレーボール部
【持ち時間】22 (含会議)

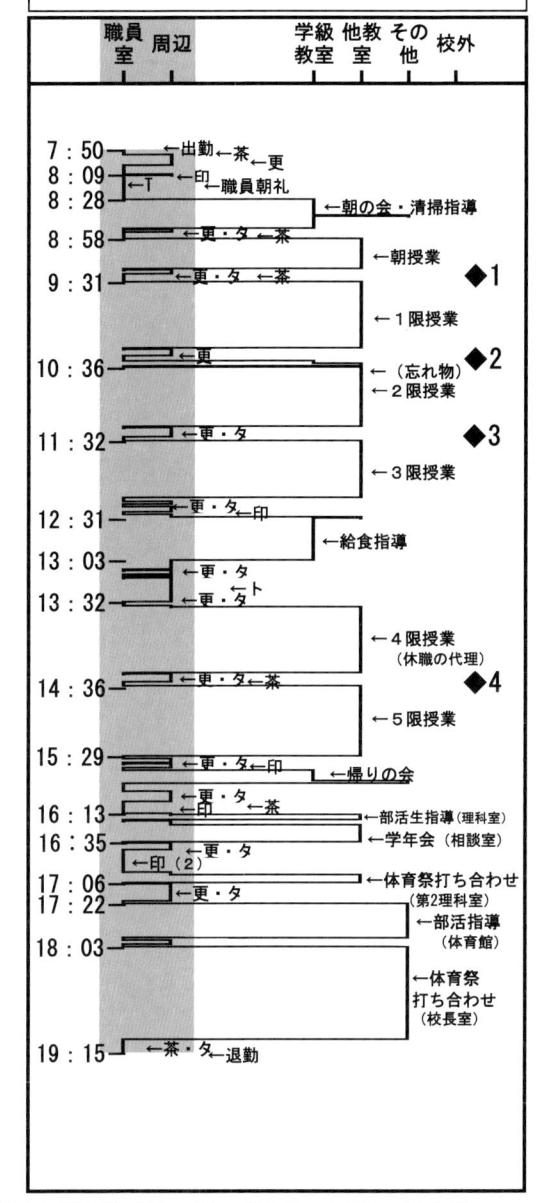

凡例　周辺：事務室，印刷室，更衣室，トイレ，更：更衣室，保：保健室，印：印刷（印刷室）・コピー（職員室），タ：喫煙，茶：喫茶，T：電話，ト：トイレ
◆：授業が連続する合間の10分休み時間
◇：授業と空き時間，空き時間と空き時間の間の10分休み時間

注）◆，◇の後の1,2…の数字は教員の調査日における1,2…回目の10分休み時間を示す。なお，短学活と1限，5限もしくは6限と短学活間の休み時間，さらに4限と昼食（給食）間の休み時間は時間や指導内容などに学校間の差があると考えられるため，集計から除外した。なお，⑪教員の調査日は，学校独自の'朝授業'の実施日であったため，朝授業を1限，1限を2限…として集計した。

図4-8　教員の一日行動記録　L中学校　⑨教員，⑪教員

続いて，昼休み時間と放課後に実施された教員の執務に着目した（表4-5）。まず，昼休み時間は比較的長いことに加えて，全校生徒が在校している時間帯であるため多種多様な生徒の指導，すなわち，生徒会役員生徒の指導（③教員：2回），学年生徒の服装指導（⑨教員（図4-8）），担任学級の班会議（②教員（図4-17））や班長会（⑩教員），行事のための生徒との打ち合わせ（⑧教員）などの執務Bが精力的に実施されている。さらに加えて，執務Cである緊急の職員会議（⑭教員（図4-19））や教科会（⑮教員（図4-20），行事の準備（⑦教員，⑧教員）が実施されている。また，執務Bや執務Cを実施しなかった教員は，長時間を必要とする通知表の作成（①教員（図4-17），⑫教員）や学級通信の準備（⑥教員）などの執務G，さらに，執務Fの入学願書記載指導（⑥教員）を実施しており，本来は教員の休憩時間でもある昼休み時間が現実には執務時間になっていることが確認された。なお，昼休み時間に執務行為を実施しなかった⑪教員は，2時間の代理授業のため調査日の空き時間はなかった（図4-8）。

また，給食実施校では，通常，学級担任教員は学級教室で配膳などの監督・指導の後，教室で生徒とともに給食をとる（給食指導）。教卓や教員用の机で食べる教員もいるが，生徒の席で積極的にコミュニケーションを図りながら食事をする教員も観察された。

表4-5　昼休み時間と放課後の教員別の行為の種類と行為数

			昼休み時間の執務行為	B	C	放課後の執務行為 B	放課後の執務行為 C	放課後の執務行為 D	B	C	D	計
特別教室型	K中学校	①	（通知表の作成：G）					保護者懇談会（学級）PTA役員会			2	2
		②	学級の班会議（B）	1		生徒の学年指導 部活指導			2			2
		③	生徒会の生徒の指導（B：2回）	2		生徒会の指導 部活指導			2			2
		④	（事務作業：G）			修学旅行実行委員会 部活指導 生徒会生徒との打ち合わせ 部活指導	職員研修会		4	1		5
		⑤	（午前中放課のため昼休みなし）			ガラス破損の処理・指導		保護者懇談会（7名）	1		1	2
		⑥	（学級通信準備：G，願書指導：F）				■学年会			1		1
	L中学校	⑦	学校行事の視聴覚機材の準備（C）		1	学級生徒の指導・監督		保護者と話	1		1	2
		⑧	体育祭準備（B），保護者会の準備（C）	1	1			保護者と話			1	1
		⑨	生徒服装指導（B）	1		ガラス破損生徒の指導	地域懇談会準備	保護者召喚（生徒同席）	1	1	1	3
		⑩	学級の班長会（B），（補習打ち合わせ：E）	1		生会専門委員会	■学年会		1	1		2
		⑪	（休息・会話）			部活生の指導 生徒と体育祭の打ち合わせ 生徒と体育祭の打ち合わせ 部活指導	■学年会 体育祭教員打ち合わせ		4	2		6
		⑫	（通知表の作成：G）				■学年会			1		1
教科教室型	M中学校	⑬	2名の生徒の暗誦テスト（B）	1		部活指導			1			1
		⑭	職員会議（C）		1		■学年会 職員会議			2		2
		⑮	教科会（C：出張の打ち合わせ）		1	文化発表会実行委員会 部活指導	文化発表会教員打ち合わせ ■学年会		2	2		4
			計	7	4	計			19	11	6	36

次に，放課後は個人の執務E，F，G以外にさまざまな執務がなされ，具体的には部活動の指導，生徒との委員会，突発的な生徒問題の処置など，特定の生徒を対象とする執務Bが観察されるとともに，職員会議，研修会，学年会などの他教員との共同による執務Cが実施され，さらに，PTA役員会，保護者懇談会，外部施設での地域懇談会，生徒指導上の保護者召喚などの執務Dが実施されている。放課後の教員別の行為数[6]をみると，執務B，執務C，執務Dの合計が2回以上のケースが11事例みられ，最高は6回(⑪教員)であった(表4-5，図4-8)。

　これら両時間の具体的な執務内容をみると，注目されるのは学年会への出席が多いことであり(6名/15名)，その所要時間は最長で113分(⑥教員)であった。一方，教科会の実施は1事例だけで(⑮教員(図4-20))，昼休み時間中の数分間の打ち合わせであり，教科指導に関する打ち合わせより生徒・生活指導面での情報交換や会議に，教員が注力している実態が示されている。

　以上のように，昼休み時間や放課後には執務B，執務Cや執務Dなど，生徒や他教員，保護者との執務が優先され，なかでも執務Bの生徒の指導に加えて，執務Cである学年会への参加が多いことが確認された[7]。そのため，10分休み時間には教員自身の生活行為のほかに個人的な執務が実施されることが予測される。

4.4 中学校教員の 10 分休み時間の行動

教員の一日の行動記録から，中学校の学級担任教員の 10 分休み時間の行動について分析する。

4.4.1 移動距離

中学校の学級担任教員の 10 分休み時間の移動距離についてみると，教員が連続して授業などを行う合間の 10 分休み時間（以後，◆で示す。）は平均 201 m であり，一方，授業と空き時間，空き時間と空き時間の間の 10 分休み時間（以後，◇で示す。）は平均 111 m であった。移動距離の最大は，◆では M 中学校⑭教員の 484 m，◇では L 中学校⑨教員の 311 m であり，いずれも生徒指導問題が生じた教員の事例である。

4.4.2 行為の種類と行為数

15 名の中学校学級担任教員に対して，10 分休み時間（総数 49 コマ[8]）の行為数に着目すると，1 コマの 10 分休み時間中に平均して 1.6 回の執務行為，0.6 回の会話，0.8 回の生活行為を行い，合計すると平均 3.0 回の行為をしている。また，10 分間に 5 回以上の行為をしている事例は 9 例で，最多は 10 回の行為を実施している。

次に，10 分休み時間の行為の種類と行為数を分析する（図 4-9）。◆と◇の 10 分休み時間の行為を比較すると，◆では授業の準備や片付けが多く，◇では事務作業が多いことが判明した。さらに，現実には，◇ばかりでなく◆にも，生徒指導や学年教員同士の情報交換や打ち合わせを実施しており，時機を得た指導が不可欠であることを示唆している（写真 4-1）。また，行為の同時進行性，すなわち「複線性」[9]が 10 分休み時間中にもみられた。具体的には，職員室で授業の準備をしながら印刷室で生徒の指導を実施し，事務作業などの執務をしながら他教員と会話や情報交換をし，喫茶をしながら事務作業をするなどの行為が観察された。

さらに，通知表の作成や試験の採点など，長時間を要する執務を分割して断続的に継続するという教員特有の行動様式が観察された。先述したように，昼休みや放課後も個人の執務のためのまとまった時間の確保が難しい教員にみられる執務遂行上の行動特性と判断される。

以上から，中学校教員にとって，10 分休み時間は重要な執務時間であるといえる。とりわけ，◆は，移動距離も 201 m と◇の約 2 倍となっており，行為が集中した極めて過密な状況にあると判断される。

一方，小学校の教員は，通常，空き時間がなく，授業間の休み時間は 5 分間で，2 限[10]と 3 限の間に教員の休憩を含めた 20 分程度の中休みがある。そのため，図 4-10 の⑯教員，⑰教員の行動記録にみられるように，通常，朝の会と 1 限・2 限の授業，3 限・4 限の授業と給食指導，5 限・6 限の授業と帰りの会は連続して実施され，5 分休み時間には職員室に戻らずに教室で採点などの執務を実施することが多く，中学校教員とは全く異なる行動様式がとられている。さらに，授業や学活

などの開始・終了時間は柔軟に運用され，朝の会が1限の授業時間まで延長されたり，授業が休み時間や次時の授業時間までずれ込むことも観察された。また，図書指導の授業では，児童に作業の指示をした後，図書室で生徒の監督をしながら，もしくは職員室に戻って，急ぎの執務を実施するといった行為も観察された(⑯教員，⑰教員(図4-10))。N小学校の教員はこの現象を'先生の頭時計'と表現したが，教員が自らの執務時間をコントロールしている実態が観察され，時間に対する制約や拘束感は緩やかであるといえる。以上のように，学級教室にも執務机を持っている小学校教員は，授業や学活などに加えて5分休み時間や昼休み時間も作業しながら生徒と会話するなど，終日，教科・学習指導とともに生徒・生活指導が行われていると理解される。

対比して，中学校の教員は担任学級の授業は週3時間程度[11]に過ぎず，しかも教科指導の時間である。また，学活や道徳の授業については，通常，学年ごとに年間の指導計画が準備されているため，学級担任として個人の裁量で実施できる学活は少なく，そのため，個人的な生徒指導を実施できる時間は極めて限られている。さらに朝と帰りの短学活は10分程度と短いため，通常，出欠の確認や資料の配布，伝達などの全体的な指導で終わらざるを得ない。加えて，昼休み時間や放課後には執務Bや執務C，執務Dが優先される。

以上から，10分休み時間に自らの生活行為に加えて多様な執務を実施し，特に執務Fの個人的な生徒の指導が実施されることが，中学校教員の行動様式における大きな特徴であることが判明した。

図4-9 中学校教員の10分休み時間の行為内容と行為数（回）

写真4-1 10分休み時間中の打ち合わせ
（2年の学年黒板前：K中学校）
注）筆者撮影（平成13年）

第4章 教員の行動特性からみた中学校職員室

⑯ 教員の行動記録 N小 2年担任 男（28歳）
01/10/30(火) 授業(4) 空き時間(1) - 事務作業

<校務分掌>クラブ活動
【持ち時間】27

⑰ 教員の行動記録 N小 4年担任 男（36歳）
01/10/26(金) 授業(6) 空き時間(0)

<校務分掌>視聴覚，放送
<部活動>サッカー，ソフトボール
【持ち時間】29

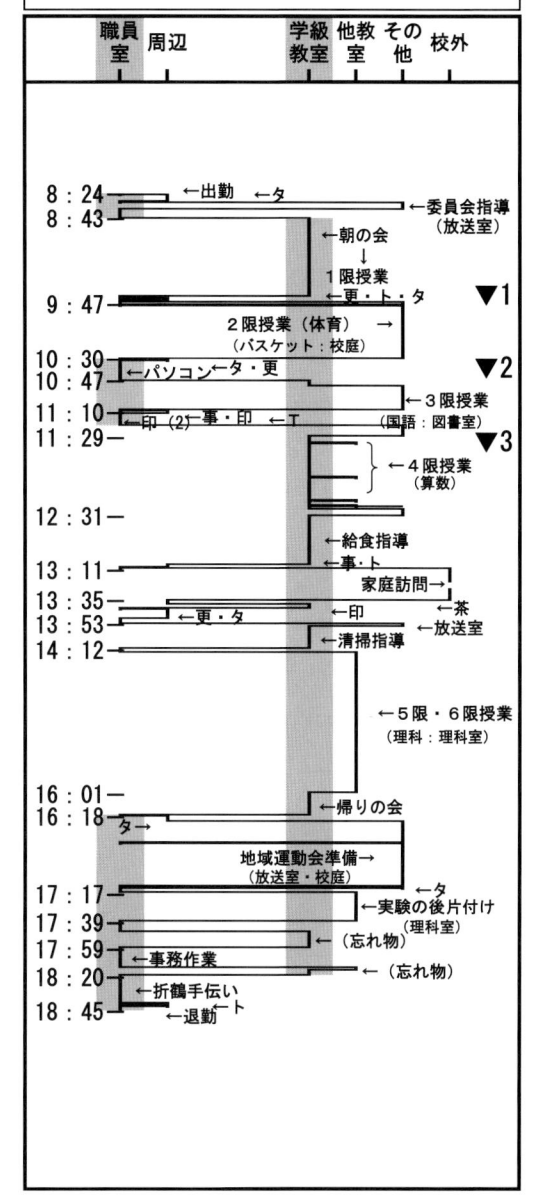

凡例　周辺：事務室，印刷室，更衣室，トイレ，更：更衣室，保：保健室　印：印刷（職員室）・コピー（事務室），タ：喫煙，茶：喫茶，T：電話，ト：トイレ，▼：授業が連続する合間の5分(20分)休み時間
注）▼の後の1,2…の数字は教員の調査日における1,2…回目の5分休み時間を示す。なお，短学活と1限，5限もしくは6限と短学活間の休み時間，さらに4限と昼食（給食）間の休み時間は時間や指導内容等に学校間の差があると考えられるため，集計から除外した。なお，▼2は20分休み時間を示す。

図4-10　教員の一日行動記録　N小学校 ⑯教員，⑰教員

4.4.3 教員空間の使用状況

次に，3つの中学校における，教員の執務空間である事務室と印刷室，および，生活行為の場である更衣室，トイレからなる教員空間の一日の使用人数を分析する[12]。なお，M中学校についてはラウンジと湯沸し室を調査の対象に加えた(図4-11)。始業前や昼休み時間，放課後に加えて，10分休み時間の使用人数が多く，10分休み時間の平均使用人数を，一日の延べ使用人数の10分間平均と比較すると[13]，K中学校は2.3倍，L中学校は2.1倍，M中学校は2.3倍と使用頻度が高く，10分休み時間に執務行為や生活行為が集中している実態が確認できた。また，調査日の5分間の使用人数の最多値は，K中学校では昼休み時間にみられるが，L中学校では2限と3限の間の10分休み時間，M中学校では3限と4限の間の10分休み時間にみられることが確認される。

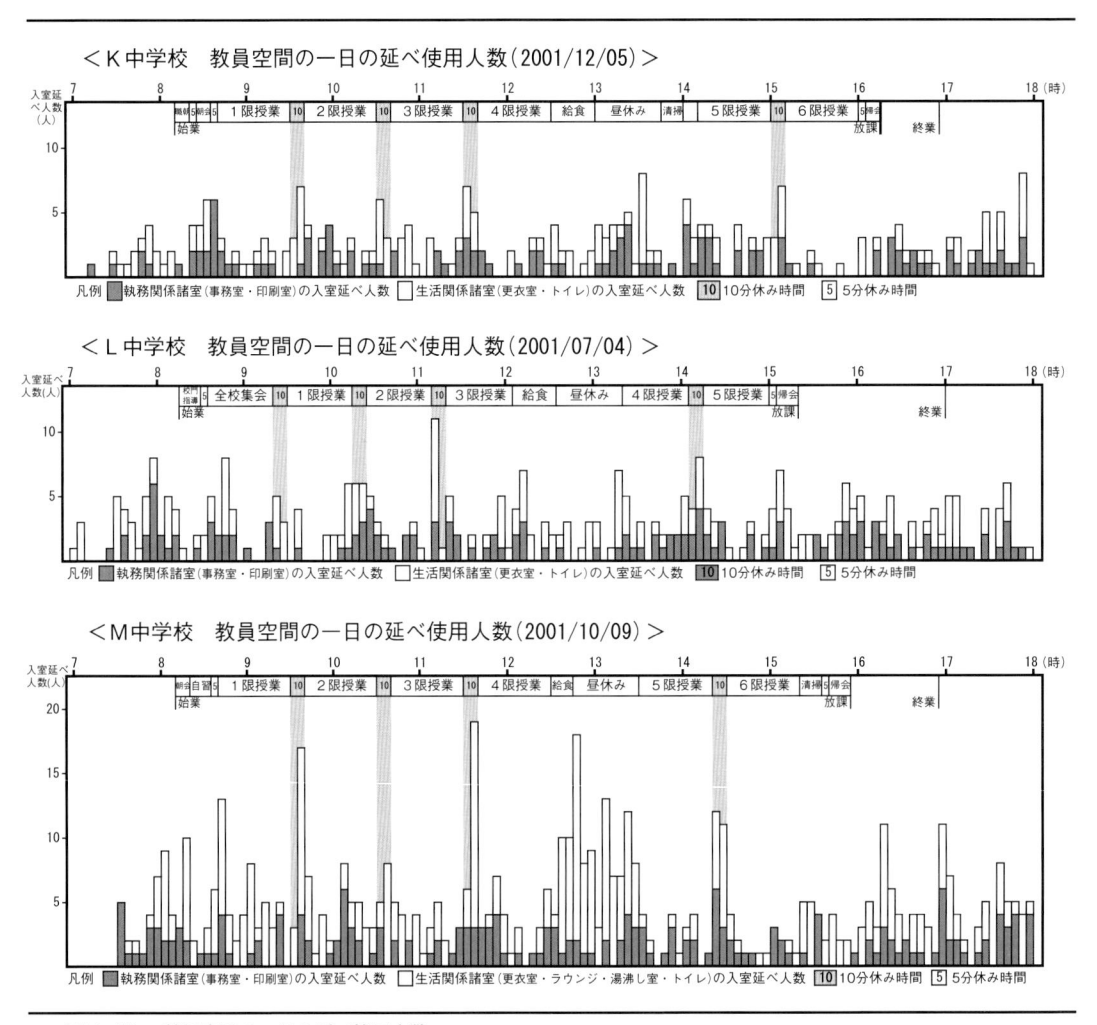

図 4-11　教員空間の一日の延べ使用人数

注）7:00 から 18:00 までの入室時間を記録し，その回数を5分ごとに集計した。

4.4.4 10分休み時間に対する教員の意識

中学校における教員の行動特性はK中学校のインタビュー調査においても確認された(表4-6)。

表4-6　K中学校のインタビュー調査の回答にみられる10分休み時間に対する教員の意識

(A) 女性　39歳　国語　3年副任　勤務年数17年　K中勤務6年
質問（ⅰ）職員室に関して
カードの場合とカウンターの場合と，なにかいろいろあるみたいです。そう，早く，早く，きれいだけど，前のが立ち上がってから製版するまでピッと変わるんだけど，いっときしてピッといいんしゃるけん，たった何秒なんですけどね，そのたったの何秒かがですね，なんかものすごく，こう，空き時間，<u>授業と授業の合間って10分</u>しかないじゃないですか。だから，慌てて準備する場合がですね，なかなか。……印刷室と職員室，一緒になれば便利ですよね。
(B) 女性　43歳　国語　2年担任　勤務年数17年　K中勤務6年
質問（ⅰ）職員室に関して
（前任校ではテーブルがあったということに関して）えっと，<u>10分休み</u>とかにお茶を飲んだりとか。
(C) 女性　40歳　理科　1年担任　勤務年数18年　K中勤務5年
質問（ⅲ）学年職員室に関して
いや，行ったことがないんですよ。5年間もいるのに。不便だろうなと思いますよ。私とか特に不便と思います。2つあるってことは仕事のメインをどっちかに置くでしょうね。だから，空き時間ぬっては仕事しているから，あの，できなくなる。ほんとに<u>10分休み</u>，昼休み，全部何かしてますもんね。だから，その時，できることやってるから，そこに道具がないとできない。
(D) 男性　45歳　理科　3年副任　勤務年数22年　K中勤務6年
質問（ⅰ）職員室に関して
…<u>10分間の休み</u>に，あの，魚肉ソーセージ食べたり，何か食べたりするような，カップラーメンとか食べたりする機会がいろいろ多いんです。
(E) 男性　45歳　社会　2年担任（学年主任）　勤務年数19年　K中勤務4年
質問（ⅰ）職員室に関して
…だからですね，<u>10分休み</u>が，（喫煙室に）行ける時と行けない時とあります。だから，つい授業があると，ぼくは2棟ですから，2棟に（喫煙室が）全くないんですよね。だから，ここまで遠いんですよ。だから，ちょっと行けない時が多いです。
(F) 男性　43歳　体育　3年担任　勤務年数20年　K中勤務7年
質問（ⅲ）学年職員室に関して
あったほうがいいかな。向こうで授業するじゃないですか。授業が終わって帰ってくる場所がここやったら，たぶん大変と思います。（自分自身は使ったことはありますけど）実技教科だから，こっちしか来ないですね。<u>10分休み</u>にちょこっと帰ってきて，お茶飲んでまた行く。
(G) 男性　41歳　数学　2年担任　勤務年数20年　K中勤務5年
質問（ⅲ）学年職員室に関して
いいですよ。この学校の建物，見てもらったらわかると思うけど，渡り廊下，ないんですよ。だから，2年だけ教えてる分は，2年のとこで。あれがなかったら大変。…ま，向こうに行った時にですね，こっちの棟の授業があったんですね。だから，もうかなり大変なんです。…あの，チャイム終わって<u>10分間</u>で次の準備，学年違うでしょ。だから，トイレとかゆっくりいけないわけですよ。茶も飲めないし，もう，タバコも吸えないと。ほんと，バタバタですね。
(H) 男性　42歳　英語　2年副任（教務主任）　勤務年数18年　K中勤務6年
質問（ⅲ）学年職員室に関して
それはもう，しょうがないですよね，棟が別だから。あの，向こうにやっぱり，控え室はいると思いますよ。あったら，非常に便利だし。…<u>授業の合間</u>とかは向こうにいますね。

注）インタビュー調査の回答から10分休み時間に関するコメントを抜粋した。

このインタビュー調査には，時間や執務に関する直接的な質問項目はなかったが，職員室や学年職員室に対する回答の中に，10分休み時間に関する意見が相対的に多くみられた（8名／20名）。表4-6に8名の教員の回答の一部を示す。

インタビュー調査の回答では，教員は10分休み時間をさまざまな行為をする時間と捉えていることがわかった。まず，教員Aは授業の準備をする時間であること，そのため，印刷が短時間に仕上がることが必要であり，印刷室が職員室内にあることを望んでいる。次に教員B，D，E，F，Gは食事・喫茶・喫煙・トイレなどの生活行為をする時間であると述べ，さらに，教員E，F，G，Hは10分間での移動が困難なこと，移動のために喫茶をする時間やトイレに行く時間がなくなること，そのため，教員G，Hは学年職員室が有用であると述べている。一方，教員Cは日常的に多様な執務が錯綜している実態を述べ，10分休み時間を明確に執務時間と捉えているが，執務場所が2ヵ所になることから行為の複線性を妨げるという観点で，学年職員室の問題性を指摘している。

以上のように，8名の教員のコメントからは，10分休み時間は教員にとって移動の時間であるとともに生活行為，執務行為が錯綜する極めて過密な時間帯であると認識していることが判明した。

4.4.5 10分休み時間における生徒指導問題の対処

学校では，日常的に生徒指導上の問題が発生する。表4-7に，調査中に観察された突発的な生徒指導問題およびその対処の事例を示す。

表4-7に示すように，学校内外で発生した突発的な生徒指導上の問題は，通常，速やかな対処が求められるため，事例1の生徒の早退手続き，事例2の授業中にケガをした生徒の処置，事例3の生徒の登校を確認するための捜索，事例4の授業に参加しない生徒の個人指導などが10分休み時間に実施されている。

以上のことから，中学校においては，教員が10分休み時間中に移動に加えて，以下の行為を円滑に実施できることが不可欠であると考えられる。

1）飲食・喫茶や更衣，トイレなどの生活行為
2）生徒の指導および印刷，事務作業などの執務行為
3）学年教員同士の情報交換・打ち合わせ
4）突発的な生徒指導問題の対処

表4-7 突発的に生じた生徒指導問題とその対処

事例1*	K中学校の②教員は，4限の授業中に体調を崩した生徒を引率して，授業終了後の10分休み時間に職員室に戻り，早退手続きをした後，給食指導のために学級教室に戻った。
事例2*	L中学校の⑨教員は，2限の空き時間に，担任学級の生徒が体育の授業中にケガをしたことを教科担任教員から報告を受け，直ちに教頭に報告した後に，学年教員にも報告し，3年生の生徒の兄を呼び事情を説明して保護者の連絡先を尋ねた。さらに，教頭席の前で体育(兼2年学年主任)の教員，教頭と3人で相談・協議がなされた。続いて，廊下で生徒本人と生徒指導主任でもある学級担任の⑨教員，体育教員(学年主任)，養護教員の4人で相談の後，保護者と連絡がとれなかったため，体育の教員が生徒とその兄を自宅に送り届けるのを玄関で見送り，職員室に戻ってコーヒーを一口飲み，3限の授業の教室に向かった。この間，26分（◇2：2限の途中に報告を受けてからは33分）を要し，生徒に遅れた事情を説明して授業を開始した。
事例3*	M中学校の⑭教員は，空き時間であった1限は，別室で不登校気味の生徒の指導をしながら，指導を要する別の生徒の捜索をして発見した。次いで，2限の授業後の10分休み時間（◆2）は，さらに別の生徒の登校確認のため，生徒を捜索しながら教務センターに戻った。
事例4*	M中学校の⑮教員は，空き時間の予定であった2限の授業中に，教科担任教員から担任学級の生徒の監督・指導を依頼され，実施していた執務を中止して生徒の指導にあたり，27分間の指導は10分休み時間（◇2）にずれ込んだ。
事例5	K中学校の②教員は，事例1で述べた早退手続き後の給食時間中には，食物が盛られたトレーを生徒がひっくり返し，その後始末に時間を要した。
事例6	校外からの連絡（18：10）によって，M中学校の④教員の担任学級生徒の問題行動が発覚し，生徒指導係の教員と生徒を引き取りに出かけ，学校に連れ帰って指導した（20：20）。
事例7	K中学校の⑤教員の担任学級の生徒が清掃時間中に，清掃担当個所である体育館のガラスを破損し，連絡を受けた⑤教員はその後始末を生徒に指示し，体育館に出向いてその処理の監督・指導にあたった。なお，その日の放課後に実施された保護者懇談会（三者面談）で，保護者に事の経緯が報告された。
事例8	L中学校の⑨教員の帰りの会の直前に，担任学級の生徒が教室の窓ガラスを割り，帰りの会終了後に，教室前の廊下で生徒の指導が実施された。
事例9	M中学校の⑭教員の担任学級の生徒が，校外で引き起こした問題行動により，昼休み時間と放課後には，臨時の職員会議が開催され，放課後の職員会議前には学年会が開催された。
事例10	K中学校の②教員の担任学級の生徒が放課後に引き起こした問題行動が発覚し，連絡を受けた②教員は校内を捜索しその生徒を発見した。その後，②教員は，学年主任と生徒指導係の教員，他1名の学年教員とともに，学年職員室で22分間の生徒指導を実施した。

注＊印：10分休み時間に対処が実施された事例

4.5 統合型職員室の使われ方とその評価

　一般的に，統合型職員室は4つの場として使われていることを明らかにする。まず，学校経営の場である。一般的に，中学校においては教務黒板(写真4-2)[14]の前に教頭を中心に校長と教務主任の机が並び，その周辺の棚などには出勤簿や諸届用紙，校務分掌に関する資料などの学校経営上の書類が収納されている。中学校においては通常，教頭はすべての委員会に参画し，学校内の実務上の責任者であり[15]，一般教員からの種々の報告や相談に加えて，突発的な生徒指導問題の報告や打ち合わせが教頭の机周辺で実施されることは多く，本調査においても複数の事例で観察された。さらに，全教員による朝の職員朝礼が行われ，会議室が設置されていない学校では職員会議や研修会などが開催される。

写真4-2　教務黒板（K中学校）
注）筆者撮影（平成13年）

写真4-3　2年用学年黒板（右）と学年用掲示（左）（L中学校）　注）筆者撮影（平成13年）

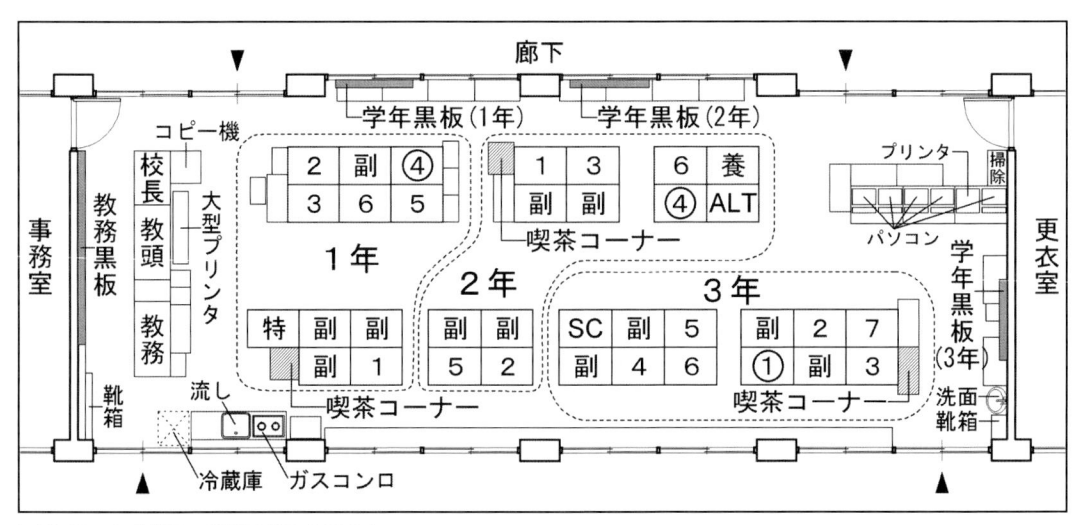

図4-12　L中学校　職員室（平成13年）
注）数字は担任する組名，副は副担任，○印は学年主任，点線は各学年の「島」を示す。筆者が作成した。

第4章 教員の行動特性からみた中学校職員室

次には学年経営の場として使用されている。学年主任と副担任を含む3つの学年の教員は学年単位に集合した「島」型の机配置をとっており、それぞれの島の周囲には学年用の資料を収納した棚がある。さらに、学年生徒の出欠状況や行事予定、伝達事項などが記載された3つの学年黒板が各学年の島の周辺に設置され(写真4-3)、学年の朝礼[16]に加えて、先述した10分休み時間、さらに、昼休み時間や放課後の緊急の打ち合わせは、通常、職員室内の学年の島の周辺で実施される。

また、教員の共用設備として洗面台、流し台、ガスコンロ、冷蔵庫、食器棚などが設置されており、更衣室、印刷室、事務室、校長室が隣接もしくは近接している。

加えて、L中学校の職員室(図4-12)は更衣室、事務室への出入り口が職員室内にあり、調査によれば喫煙室を兼ねていた男子更衣室の使用頻度が高く、事務室へは廊下側の出入り口より、職員室からの出入り口の利用頻度が高かった。また、コピー機[17]は、K中学校では印刷室に設置されていたが、L中学校は職員室内にあり、10分休み時間にも頻繁に使用されていた。さらに、共用のパソコンやプリンタの使用は、終日、観察された。またさらに、K中学校では流し台近くに1台のコー

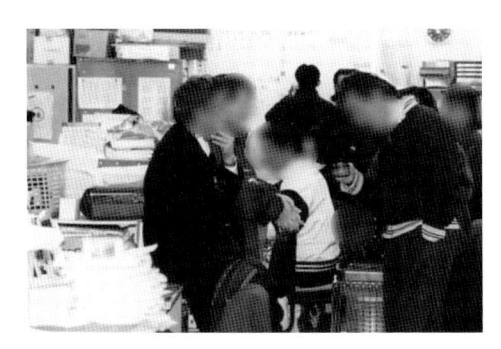

写真4-4 職員室中央のストーブ周囲で談笑する教員(K中学校)
注)筆者撮影(平成13年)

写真4-5 2年学年喫茶コーナー(L中学校)
注)筆者撮影(平成13年)

写真4-6 机周囲にはみだした書類や資料(K中学校)
注)K中学校では教員個人ごとに割り当てられた窓下の棚以外に、教員1人当たり2個のカラーボックスが割り当てられ机の上や側面に設置されていた。
筆者撮影(平成13年)

写真4-7 棚の上に置かれた荷物(L中学校)
注)一般的に中学校では学年や教科の書類や教材、さらに点検のために集めた生徒のノートなど職員室に保管すべき荷物が多いため、床や棚などがその置場となっている。筆者撮影(平成13年)

ヒーメーカーが設置され，中央のストーブ周囲で喫茶しながら談笑する教員が観察された(写真4-4)。一方，L中学校では3つの学年の島にあるキャビネットにそれぞれ喫茶コーナーが設置されているため(写真4-5)，そのキャビネットを中心に教員が集合して会話や情報交換を行い，コミュニケーションの場になっていることが観察された[18]。

　以上から，K中学校，L中学校の職員室は喫茶などの生活行為や会話，教員同士の情報交換やコミュニケーションの場であるとともに，教員個人の執務の場であり，学年経営の場であり，さらに学校経営の場となっていることが確認できた。すなわち，休憩時間と執務時間を明確に区分し，通常は個人の執務の場となっている一般的なオフィスとは大きく異なる職員室の特徴があると考えられる。

　ここでK中学校，L中学校の自由記述による教員アンケートの結果をみると，(ⅰ)＜職員室に対する要望＞(図4-13)，(ⅵ)＜学校を生活する場と考えた時の一番強い希望＞(図4-15)として，いずれも広さや収納の要望に加え，喫煙，喫茶・飲食，休憩など，生活行為が快適に行える旨の要望が大半を占めている。

　さらに，K中学校のインタビュー調査においても，収納スペースの拡大(15名/20名)，コピー機・印刷室を職員室内もしくはその近傍に設置(8名/20名)の要望に加えて，休憩コーナー・休憩室設置の要望が確認された。職員室内に簡易な喫茶設備があるとはいえ，喫茶・飲食や休憩用の専用スペースがないための要望であるといえる。

　なお，小学校教員は通常，授業を担当する学級は担任学級のみであり，一般的に，学級教室には鍵付の棚が設置されており，教材・教具・資料などの収納場所になっている。一方，中学校教員は担任学級に常駐していないため，担任学級に常備できる教材などは限られており，さらに，複数の学級の授業，部活動や生徒会，校務分掌など，管理すべき教材や資料などが多いことから，写真4-6，写真4-7にみるように，一般的に収納スペースが不足しており，中学校教員の収納スペース拡大の要望は強いといえる。

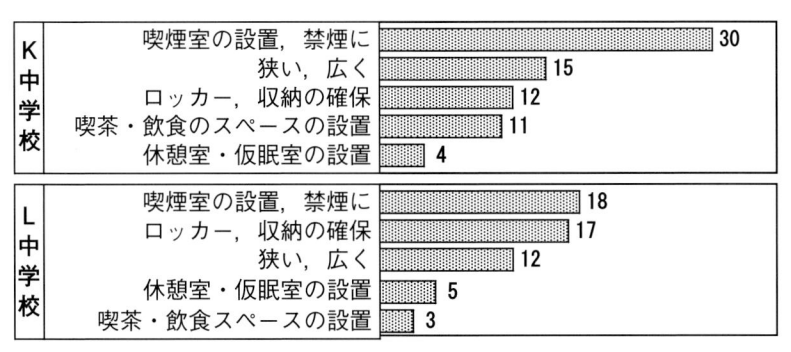

第4章　教員の行動特性からみた中学校職員室　　133

K中学校
- 喫煙室の設置，禁煙に　30
- 狭い，広く　15
- ロッカー，収納の確保　12
- 喫茶・飲食のスペースの設置　11
- 休憩室・仮眠室の設置　4

L中学校
- 喫煙室の設置，禁煙に　18
- ロッカー，収納の確保　17
- 狭い，広く　12
- 休憩室・仮眠室の設置　5
- 喫茶・飲食スペースの設置　3

図4-13　アンケート調査結果（ⅰ）＜職員室に対する要望＞（K中学校・L中学校）

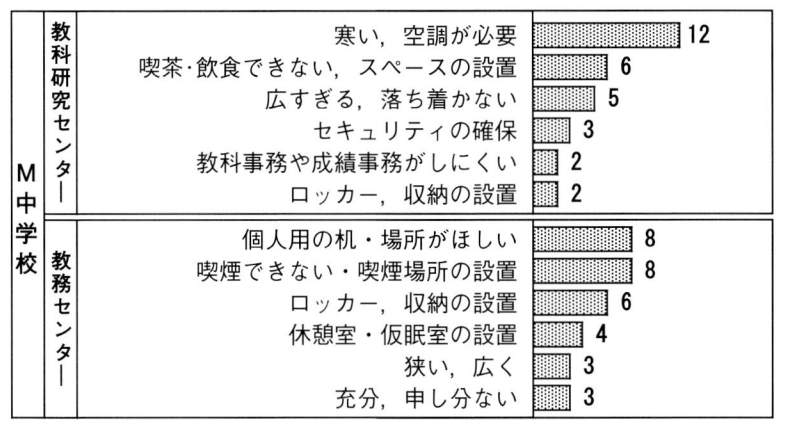

M中学校

教科研究センター
- 寒い，空調が必要　12
- 喫茶・飲食できない，スペースの設置　6
- 広すぎる，落ち着かない　5
- セキュリティの確保　3
- 教科事務や成績事務がしにくい　2
- ロッカー，収納の設置　2

教務センター
- 個人用の机・場所がほしい　8
- 喫煙できない・喫煙場所の設置　8
- ロッカー，収納の設置　6
- 休憩室・仮眠室の設置　4
- 狭い，広く　3
- 充分，申し分ない　3

図4-14　アンケート調査結果（ⅰ）＜教科研究センター・教務センターに対する要望＞
（M中学校）

K中学校
- 休憩室(スペース)の設置　5
- 喫煙室の設置，禁煙に　4
- 収納，ロッカーの設置　3
- トイレの改善(明るく，さっぱり)　2
- 教科別教官室の設置　2
- 時間の余裕がほしい　2
- ソファがほしい　2
- 大きな机がほしい　2

L中学校
- 休憩室の設置(分煙の)　8
- 喫煙室の設置　2
- 更衣室の整備を　2
- 生活する場とは考えられない　2

M中学校
- 生徒と落ち着いて話す場がほしい　5
- 休憩室の設置　4
- 会議やコミュニケーションの場がほしい　3
- 職員室がほしい　2
- 人間関係が希薄、学年集団がまとまりにくい　2
- オープンすぎる　2
- 空調が必要　2

図4-15　アンケート調査結果（ⅵ）＜学校を生活する場と考えた時の一番強い希望＞
（K中学校・L中学校・M中学校）

4.6 分離型職員室の使われ方とその評価

4.6.1 M中学校の職員室

　M中学校の職員室は教務センターと教科ごとの分離型職員室である教科研究センターが設置されている。2階端部にある教務センターには指導要録をはじめ帳簿や書類，資料などが集約され，教務黒板がある会議スペースには教頭と教務主任が常駐し，印刷室，湯沸し室，ラウンジ，更衣室が完備されている(図4-16)。

　一方，一般教員の執務机が設置された教科研究センターは，教務センターから離れた2階の中央ホールにあり，教科ごとに低いパーテーションで通路部分と仕切られており，通行する生徒からは内部が見え，生徒が自由に出入りできるようになっている(図4-16，図4-18，図4-20)。また，教科研究センター内での喫茶・飲食は禁止されている。

　そのため，M中学校のアンケート調査の結果(図4-14)をみると，(ⅰ)＜教科研究センターに対する要望＞では，空調，収納などの要望とともに，喫茶，飲食ができないことへの不満がみられる。喫茶や飲食のためには教務センターへの移動が必要となり，10分休み時間中では極めて困難である。加えて，喫茶しながら執務するなどの複線的な行為が不可能であることに対する要望でもあると考えられる。さらに，'広すぎる'，'落ち着かない'，'セキュリティの確保'，'教科事務や成績事務がしにくい'などの意見もあった。これは生徒の視線を制限できない空間では心理的な安定感に欠け，生徒に対して秘匿の必要がある試験問題作成や成績表記入などの執務の実施が困難であることを示している。加えて，授業中には教員の監視が不十分になる可能性が高いスペースでは，それらの資料は施錠して収納する必要があるため，10分休み時間中の執務の分割的な継続は極めて困難であると判断される。

　一方，教務センターについての要望では，'充分，申し分ない'という意見もあるが，'個人用の机や場所がほしい'という意見が特徴的である。この要望は，印刷室や事務室に近く，資料などが常備され，生徒の入室を制限している教務センター内で執務することを希望している意見であると判断される。なお，教務センターには教科用の収納棚に加えて，各教員に資料保管用の移動式の鍵付個人ロッカーが設置されている。

　次に，(ⅵ)＜学校を生活する場と考えた時の一番強い希望＞(図4-15)については，'生徒と落ち着いて話す場がほしい'が一番強く，生徒の視線を遮断できない教科研究センターは，生徒の相談や指導の場としては不適当であり，とくに通行する生徒が多い10分休み時間中の生徒指導は困難であることを示唆している。さらに，'会議やコミュニケーションの場がほしい'，'人間関係が希薄，学年集団がまとまりにくい'などの意見からは，教員が教科ごとに分散しているために，学年教員同士の日常的な会話や情報交換が不足し，それに起因する学年経営の場が欠如していることがうかがえる。さらに，'職員室がほしい'という回答が2名あった。2ヵ所の執務空間を持ち，ラウンジや湯沸し室などが設置されていながら，M中学校の分離型職員室は教員の求める職員室としての機

第4章 教員の行動特性からみた中学校職員室

ラウンジ

会議スペース

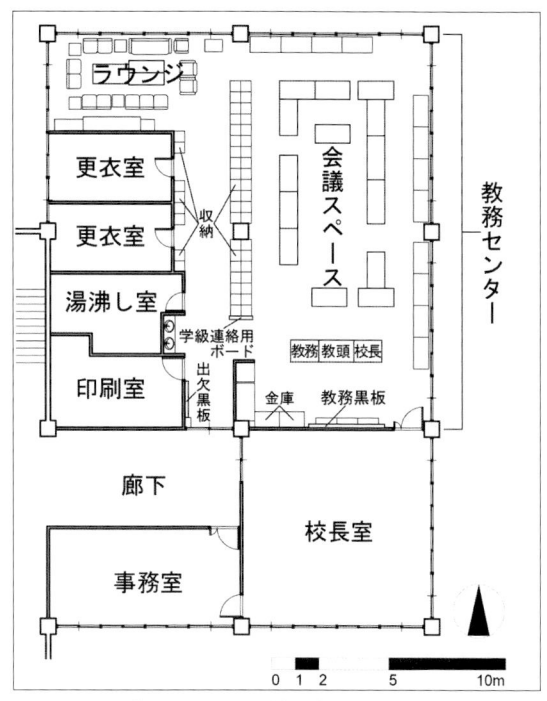

教務センター・校長室・事務室

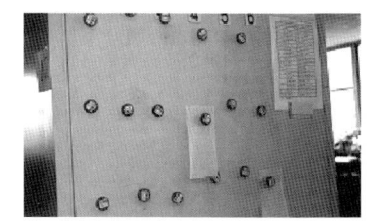

学級連絡用ボード

印刷室

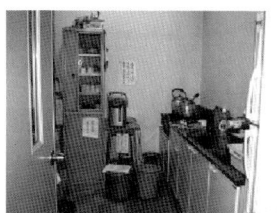

湯沸し室

教員用レターケース

収納棚

教科研究センター
－通路側よりみる－

教科研究センター
－通路を歩く生徒－

図 4-16　M中学校の教務センターと教科研究センター

注）図面は建築図面をもとに筆者が作成した。写真はすべて筆者が撮影した（平成13年）。

能は充分に果たせていないことを示している。

　以上のように，統合型職員室のK中学校，L中学校では生活行為のための施設設備の改善の要望はあるものの，収納や机などの設備上の要望以外に執務行為に関する要望はみられない[19]。一方，M中学校においては，生活行為に関する要望に加えて，心理的な不安定感やセキュリティへの不安，事務作業や生徒指導などの教員個人の執務への支障，学年教員同士の打ち合わせの場の欠如からくる学年経営の困難さなど，日常的な執務遂行上の不都合の改善に対する要望が強くみられた。

4.6.2　K中学校の職員室

　K中学校は統合型職員室に加えて，平成12年度には1年の学年職員室が併設されており，1年の学級担任・副担任の教員は両スペースに執務机を持っていた。表4-4，および図4-17に示されるように，1年の学級担任の①教員は生徒の在校時間帯は学年職員室を執務場所にし，職員室の滞在時間より学年職員室の滞在時間の方が長く，空き時間と10分休み時間中には執務の継続も行い，喫茶や生徒指導も行った。

　一方，同じ1年の学級担任の②教員は職員室を執務場所にしていたが，学年職員室には授業の前後に立ち寄り，さらに，授業が連続している10分休み時間には休憩場所として使用し，放課後には，学年主任を含む複数の学年教員とともに担任学級生徒の指導を行った（図4-17）。なお，②教員は，学年職員室に常駐せずに職員室を執務場所にしている理由について，担当教科が美術であるため全学年の授業を受け持っていることから，他学年の教員や生徒との連絡が必要であることをあげた。また，同じ1年所属の副担任の家庭科教員も②教員と同じ理由で職員室に常駐し，10分休み時間およびその他の時間にも学年職員室を利用しなかった。以上のように，現実には1学年の教員は2ヵ所に分散して執務しており，学年経営上は問題があるといえる。先述のインタビュー調査においても，学年職員室に関しては，10分休み時間中の移動距離・移動時間の短縮や生徒指導面での利点を評価する意見と，教員間の連絡や連携に対する危惧などの問題点を指摘する意見の2つの意見がみられた。

　また，インタビュー調査では，前任校で第2職員室や学年職員室[20]を使用した経験がある教員がいたが（4名/20名），いずれの教員も，他学年教員とのコミュニケーション不足などの問題点を指摘した。

4.6.3　分離型職員室の問題点 ── 教員の移動距離 ──

　表4-4，および，図4-3，図4-4，図4-5，図4-6に示す教員の一日の移動距離をみると，K中学校の教員は2,000m付近[21]に，L中学校の教員については3,000m付近[22]に集中しているが，M中学校では2名の教員が4,000m以上の移動距離を示している。

　また，表4-4，および，図4-18，図4-19，図4-20に示した，⑬教員，⑭教員，⑮教員の3名のM中学校の教員の行動記録からは，2ヵ所の執務空間を使い分けるという当初の計画から逸脱した使い方が2名の教員の行動から確認された。

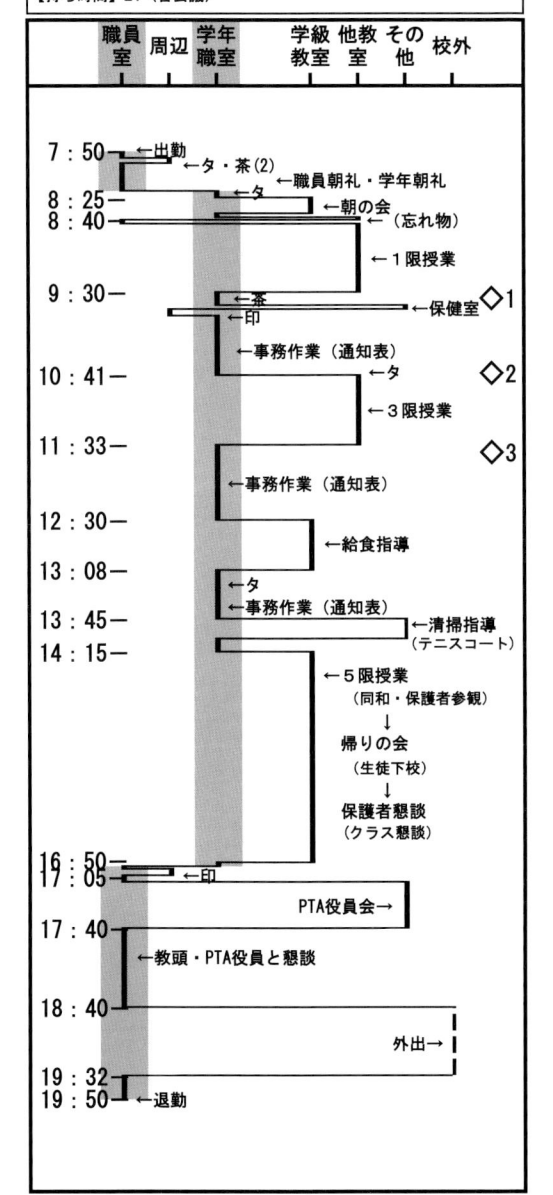

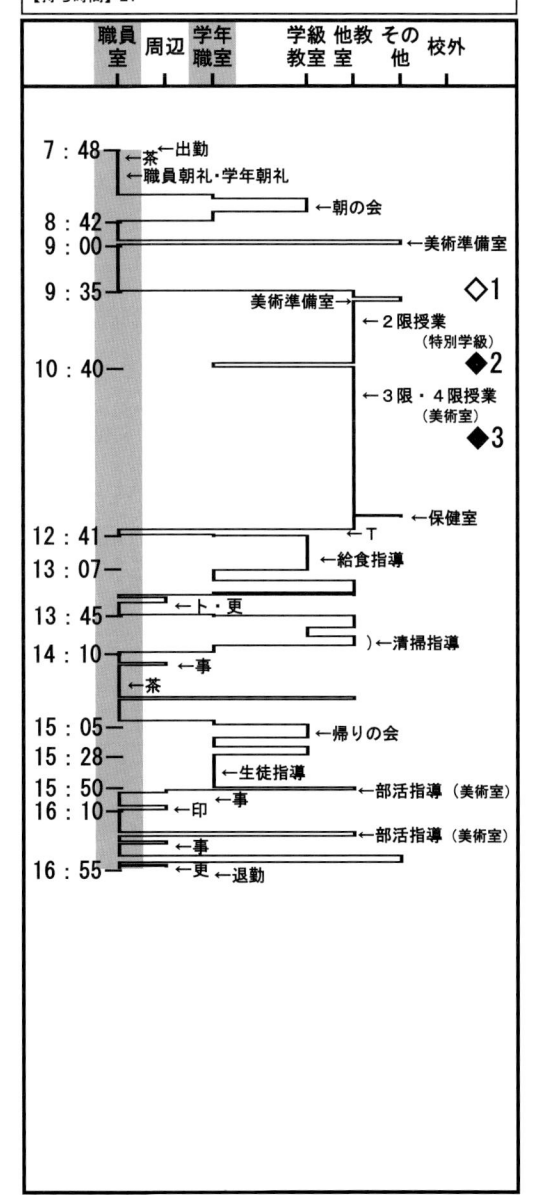

第4章　教員の行動特性からみた中学校職員室　　137

図4-17　教員の一日行動記録　K中学校　①教員，②教員

⑬ 教員の行動記録 M中 1年担任 女（32歳）英語

01/10/19（金） 授業（4） 空き時間（2）

＜校務分掌＞視聴覚メディア（主任），総合的な学習
＜学年分掌＞道徳
＜生徒会＞総務委員会
＜部活動＞陸上部
【持ち時間】21

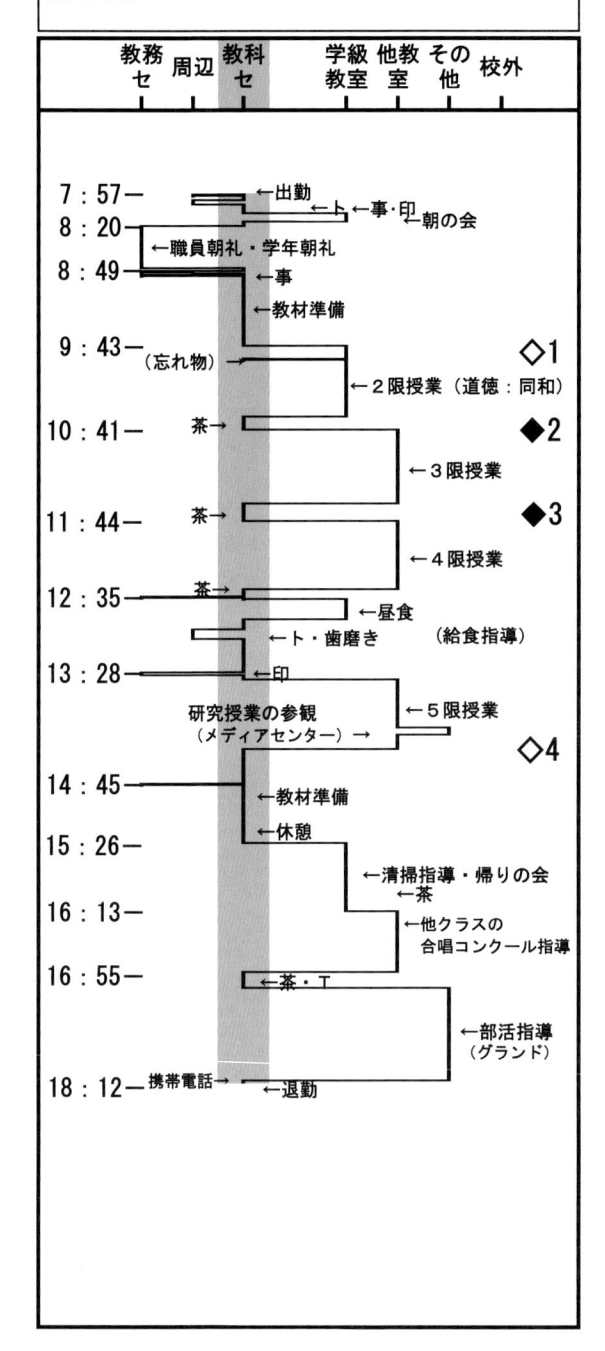

時刻	行動
7:57	←出勤　←ト　←事・印　←朝の会
8:20	←職員朝礼・学年朝礼
8:49	←事　←教材準備
9:43	（忘れ物）　←2限授業（道徳：同和）　◇1
10:41	茶→　←3限授業　◆2
11:44	茶→　←4限授業　◆3
12:35	茶→　←昼食　←ト・歯磨き　（給食指導）
13:28	←印　←5限授業　研究授業の参観（メディアセンター）→　◇4
14:45	←教材準備　←休憩
15:26	←清掃指導・帰りの会　←茶
16:13	←他クラスの合唱コンクール指導
16:55	←茶・T　←部活指導（グランド）
18:12	携帯電話→　←退勤

放課後のグラウンドで部活の指導をする⑬教員
注）筆者撮影（平成13年）

凡例　教務セ：教務センター
　　　教科セ：教科研究センター
　　　周辺：事務室，印刷室，更衣室，トイレ
　　　更：更衣室
　　　保：保健室
　　　印：印刷（印刷室）・コピー（事務室）
　　　タ：喫煙
　　　茶：喫茶
　　　T：電話
　　　ト：トイレ
　　　◆：授業が連続する合間の10分休み時間
　　　◇：授業と空き時間，空き時間と空き時間の間の10分休み時間

注）◆，◇の後の1,2…の数字は教員の調査日における1,2…回目の10分休み時間を示す。なお，短学活と1限，5限もしくは6限と短学活間の休み時間，さらに4限と昼食（給食）間の休み時間は時間や指導内容等に学校間の差があると考えられるため，集計から除外した。

図4-18　教員の一日行動記録　M中学校　⑬教員

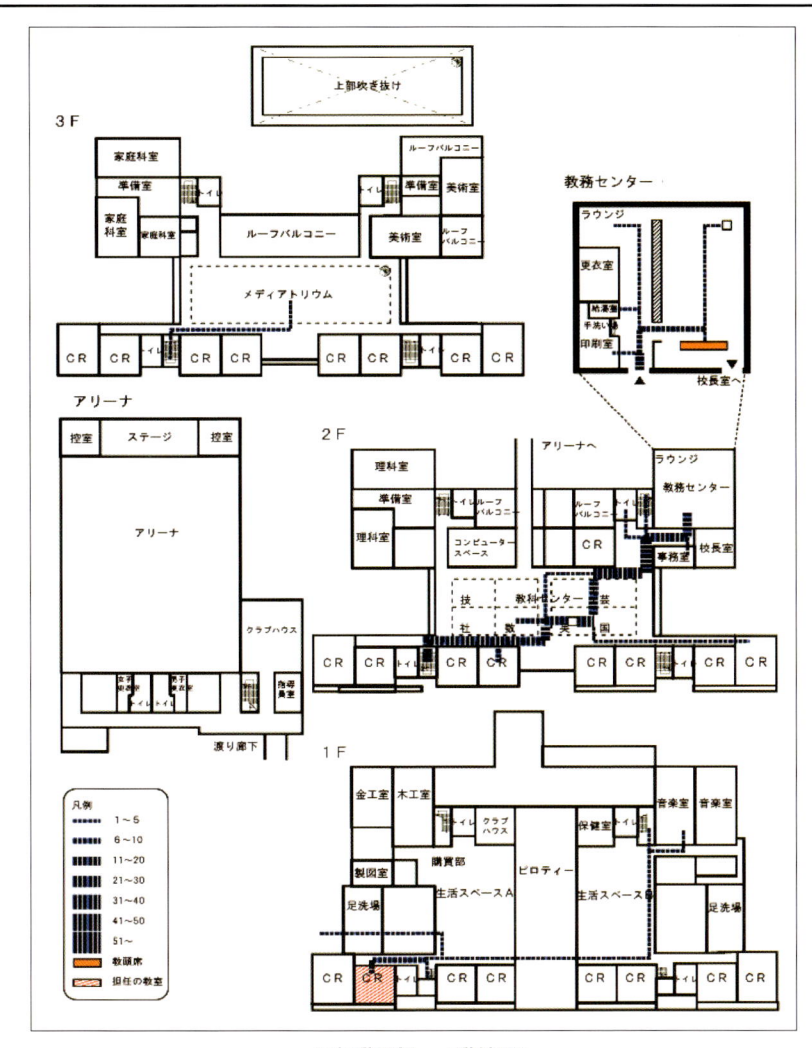

第 4 章　教員の行動特性からみた中学校職員室

一日行動記録　＜動線図＞

執務中の⑬教員の机の周囲に集まった生徒たち。
教科研究センターには生徒が自由に出入りする。
注）筆者撮影（平成 13 年）

⑭ 教員の行動記録　M中　2年担任　男(41歳)　数学
01/10/31(水)　授業(3)　学活(2)　空き時間(1)　不登校生指導
<校務分掌>交通指導（主任）
<学年分掌>生徒指導
<生徒会>生活委員会
<部活動>サッカー部
【持ち時間】21

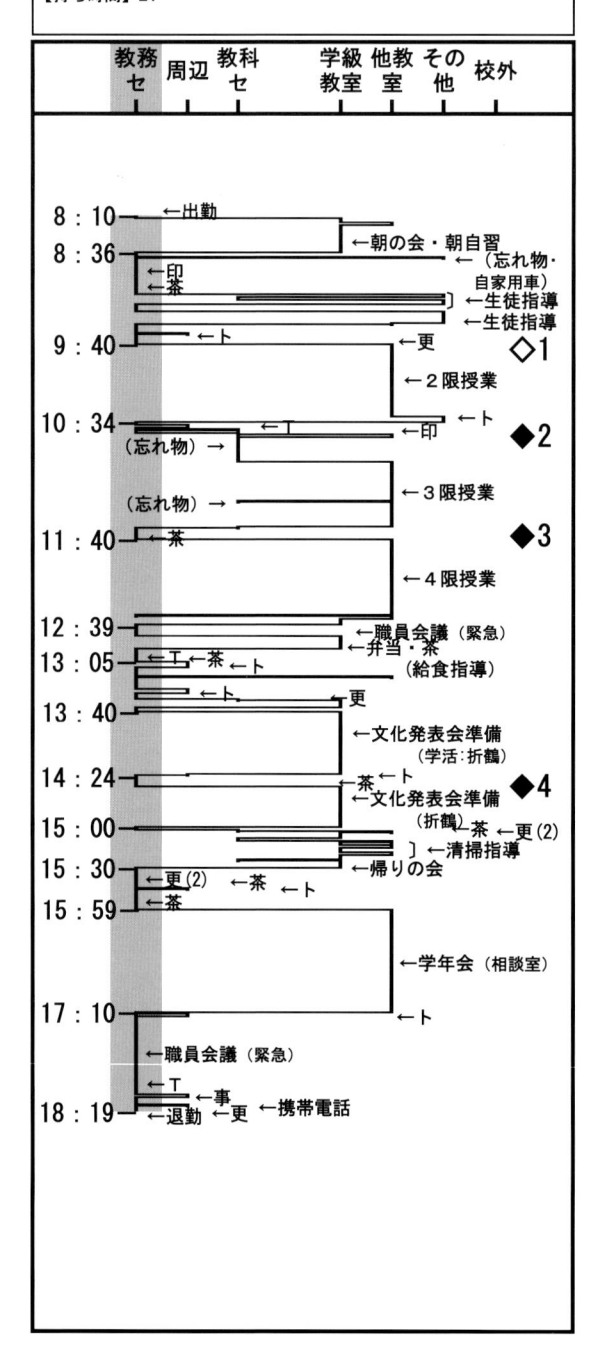

教務センターのテーブル（自席）で，生徒の指導をする⑭教員

注）筆者撮影（平成13年）

凡例　教務セ：教務センター，
　　　教科セ：教科研究センター，
　　　周辺：事務室，印刷室，更衣室，トイレ，
　　　更：更衣室，
　　　保：保健室，
　　　印：印刷（印刷室）・コピー（事務室），
　　　タ：喫煙，
　　　茶：喫茶，
　　　T：電話，
　　　ト：トイレ
　　　◆：授業が連続する合間の10分休み時間
　　　◇：授業と空き時間，空き時間と空き時間の
　　　　 間の10分休み時間
注）◆，◇の後の1,2…の数字は教員の調査日に
　　おける1,2…回目の10分休み時間を示す。な
　　お，短学活と1限，5限もしくは6限と短学活
　　間の休み時間，さらに4限と昼食（給食）間の
　　休み時間は時間や指導内容等に学校間の差が
　　あると考えられるため，集計から除外した。

図4-19　教員の一日行動記録　M中学校　⑭教員

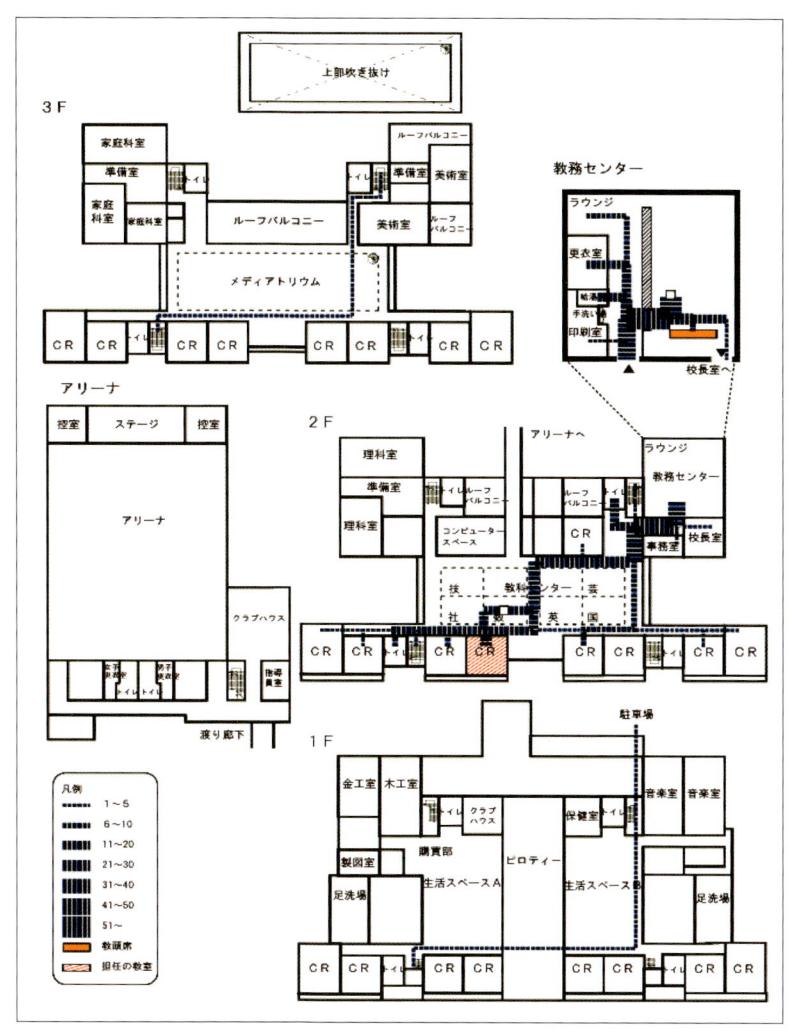

第4章 教員の行動特性からみた中学校職員室

一日行動記録 ＜動線図＞

教務センターのテーブル（自席）で執務する⑭教員
注）筆者撮影（平成13年）

⑮ **教員の行動記録　M中　3年担任　男(40歳)　国語**
01/10/11(木)　授業(5)-自習監督(1)　空き時間(1)-生徒指導

＜校務分掌＞国語科主任，芸術鑑賞
＜学年分掌＞生徒指導
＜生徒会＞生活委員会
＜部活動＞女子バスケット部
【持ち時間】20

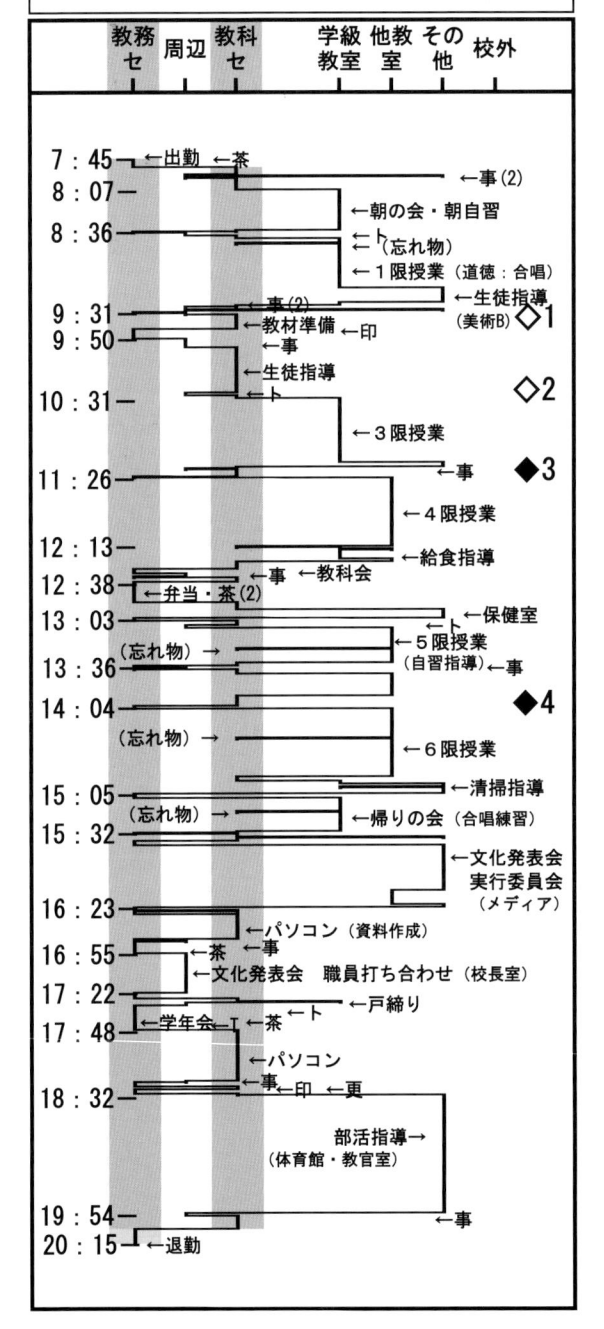

時刻	場所・行動
7:45	←出勤　←茶　←事(2)
8:07	←朝の会・朝自習
8:36	←(忘れ物)　←1限授業(道徳：合唱)
9:31	事(2)　←生徒指導(美術B)　◇1
9:50	←教材準備　←印　←事
10:31	←生徒指導　ト　◇2
	←3限授業
11:26	←事　◆3
	←4限授業
12:13	←給食指導
12:38	←事　←教科会
	←弁当・茶(2)
13:03	←ト　←保健室
	←5限授業
13:36	(忘れ物)→　(自習指導)←事
14:04	◆4
	(忘れ物)→　←6限授業
15:05	←清掃指導
	(忘れ物)→　←帰りの会(合唱練習)
15:32	←文化発表会実行委員会(メディア)
16:23	←パソコン(資料作成)
16:55	←茶　←事
	←文化発表会　職員打ち合わせ(校長室)
17:22	←戸締り
17:48	←学年会　T　←茶　ト
	←パソコン
18:32	←事　←印　←更
	部活指導→(体育館・教官室)
19:54	←事
20:15	←退勤

列: 教務セ | 周辺 | 教科セ | 学級教室 | 他教室 | その他 | 校外

生徒が入室している教科研究センターで執務する⑮教員
注）筆者撮影(平成13年)

凡例　教務セ：教務センター
　　　教科セ：教科研究センター
　　　周辺：事務室，印刷室，更衣室，トイレ
　　　更：更衣室
　　　保：保健室
　　　印：印刷(印刷室)・コピー(事務室)
　　　タ：喫煙
　　　茶：喫茶
　　　T：電話
　　　ト：トイレ
　　　◆：授業が連続する合間の10分休み時間
　　　◇：授業と空き時間，空き時間と空き時間の間の10分休み時間
注）◆，◇の後の1,2…の数字は教員の調査日における1,2…回目の10分休み時間を示す。なお，短学活と1限，5限もしくは6限と短学活間の休み時間，さらに4限と昼食(給食)間の休み時間は時間や指導内容等に学校間の差があると考えられるため，集計から除外した。

図4-20　教員の一日行動記録　M中学校　⑮教員

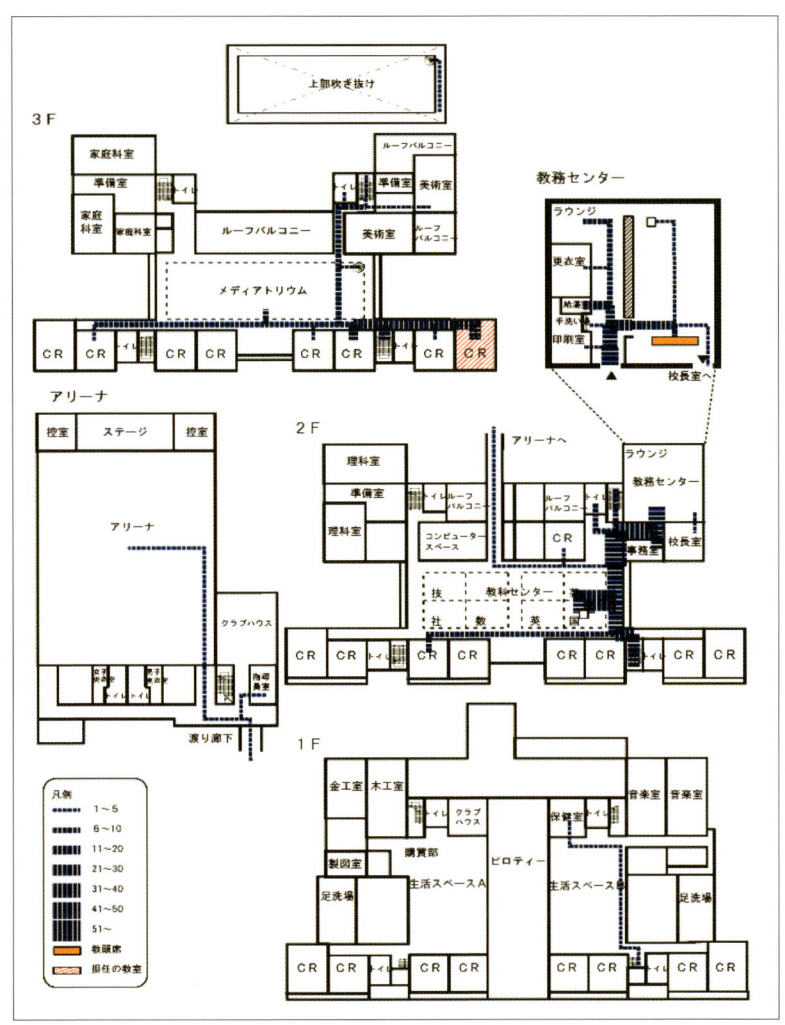

第 4 章　教員の行動特性からみた中学校職員室　　143

一日行動記録　＜動線図＞

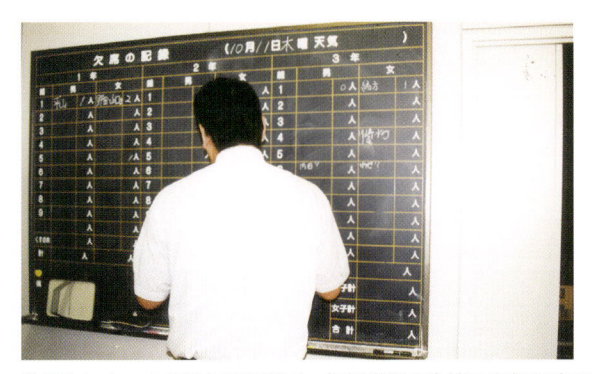

教務センター内の出欠黒板前で，担任学級の生徒の出欠の確認をする⑮教員
注）筆者撮影（平成 13 年）

まず，⑬教員は教務センターには35分間滞在し，一方，教科研究センターには194分間滞在して，計画通りに教科研究センターを執務の場としているが，飲食行為も教科研究センターで行っている。その結果，移動距離は相対的に小さくなっている(図4-18)。次に，⑭教員は教務センターに194分間滞在し，会議用テーブルを個人的に専有して執務をしていた(図4-19)。一方，教科研究センターは教材置場として利用し，滞在時間は11分間であった。調査日は突発的な生徒指導問題が生じたため，生徒の捜索，教頭や他教員への状況報告，学年教員への連絡と学年会開催のための連絡や移動，さらに，教材準備のための教科研究センターへの往復があり大きな移動距離を示している。一方，⑮教員は教科研究センターに173分間滞在する一方，教務センターにも80分間滞在し，計画の意図通りに2つのスペースを使い分けていた。そのため，10分休み時間を含めて一日の両スペース間の移動が多く，具体的には飲食のための湯沸し室やラウンジへの移動，印刷室や事務室への移動，生徒の出欠状況の確認のための教務センターへの移動(図4-20)[23]など，極めて大きな移動距離を示している。次に，K中学校の②教員は2つの職員室を使い分けており，突発的な生徒問題も生じたため，K中学校の教員の中では移動距離が最も大きい(図4-3)。一方，L中学校の⑨教員は，生徒指導問題を生じたにも関わらず，L中学校の他の教員と比較して，移動距離はそれほど大きな値を示していない(図4-3)。

　以上により，分離型職員室に関しては，次の3つのことが明らかになった。

1）教員の主たる執務空間と会議・印刷などの執務空間，喫茶・更衣などの生活空間が分離して設置されると，スペース間の移動が必要になり，10分休み時間の執務行為や生活行為が困難になるとともに教員の移動距離が大きくなる。

2）学級教室に近接する学年職員室は，10分休み時間中の教員の移動距離・移動時間の短縮や生徒指導上の利点はあるが，教員同士の連絡や連携には問題があり，さらに，学年の教員が2ヵ所に分散して執務した場合は学年経営上の問題も生じる。

3）教科教員集団ごとの教科研究センターは，学年の教員が分散して執務するため学年教員間のコミュニケーションが極端に不足し，学年経営の場の欠如をもたらす。さらに，生徒指導問題が生じた際には，学年教員への連絡や学年会開催のために移動が必要になり，教員の移動距離が大きくなる。

4.7 教員休憩室

　最後に教員の休息について考察する。表4-8に示した，K中学校インタビュー調査の女性教員は，休職3ヵ月の診断を受けたが，代理教員が確保できずに1ヵ月で出勤した。

　まず，学校にいるときはすべて仕事である(表4-8(k)：以下は表4-8を省略。) 常に何かやっている(d)，ほっとする場はない(e)，帰りの車の中でやっとほっとする(l)と，執務が錯綜している教員の行動実態が示され，休職期間の短縮は他の教員に代理授業などで負担をかける(b)ことを考慮しての判断であり，中学校教員の過重負担と多忙な生活実態が確認される。次に，学校の中では，生徒に辛そうな顔を見せたくない(g)，みんなの前では伏せられない(i)，職員の中にも見せちゃいけない(j)，というコメントは，経験の長い教員にとっては生徒に対してばかりではなく，若年教員の模範になる必要もあることから[24]，職員室では休息ができないことを示している。そのため，休息や休憩の場の必要性(a)，(c)，(f)，(h)は強いが，K中学校には休憩室がないため，体調が不充分であったこの教員は，更衣室で僅かな休息をとっていた。しかしながら，更衣室は一室で，ロッカーで男女区分がなされてはいるが上部は繋がっていることから，充分な休息が得られなかったと考えられる。

表4-8 インタビュー調査結果　女性教員・42歳・家庭科・2年副任・勤務年数20年・K中7年

（ⅰ）職員室に関して
［先生にとって，あの，職員室に一番要望することは，こうあって欲しいっていうことはなんですか？］
えっと，学校の？
［職員室］
職員室にですか？やはり，やっぱり**休憩する場が欲しいな**(a)。
［休憩する場が欲しい？］
はい，ちょっと具合が悪いときとか，人のいないところでじっとしたいっていう気がして。
［人がいないところですね］
人がいると，やっぱり，具合が悪くても，普通，平然としとかないといけないというのが自分の中にあるからですね。無理をしようとしているんですね。それで，**休んじゃみんなに迷惑かける**(b)っていう気持があるから，休まないようにして。結局，その，今の自分の健康状態が悪い状態だから，だから，やっぱり休む，ちょっと10分でも，20分でも，こう，**人のいないところで，ゆっくりできるスペースみたいなのがあれば**(c)。いま，ちょっと，ロッカー室がありますが，ロッカーだと人が着替えたりとかしますよね。それとまた別なところでの，別の空間があればいいなっていうのはあります。
（中略）
（ⅴ）学校内で一番落ち着く場について
［先生にとって，あの，この学校で一番落ち着く場はどこですか？］
落ち着く場ですか？
［ほっとする場とか落ち着く場］
ほっとする場はないですね。**常に何かやってるから**(d)，**ほっとする場はないです**(e)。
［じゃあ，一番，いて気持がいい所はどこですか？］
は，ないです。

［ない？じゃあどういう所があったら，そのほっとする場になれるんですかね？］
あの，先ほど言ったように，ま，**具合が悪い時に，こう，おれる場所が一つあれば**（f）。
［休養の場があればということですね］
はい。
［さっき，人目につかないっていうところでしたよね］
そうですね。
［はい，わかりました］
ま，でも，人目につかなくて，連絡が取れなかったら困るから，インターフォンかなにか，こう，あれば。何かあったときにぱっと連絡が取れればいいかな。
［連絡は必要？］
必要。難しいですね。そこのところが。
［そうですね。］
やっぱり，**子ども相手だからですね。でも，具合が悪いときに，こう，来たら嫌な顔できないから**（g），こう，普通にしとかないといけないから，そこで，自分が無理してるとわかるんですね。
［はい，はい，はい］
だから引っ込んで，じーっと座って，じーっと，こう目をつぶってる時間があると，掃除も忘れて，そのままじっとしてる状態です。**なにか，少しほっとできるところがあればいいな**（h）というのは，常々思ってたことですね。
［じゃあ，先生はどうしても具合が悪いときはどんなされてますか？］
そこ，ロッカー室でじっとしています。
［じっとしてる？横になってらっしゃいます？］
横になってるときもあるし，ソファがあるんですね。横になってる時もあるし，あの，じーっと目をつぶって，じーっと座ってるときもある。どっちかですね。やっぱり，こう，**みんなが見てる場で伏せられない**（i），という意識があるからですね。
［伏せられないですね。これは生徒だけじゃなくて？］
職員間の中ででもあんまり見せちゃいけないあれかなと，自分で我慢します（j）。
［はい，わかりました。じゃあ，一応，私がお聞きしたいところはこんなところなんですが，いまこうちょっとお話を伺った中で，あのこういう，そういうところで何か言い落としたことがあるとか，何かこれだけは言っておきたいってことありますか？］
あまり，ないです。私，うん，もう，だから仕事が，**もう仕事に学校に来たら，ずっともう休憩なしで仕事と**（k），自分で思ってるから。
［はい，はい］
食事してもすぐ動かないといけないし，休憩ないですよね，結局。だから，帰るまで我慢して**車の中に入ったら，もしかしてほっとしてるのかもしれない**（l）。もしかして。
［ああ，帰りの車の中ですね］
もしかして，そうなってるかもしれない。
（後略）

注）［　］内は筆者

　また，K中学校のインタビュー調査における休憩・休息についての要望には，教員同士の談話や接客などの機能も兼ねた設備として，職員室にソファなどの設置を要望する意見（11名/20名）と，専用の休憩室の設置の要望があり（12名/20名），さらに，その両方の設置を要望する（8名/20名）意見もみられた。またさらに，女性教員の半数は休憩室の男女区分を希望している。なお，（v）＜学校内で一番の落ち着く場＞として職員室をあげた10名の教員の中には，他にはないからという消極的意見も含まれている。

写真 4-8　職員室の出入り口で生徒指導をする
　　　　K中学校⑤教員
注）筆者撮影（平成12年）

写真 4-9　職員室前廊下で生徒指導をする
　　　　K中学校⑥教員
注）筆者撮影（平成13年）

　さらに，休憩室設置の要望は先述のアンケート調査にも表れており（図4-13，図4-14，図4-15），休憩室が設置されていないK中学校，L中学校に加えて，M中学校にもみられた。M中学校のラウンジは男女共用で，喫煙も行われていた。そのため，おもに男性教員が談話や喫茶・飲食に使用しており，女性教員の使用は極めて少なかった。同様に，喫煙室を兼ねていたL中学校の男子更衣室は休憩や会話のために頻繁に使用されていたが，空間が連続していて遮音や分煙がなされていない女子更衣室は休息には使用されていなかった。

　さらに，観察によるとK中学校，L中学校の職員室周辺の生徒の応対は出入り口付近で実施されることが多く（写真4-8），加えて，表4-7の事例2のL中学校の教員と生徒の話し合いは職員室前の廊下で実施されたように，K中学校，L中学校では短時間の生徒指導は教室前や職員室前の廊下で実施されており（写真4-9），結果として生徒の入室は制限されていた。L中学校⑧教員からは，実質的には1分位しかなくても10分休み時間には職員室に戻りたいとのコメントが得られたが，生徒の視線がない職員室は教員にとっては心の安定が得られる空間であることを示唆している。一方，M中学校のアンケート調査では，オープンな教科研究センターに対しては落ち着かないという回答があった（図4-14）。

　以上のとおり，K中学校，L中学校の統合型職員室は教員の精神的な安定が得られる空間であると考えられるが，さらに，別途，休憩室の設置の要望があった。

4.8　小　　結

　本章では，「統合型職員室」が設置された中学校と「分離型職員室」が設置された中学校における教員の行動記録調査，アンケート調査，インタビュー調査，および，教員空間の使われ方調査から教員の行動特性を把握・分析し，中学校職員室の建築計画に関する次の4つの知見を得た。
1）わが国の中学校では教科担任制と学級担任制を併用しているため，中学校の教員は時間の制約が極めて大きく，放課後に加えて，休み時間も執務時間になっている。なかでも，昼休み時

間と放課後は生徒や他教員，保護者との執務が優先されるため，教員にとっては，10分休み時間が執務遂行のための極めて過密な時間になっている。

そのため，中学校では，教員が10分休み時間中に，移動に加えて飲食・喫茶，更衣，トイレなどの生活行為，さらに，印刷，事務作業などの執務行為を円滑に実施できることが必要となる。なかでも，個人的な生徒指導や学年教員同士の情報交換や打ち合わせ，さらには，突発的な生徒指導問題の迅速な対処が実施できることが不可欠となる。

2）統合型職員室では喫茶・飲食や会話によって教員間のコミュニケーションが図られ，事務作業などの個人の執務が実施され，さらに，学年朝礼や学年教員同士の情報交換による学年経営が実施され，加えて，校務分掌上の資料が収納されており，研修会や職員会議などが実施されていて学校経営の場となっている。また，10分休み時間には，それらの生活行為や執務行為が断続的に継続して同時進行的に実施されている状況が観察された。

3）教員空間が分散して配置されると，執務行為や生活行為のためのスペース間の移動が必要になるため教員の移動距離が大きくなるとともに，10分休み時間中の生活行為や執務行為の実施が困難になる。また，学年ごとの分離型職員室である学年職員室は教員の移動距離・移動時間の短縮につながり，さらに，生徒指導上の利点があるが，教員同士の連絡や連携には問題があり，さらに，学年の教員が2ヵ所に分散して執務した場合は学年経営上の問題も生じる。

一方，教科ごとの分離型職員室は，学年教員が終日分散して執務するため，学年教員間の情報交換やコミュニケーションが極端に不足し，学年経営の場の欠如をもたらす。さらに，生徒指導問題が生じた際には，学年教員への連絡や学年会開催のために移動が必要になり，移動距離が極めて大きくなる。すなわち，中学校で最重要視されている学年教員による生徒指導体制の確立に大きな支障があるといえる[25]。

4）生徒の視線を制限できない執務空間は，教員の心理的な安定感が得られないことに加えて，教科や成績に関する事務作業や生徒指導は極めて困難になる。一方，生徒の入室が制限されている職員室は，教員の安らぎの場になってはいるが，さらに，職員室の近傍に男女区分と分煙[26]がなされた休憩室を設置する必要がある。

注
1）校長は通常，授業は担当しない。また，教頭の授業担当は学校によって異なっており，僅かな時間数の授業を担当するケースもあるが，通常，授業は担当せず，学年にも所属しない。教務主任は，通常は授業を担当するが，一般教員より少ないケースが多く，学年所属については学校によって異なる。
2）参考文献［1］p.22によると，全国の小学校40校，中学校38校の教員2,053名の調査による平均では2.71種類で，95％以上の教師が5種類以内であるとしている。
3）始業・終業時間，授業や学活の開始や終了の時間などを示した一日のスケジュールで，清掃の実施時間などは学校によって異なる。
4）教室配置図による平面上の移動距離を示す。
5）図4-7にみられるように，平成12年度のK中学校の教員の持ち時間の一週間の平均は21.1時間で，空き時間は一日平均1.5時間となる。なお，持ち時間，空き時間などの表現にみられるように，1コマ

50分の授業は，一般的に1時間，2時間，……，とカウントされる。
6）本研究では，生徒会の生徒の指導をする，学年会に出席する，トイレに行く，手を洗うなどの一連の行為を行為数1(回)とカウントした。
7）中学校教員に比較して小学校教員は執務B，執務Cの時間が短く，調査した3名の小学校教員のうち，⑱教員は修学旅行直前の打ち合わせのための学年会（執務C）が78分あったが，執務Bはなく，⑰教員は執務Bが5分，執務Cは3分，⑯教員は調査日には執務Bも執務Cも実施されなかった。また，学年会に関しては，K中学校の平成12年度の年間行事予定表によると，年度当初から予定されている定例の学年会は1ヵ月に1ないし2回，教科会は年間に2回である。
8）それぞれの10分休み時間を1コマとカウントした。
9）参考文献［1］p.44，18行を引用。
10）本研究では，それぞれの授業の呼称として，1限，2限，……，を使用した。
11）一週間の授業時間数（単位数）は教科，学年，学期によって1〜5時間と異なるため，学級担任教員の専門教科によって担任学級の授業数は異なる。なお，一週当たり各1時間の学級活動（長学活）と道徳の授業は，通常，学級担任教員が担当し，持ち時間にカウントされる。加えて，学級担任教員は朝と帰りに毎日実施される学活(短学活)を担当する。
12）一日の延べ使用人数を入室した時刻と人数で記録した。
13）一日の総使用人数から，10分間における一日平均使用人数(A)を算出し，別に10分休み時間の総使用人数から算出した10分休み時間の平均の使用人数(B)を算出し，(B)/(A)によって比較した。
14）一般的には，月間の行事予定，本日の時制，行事予定および特記事項・伝達事項，出張・欠勤・早退教員の氏名などが記載されている。
15）参考文献［2］pp.92-93を参照。通常，教頭は校外での会議などが多い校長に代わって，さまざまな決定を下すことが多く，実務上の責任者といえる。特に，生徒指導上の問題は迅速な対処が要求されることが多いため，まず教頭に報告がなされ，内容や緊急度，深刻度によって対応は異なるが，通常，学年主任，生徒指導主任などによって相談・協議・判断・決定がなされ，状況によっては，臨時の学年会や職員会議の開催が要請される。一方，教頭と校長との連絡・協議はさまざまな形でなされるが，K中学校では，平成12年は校長室で検食(給食)を兼ねて2名で毎日実施されており，平成13年は異動によって教頭が交代したため，校内の事情に詳しい教務主任を加えて3名で行われていた。
16）一般的に，中学校では10分程度の職員朝礼が週1〜2回実施され，終了後，引き続いて5分程度の学年朝礼が実施される。なお，通常，学年朝礼は毎日実施される。
17）小・中学校では，通常，印刷機は印刷室にあるが，コピー機は枚数の制限などの管理上の問題があるため，学校によって設置場所が異なる。K中学校は印刷室に設置されていたが，カードは教頭席前の引き出しにあり，M中学校，N小学校では事務室に設置されていた。
18）参考文献［3］pp.16-17には首都圏にあるF市(1991年：1,337名)と郊外のA市(1986年：525名)における公立小・中学校教員対象のアンケート＜職場でのインフォーマルな会話の内容＞に関する2つのデータがある。その中で，1位は小，中学校いずれも問題のある児童・生徒の話でF市（小72.4%，中69.2%），A市（小65.4%，中71.6%），学級経営に関しては，F市(小20.4%，中26.5%)，A市(小26.5%，中27.4%)と，ともに中学校教員の方が多く，教科の内容や指導法に関しては，F市（小34.8%，中27.7%），A市(小35.3%，中34.8%)と，ともに小学校教員の方が多い。
19）図4-13のK中学校の回答の中にある教科別教官室がほしいという要望は，インタビュー調査などの結果から，主に教材の収納場所を希望する意見であると推察される。
20）4事例のうち，生徒指導上の観点から3つの学年職員室を設置していた事例が1校で，他の3校は生徒増による教員増で，従来の職員室に全教員の収容が不可能になったため，隣接するスペースなどに第

2職員室を設置し，1つの学年の教員を収容して学校運営を実施した事例である．
21) K中学校の⑤教員は，長時間(170分)の保護者懇談会を実施し，放課後には職員室の自分の机で長時間にわたって執務したため，移動距離は1,241 mと小さい．
22) L中学校の⑦教員は，調査日には，2コマの10分休み時間は教室近くの廊下で時間調整を行い，職員室に戻らなかったため，移動距離は1,829 mと小さい．
23) M中学校では，教頭や教務主任が受けた生徒の欠席・遅刻などの連絡メモを貼付する学級連絡用ボードや教科担任が授業中に把握した遅刻生徒などを記載する生徒出欠黒板は教務センター内にある．
24) 参考文献［4］p.52を参照．職場集団としての教師集団がもつ機能については，①仲間意識の高揚による職場生活の円滑化，②職場生活の不満の吸収機能，③若い教師の成長を促す機能，④教師個々の自己啓発および教育実践水準の決定，⑤専門職的自律性の確保と官僚制の浸透の阻止機能，以上5点が指摘されている．上述の③の機能による．

　なお，教員歴20年のこの女性教員は，インタビューでお話を伺うまで，大病の後とはみえないほど，いつも笑顔を絶やさず，熱心に丁寧に生徒を指導し，他の教員と充分にコミュニケーションをとりながら，きびきびとした態度で働かれていた．そのため調査中，筆者は，この教員が生徒からも同僚教員からも信頼されていることを感じていた．

25) M中学校は平成19年の途中で特別教室型運営に移行している．同年4月に赴任した校長は英語科の教員で，アメリカで多数の中学校の訪問経験があり，日米の教育の違いからわが国の中学校では教科教室型運営は困難であると判断されたため，行政側にその説明と説得を実施し，同年の2学期(9月)から運営方式の変更が実施された．その後，同年12月には生徒，教職員，保護者にアンケートを実施し，三者ともに特別教室型運営の支持が高いことを確認している．筆者が学校訪問をした平成20年2月には，平成13年の調査時に比べて教室に学級用の掲示物が増加し，廊下には学年目標が掲示され，学級経営，学年経営が重視されていることが確認できた．校長，教員からは遅刻者が減った，不登校生が減った，生徒が落ち着いたという意見が聞かれた．また，教科研究センターは3/5程度に縮小され，通路側のパーテーションのみを残し，従前の執務机が教科ごとにまとまって配置されており，数名の教員が執務をしていた．一方，教務センターには3つの学年黒板が設置されて大半の教員が常駐し，テーブルが設置された狭い会議スペースを統合型職員室として使用していた．
26) 喫煙に関しては，近年，校内もしくは構内禁煙としている学校が大半を占める．そのため，自家用車の中や校門外での喫煙がみられており，早急な対策が望まれる．

参考文献
［1］　藤田英典(代表)：教職の専門性と教師文化に関する研究，平成6～7年度文部省科学研究費総合研究(A)「教職の専門性と教師文化に関する国際比較共同研究」研究成果報告書，1997.3
［2］　藤原直子：教員の一日行動からみる中学校職員室に関する建築計画的考察，九州大学修士論文，2003
［3］　稲垣忠彦，久冨善之編：日本の教師文化，東京大学出版会，1994.1
［4］　油布佐和子編：シリーズ　子どもと教育の社会学5　教師の現在・教職の未来　あすの教師像を模索する，教育出版，1999.8

第 5 章

教科教室型運営における
　統合型職員室のケーススタディ

5.1 はじめに

教科教室型運営の中学校では教科指導・教科経営に力点が置かれるため，従来，教員空間としては教科職員室，もしくは，小規模校などにみられる系列教科職員室など，教科ごとの分離型職員室の設置が一般的であった。しかしながら，中学校の校舎の建設に際し，計画や設計の段階に教員が参画してその意見がとり上げられた結果，統合型職員室が設置されて教科教室型の運営が開始された事例がある。本章では，それらの中学校における観察記述調査や教員に対するヒアリング調査から中学校職員室についての考察を行う。

5.2 調査対象と調査概要

調査対象校は，統合型職員室を設置して教科教室型運営を開始したO，P中学校の2校を選定し，観察記述調査および教員のヒアリング調査を実施した。なお，O中学校は地方都市にある標準規模校であり，P中学校は地方の山間部にある小規模校で教科ごとの分離型職員室である教科研修センターが併設されている。

学校概要と調査内容を表5-1に示す。ヒアリング調査はO中学校の校長，教頭を含む教員18名，および，P中学校の校長，教頭を含む教員9名を対象に実施した。さらに，O中学校においては建

表5-1 調査対象校と調査内容

	O中学校	P中学校
学校概要	3棟連結・ホール型（3階建，一部4階建） 平成8年新校舎完成，教科教室型運営開始 統合型職員室（1F） 15学級＋特別学級2 教員数 33（男14 女19） ※校長・教頭・養護を含む	ホール型（2階建） 平成11年新校舎完成，教科教室型運営開始 統合型職員室（2F），教科研修センター（2F） 6学級＋特別学級1 教員数 13（男7 女6） ※校長・教頭・養護を含む
調査内容	【1】観察記述調査 【2】ヒアリング調査 　　（調査数18 ［男11 女7]） 　　（調査日　2002/02/12）	【1】観察記述調査 【2】ヒアリング調査 　　（調査数9 ［男6 女3]） 　　（調査日　2002/02/27）
	【2】ヒアリング調査内容 　下記の質問項目を示しながら，聞き取り調査を実施し，メモで記録した。 　(1) 職員室（P中：教科研修センター）のよい点 　(2) 職員室（P中：教科研修センター）の問題点 　(3) 校長室・事務室・印刷室・更衣室・職員トイレに関する意見 　(4) 職員室以外の施設のよい点 　(5) 職員室以外の施設の問題点 　(6) 学校内で一番落ち着く場 　(7) 学校を生活する場と考えた場合の一番強い希望（P中のみ実施） 　(8) その他	

設計画に関与した元校長と元教員についての電話取材を実施し，平成20年1月には，観察記述調査を追加実施した。

5.2.1 O中学校

O中学校は計画段階から設計者や教育委員会，教員代表による校外での協議に加えて，校内の職員研修会における協議が重ねられ[1]，さらに，市のモデル校として校長会においても協議がなされており[2]，教員の意見や要望が反映された新校舎が平成8年に完成した（図5-1）。西棟の2階，3階，および中央棟の3階に，それぞれ3つの学年の学級教室がオープンスペースに隣接してまとめられており，各学級教室は各学年の国語，社会，数学，英語の教科教室を兼ねた学年教科教室型運営が採用された[3]。また，各学級教室に隣接して教室の1/2程度の広さのホームベイ（写真5-1）には生徒の個人用ロッカーが設置され，学級用の掲示もなされており，さらに，各学年のオープンスペースにはテーブルやイスを設置した国語，社会，数学，英語の教科学習コーナー（写真5-2）や教師コーナーが設置されていて，学年フロア[4]を形成している。なお，学級教室兼教科教室は，当初，オープンな教室が提案されたが，教員の要望によって変更され，木製のガラス戸が設置された閉じた教室になっている[5]。また，ホームベイと学級教室の間にはドアが設置されているが，ホームベイとオープンスペースとの間にはドアが設置されていない。

O中学校の中央棟の1階には計画当初，会議スペースと職員ラウンジの設置が予定されていた[6]。しかしながら，従来型の職員室の設置を希望する教員の意見が採用されて，そのスペースに統合型職員室が設置された[7]（図5-2）。

職員室内は大きな柱が並ぶラインで二分され，東側は校長・教頭・教務主任，および養護や図書などの学年に所属しない教員の執務机が配置され，西側には低いパーテーションと収納家具で仕切られた3つの学年の「島」が連続しており，島の西側と北側は通路になっている。各学年の島は学年主任および学級担任教員の机が中央に集合して配置され，副担任教員の机は中央に背を向けて

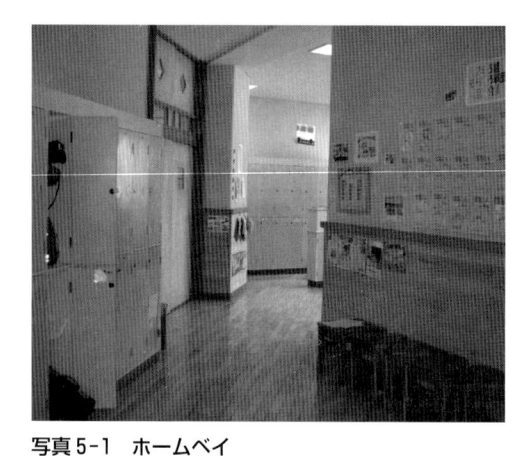

写真5-1 ホームベイ
注）筆者撮影（平成20年）

写真5-2 教科学習コーナー
注）筆者撮影（平成14年）

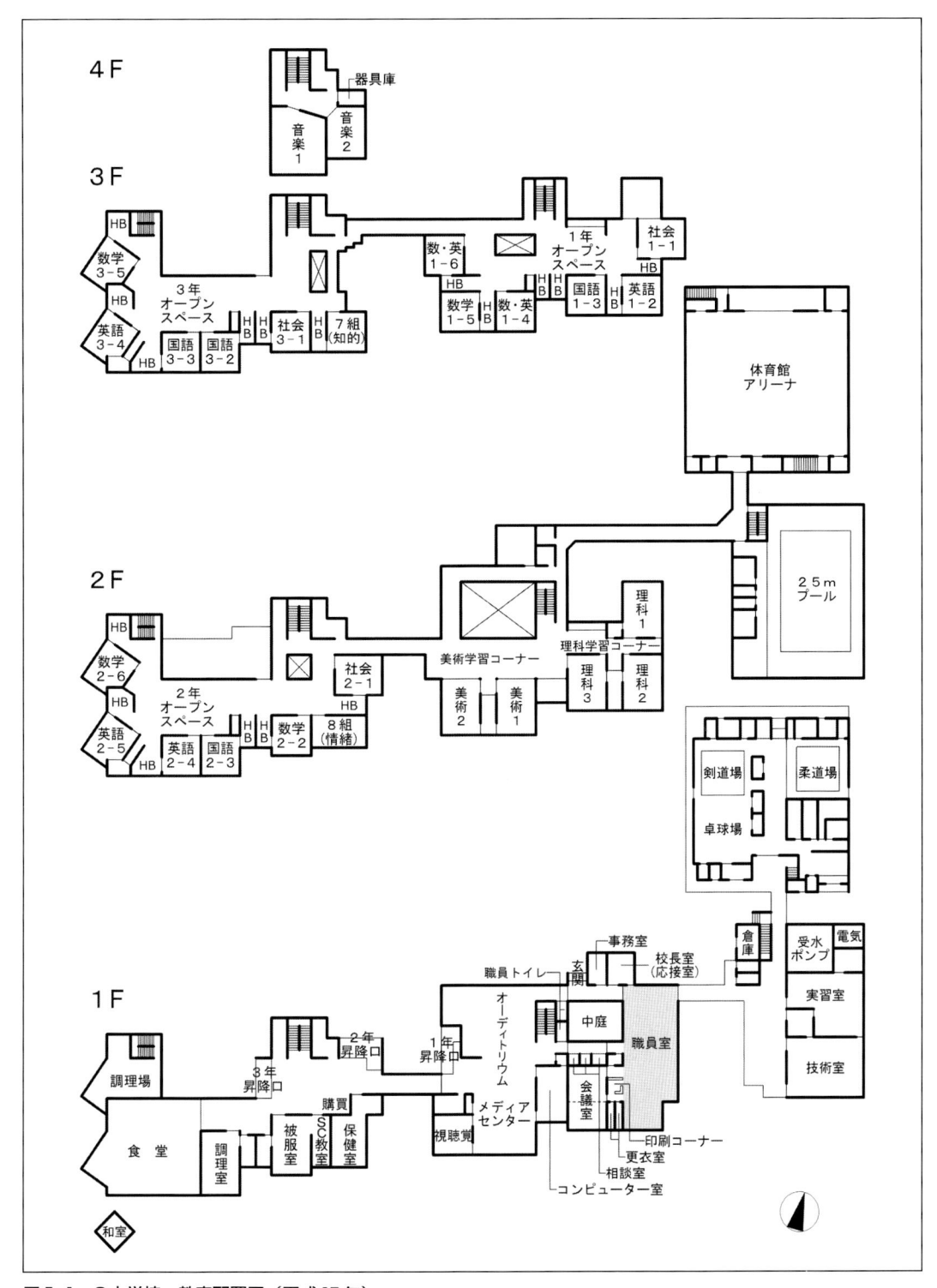

図 5-1　O 中学校　教室配置図（平成 17 年）

注）平成 17 年学校要覧および平成 17 年校舎配置図をもとに筆者が作成した。教室の隣のスペースがホームベイ（HB）である。なお，ホームベイは形や広さ，畳の有無，ロッカーの位置等がそれぞれ異なる。

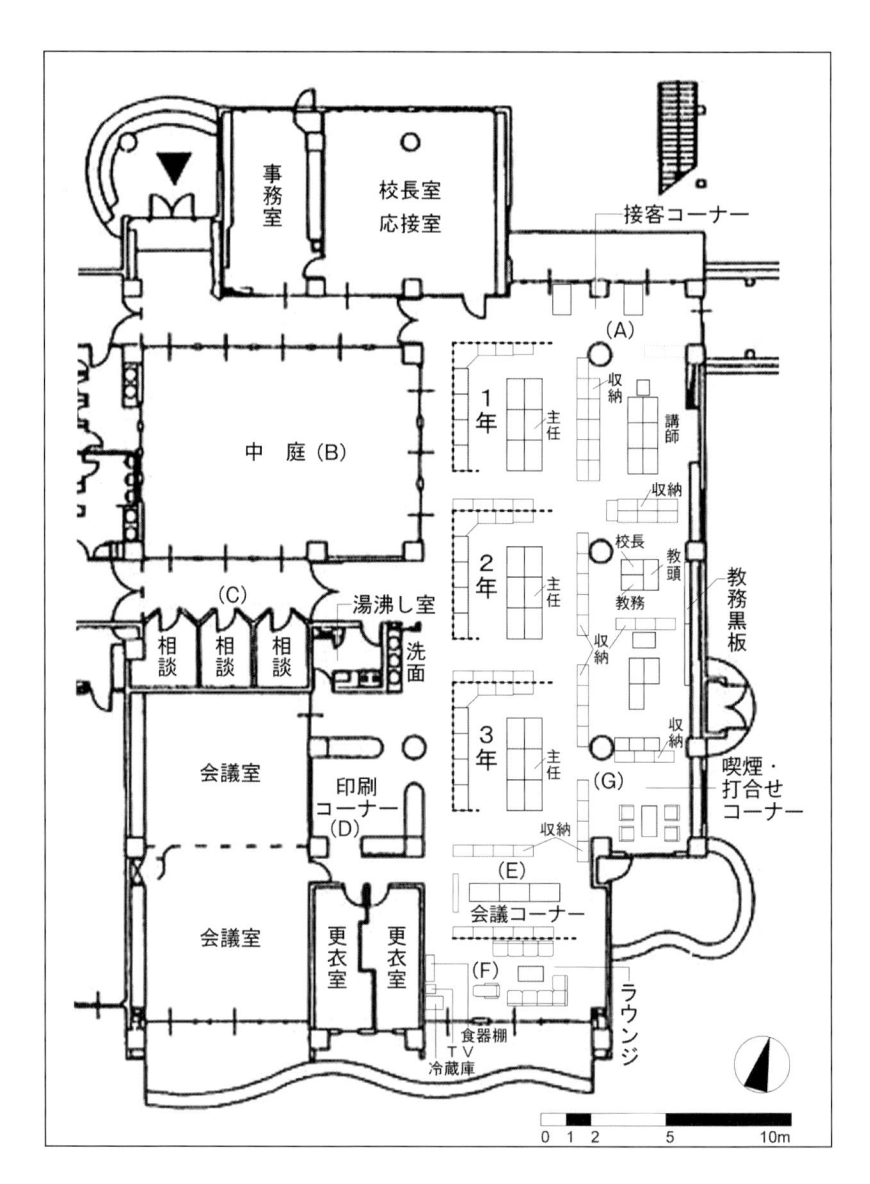

全景と西側通路（北側1年側より望む） 　　　　　全景（南中央3年側より望む）

図5-2　O中学校　職員室（1）

第 5 章　教科教室型運営における統合型職員室のケーススタディ

接客コーナー（A）

中庭（B）

相談室（C）

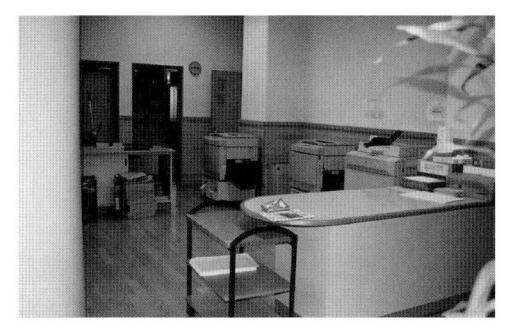

印刷コーナー（D）

会議コーナー（E）

ラウンジ（F）

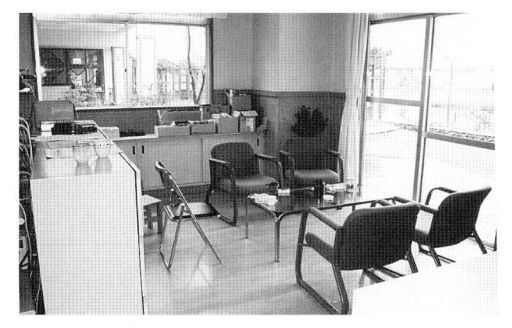

喫煙・打ち合わせコーナー（G）

図 5-2　O中学校　職員室（2）
注）職員室の図面は参考文献［1］の図面に机などを加筆し，筆者が作成した。写真は筆者撮影（平成 14 年，平成 20 年）

パーテーションに沿って並んでいる。また，職員室内には腰壁で仕切られた印刷コーナーが設置され，校長室，事務室，および間仕切りで二分できる会議室が隣接している。

さらに，高いパーテーション[8]と収納家具によって仕切られた会議コーナー，南西の角に喫煙・打ち合わせコーナーがあり，北側通路には接客コーナーがある。また，更衣室，湯沸し室が隣接し，高いパーテーションの裏側にあるラウンジにはソファ，冷蔵庫，TVが設置されている。さらに，職員室のすぐ外側に生徒指導用の3つの相談室が設けられている。

教員は学級教室兼教科教室にも鍵付の執務机を持ち，空き時間も教科教室や学年フロアの教師コーナーで執務している教員が観察された。一方，生徒も理科や特別教科以外は教科教室で学習し，休み時間も学級教室，ホームベイ，オープンスペースなど，学年フロア周辺で過ごしており，学年教員の大半と生徒が学年フロア周辺で生活しているため，職員室に入室する生徒は極めて少なく，終日，教員が執務に集中している状況が観察された。

O中学校の統合型職員室は，ヒアリング調査の質問（1）＜職員室のよい点＞（図5-3）の，'すべていい・満足'（5名），および，質問（2）＜職員室の問題点＞（図5-4）の，'問題点はない・現状に満足'（8名）の回答から，教員の満足度が高い職員室であると判断できる。具体的には，コンピュータ，収納，机，電話，インターホン，エアコン，電源などの設備面に加えて，'オフィスのようで使いやすい・仕事がしやすい・機能的'，'作業スペースが広い'などの執務作業上の利便性が

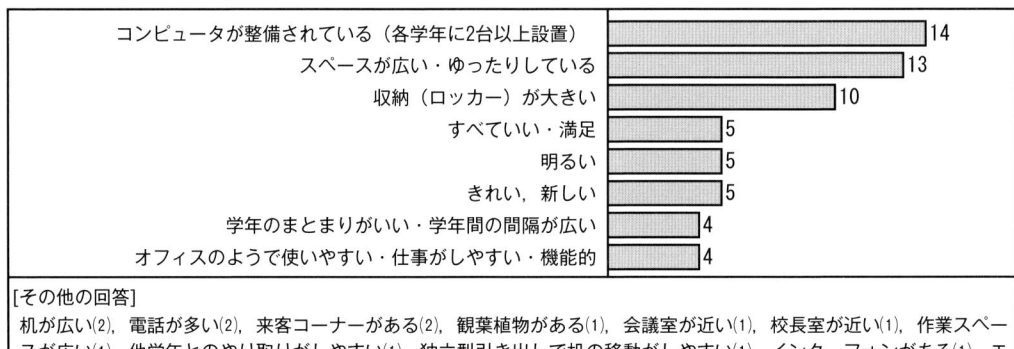

項目	件数
コンピュータが整備されている（各学年に2台以上設置）	14
スペースが広い・ゆったりしている	13
収納（ロッカー）が大きい	10
すべていい・満足	5
明るい	5
きれい，新しい	5
学年のまとまりがいい・学年間の間隔が広い	4
オフィスのようで使いやすい・仕事がしやすい・機能的	4

[その他の回答]
机が広い(2)，電話が多い(2)，来客コーナーがある(2)，観葉植物がある(1)，会議室が近い(1)，校長室が近い(1)，作業スペースが広い(1)，他学年とのやり取りがしやすい(1)，独立型引き出しで机の移動がしやすい(1)，インターフォンがある(1)，エレベータがある(1)，エアコンがある(1)，電源が多い(1)，ゆとりのコーナーがある(1)，会議コーナーがある(1)，ラウンジがありくつろげる(1)，オープンで生徒と交流がしやすい(1)，教員を把握しやすい(1)

図5-3　ヒアリング調査結果（1）＜職員室のよい点＞

項目	件数
問題点はない・現状に満足	8
太い柱がじゃま	3

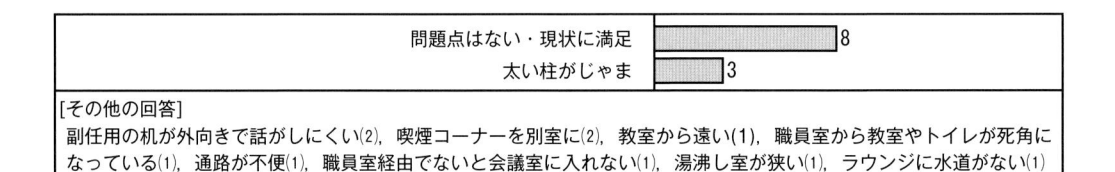

[その他の回答]
副任用の机が外向きで話がしにくい(2)，喫煙コーナーを別室に(2)，教室から遠い(1)，職員室から教室やトイレが死角になっている(1)，通路が不便(1)，職員室経由でないと会議室に入れない(1)，湯沸し室が狭い(1)，ラウンジに水道がない(1)

図5-4　ヒアリング調査結果（2）＜職員室の問題点＞

問題はない	6
更衣室が狭い	4

[その他の回答]
事務室が職員室に近くていい(2), トイレがきれいで使いやすい(2), 印刷室がいい(2), 印刷室が別室になっていた方がいい(2), 印刷室が狭い(2), 校長室が寒い(2), 全体配置はよい(1), 校長室はガラス戸で中が見えるので出入りしやすい(1), 職員室から校長室に直接入れるので便利(1), すべてきれい(1), 更衣室が広い(1), 女子トイレが遠い(1), 喫煙コーナーを別室に(1), 更衣室に水道を(1), 校長室が狭い(1)

図5-5 ヒアリング調査結果（3）＜校長室・事務室・印刷室・更衣室・職員トイレに関する意見＞

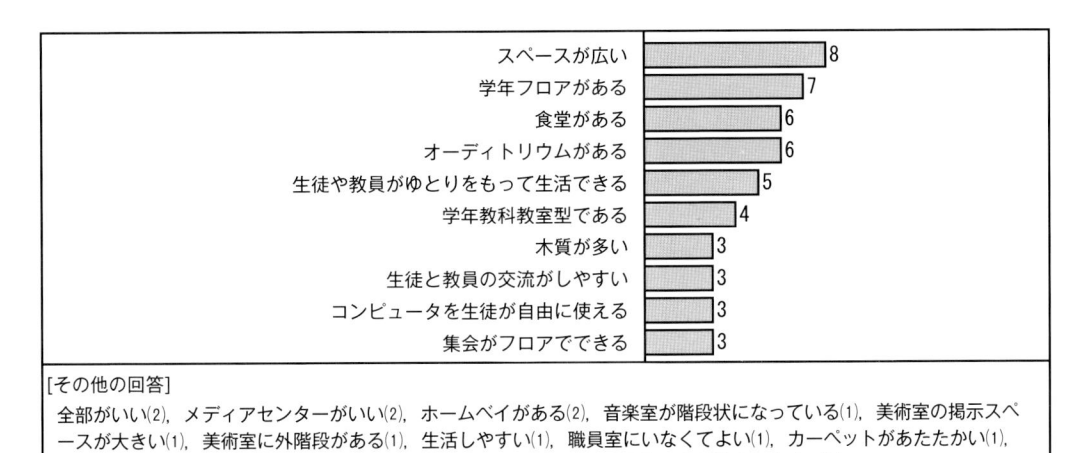

スペースが広い	8
学年フロアがある	7
食堂がある	6
オーディトリウムがある	6
生徒や教員がゆとりをもって生活できる	5
学年教科教室型である	4
木質が多い	3
生徒と教員の交流がしやすい	3
コンピュータを生徒が自由に使える	3
集会がフロアでできる	3

[その他の回答]
全部がいい(2), メディアセンターがいい(2), ホームベイがある(2), 音楽室が階段状になっている(1), 美術室の掲示スペースが大きい(1), 美術室に外階段がある(1), 生活しやすい(1), 職員室にいなくてよい(1), カーペットがあたたかい(1), 新しい(1), トイレがきれい(1), 廊下がないから寒くない(1), ゲタ箱が内部にあり管理しやすい(1)。

図5-6 ヒアリング調査結果（4）＜職員室以外の施設のよい点＞

問題点はない	4
家具が壊れやすい	4

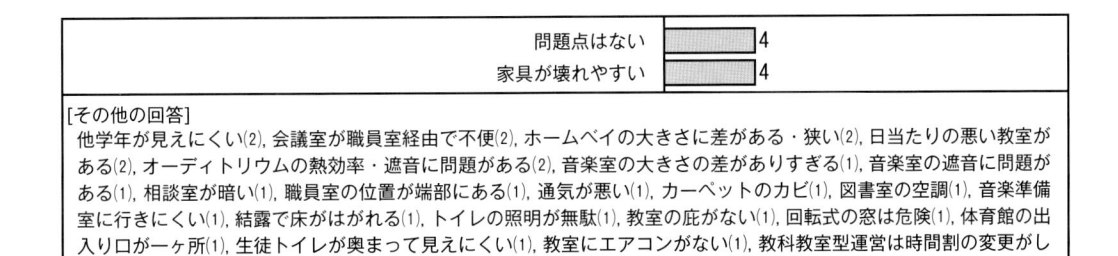

[その他の回答]
他学年が見えにくい(2), 会議室が職員室経由で不便(2), ホームベイの大きさに差がある・狭い(2), 日当たりの悪い教室がある(2), オーディトリウムの熱効率・遮音に問題がある(2), 音楽室の大きさの差がありすぎる(1), 音楽室の遮音に問題がある(1), 相談室が暗い(1), 職員室の位置が端部にある(1), 通気が悪い(1), カーペットのカビ(1), 図書室の空調(1), 音楽準備室に行きにくい(1), 結露で床がはがれる(1), トイレの照明が無駄(1), 教室の庇がない(1), 回転式の窓は危険(1), 体育館の出入り口が一ヶ所(1), 生徒トイレが奥まって見えにくい(1), 教室にエアコンがない(1), 教科教室型運営は時間割の変更がしにくい(1)

図5-7 ヒアリング調査結果（5）＜職員室以外の施設の問題点＞

ラウンジ・喫煙コーナー	6
自分の教室・ホームベイ	6
職員室（自分の机，コンピュータの前）	5
学年フロア	3
理科準備室・体育準備室・音楽準備室	3
ない	3

[その他の回答]　　事務室(1)

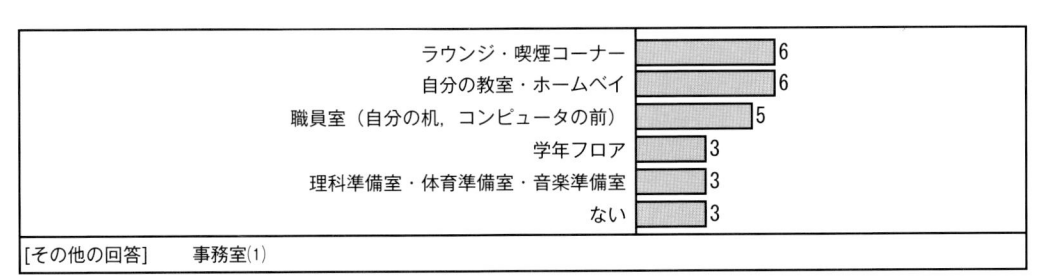

図5-8 ヒアリング調査結果（6）＜学校内で一番落ち着く場＞

注）図表（図5-3～図5-8）の数値は，回答した教員数を示す。

高く評価されている。なかでも，特筆すべきは収納である。一般的に，中学校教員は校務分掌，教科指導，学級経営や生徒指導など，教員が個人で管理すべき資料類が多いため収納スペースに対する要望が強いが[9]，通常は小学校と同等規模で計画されることが多い。しかしながら，O中学校の収納棚は通常の中学校の約3倍の容量があり[10]，教員の評価が極めて高いことが確認できる（10名）。さらに，断続的に執務を継続する教員にとっては，収納棚が机の近傍にある利便性をも評価した意見であると考えられる。

次いで，質問（2）の回答で，'副任用の机が外向きで話がしにくい'と，対面した机配置が必要との指摘もあるが，質問（1）の回答では，各学年の間隔を充分に確保して島型に配した学年のまとまりを評価しており，概ね学年経営はスムーズであると考えられる。

続いて，質問（3）の＜校長室・事務室・印刷室・更衣室・職員トイレに関する意見＞（図5-5）では，'問題はない'（6名）と現状に満足する回答が最も多く，質問（1）の回答にもあるが事務室や校長室が職員室から直接入室できる利便性が評価されている。さらに，質問（1）の回答の，'他学年とのやり取りがしやすい'と，学年間の連絡のしやすさに加えて会議室が隣接しており，さらに別途，会議コーナー，喫煙・打ち合わせコーナー，接客コーナーが設置されており，会議や打ち合わせ，接客のしやすさなどが評価されている。

一方，質問（3）の印刷コーナーについては，近いから便利であるとする意見と，狭いことおよび印刷時の騒音のため別室を希望する意見があった。

また，湯沸し室は二方向に出入り口があり，更衣室には職員室から直接出入りができる。湯沸し室や更衣室が狭いという意見もあるが，一方では更衣室が広いとする意見もあり，生活上の大きな問題点はないと考えられる。さらに，質問（1）および，後述する質問（6）の回答にあるラウンジは，執務空間から視覚的に遮断されたスペースであることが評価されていると考えられる。

さらに加えて，空間としての評価は質問（2）の回答にあるように，中央の太い柱が視界を遮る問題点はあるが[11]，質問（1）の回答をみると，'スペースが広い・ゆったりしている'（13名），'明るい'（5名），'きれい・新しい'（5名），'観葉植物がある'（1名）と環境・心理面の充足感・満足感が高いことがわかる。

しかしながら一方，質問（2），および，質問（5）＜職員室以外の施設の問題点＞（図5-7）の回答にある，会議室が職員室を経由しなければ出入りできないことや職員室がブロックプランの端部にあり教室から遠いことが問題点として指摘されている[12]。また，'相談室が暗い'という指摘もあるが，通常，生徒の指導や相談は10分休み時間などにも実施されるため，職員室に近接して設置された相談室の利便性は低くないと考えられる。続いて，質問（4）＜職員室以外の施設のよい点＞（図5-6）の回答では，'スペースが広い'（8名）に加えて，'学年フロアがある'（7名），'生徒や教員がゆとりをもって生活できる'（5名），'学年教科教室型である'（4名），'集会がフロアでできる'（3名），および，'生徒と教員の交流がしやすい'（3名）の意見がある。O中学校は，学級教室兼教科教室が教員の執務室を兼ねているため，教員が使用・管理する教室は一室であり，授業や学活のための移動は極めて小さく，学年フロア周辺で教員が執務しているため，学年教員同士の打ち

合わせや学年集会は円滑に実施することが可能であり，生徒との交流が図れることに加えて，生徒の問題行動の抑止にもつながり，時機を得た生徒指導が実施できると考えられる。さらに，教室移動に起因する異学年間の生徒指導上の問題が発生する可能性は低く，安定した学年経営が実施されていると考えられる[13]。しかしながら一方，理科や特別教科の教員が学級担任になった場合は教員の教室管理上の利点および生徒との交流や生徒指導上の利点は享受しにくく[14]，さらに，質問（5）の，'他学年が見えにくい'の回答にみられるように学年セクトに陥る可能性があると考えられる。

最後に，質問（6）の＜学校内で一番落ち着く場＞（図5-8）の回答では，自分の教室（教科兼学級），ホームベイ，学年フロアなど，教室およびその周辺とする意見と，職員室の自分の机，ラウンジや喫煙コーナーなど，職員室とする意見がある。これら2つの意見は，各教員の執務や生活の拠点が職員室と学年フロア周辺の2ヵ所に分離していることを示しているといえる。さらに，特別教科の準備室を居場所にする教員もいることから，学年教員全員が，随時，生徒の情報交換や打ち合わせを実施することは困難であり，緊急性の高い生徒問題が生じた場合には学年会開催などのための移動が必要になると考えられる。

5.2.2 P中学校

P中学校は教育委員会，教員代表，および，地域の代表者が教科教室型運営の先導校への視察を実施し，平成11年に新校舎が完成し，地域の先進校として教科教室型運営を実施している。学校規模は異なるが，第4章で述べたM中学校と極めて類似したプランであり，2階の中央ホールには教科ごとにパーテーションで仕切られた教科研修センターがあり，教員の執務机が設置されている。なお，M中学校での施設使用後の反省から，パーテーションは通路側から教員の手元が見えない高さに設置されている[15]（写真5-4）。また，教科研修センターに併設された2階の端部にある職員室は，先述したM中学校と同様，教務センターとして計画されていたと考えられるが，会議や成績処理などの作業の場でもあることから，教員の協議によって「生徒入室禁止」の統合型職員室が設置された。そのため，各教員の席は固定されて学年の島型の机配置になっているが，引き出しが一段のみの会議用机と椅子が設置されており，M中学校と同様，移動式の資料保管用の鍵付個人ロッカーが設置されている。また，職員室に隣接して，印刷室，相談室，湯沸し室，更衣室が設置されており，校長室，事務室，会議室は1階の玄関横に設置された。なお，相談室を変更して教員休憩室を設置することも検討されたが，教員の協議の結果，当初の計画通りに生徒や保護者との相談室を設置することになった。

ヒアリング調査の質問（1）＜職員室・教科研修センターのよい点＞（図5-10），および質問（6）の＜学校内で一番落ち着く場＞（図5-15）の回答から，「生徒入室禁止」の統合型職員室に対する評価が高いことが確認される。生徒の視線を心配することなく成績事務などの作業に集中することができ，教員同士の会話や打ち合わせを行うことができることに加えて，くつろげることを評価し，休憩室としての機能も兼ねているといえる。さらに，質問（6）の，'空き時間の教科センターの自分の机'，'生徒が入ってこない職員室'，'生徒のいない保健室'などの回答は，生徒の視線がない

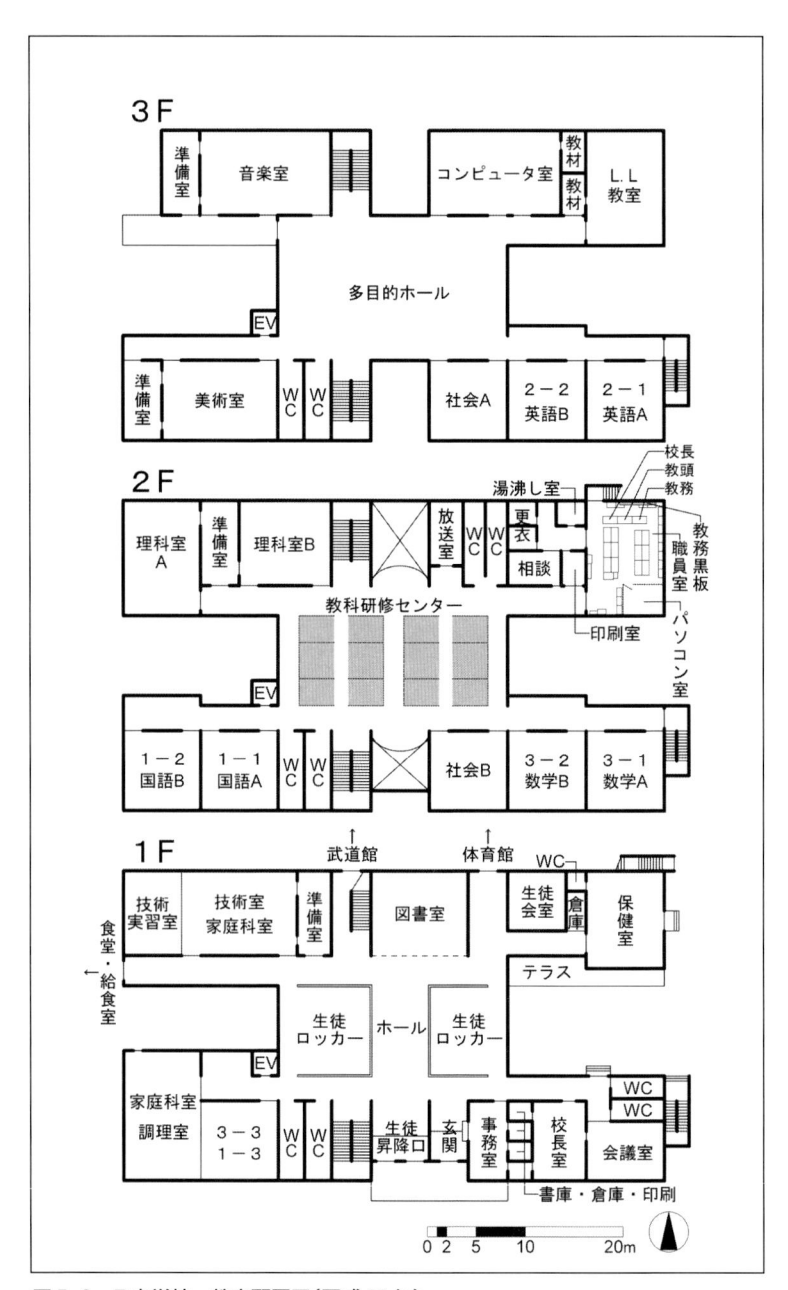

図 5-9　P中学校　教室配置図(平成 17 年)

注) 平成 17 年の学校経営案をもとに筆者が作成した。

第5章　教科教室型運営における統合型職員室のケーススタディ　　　　　163

写真 5-3　P中学校　職員室
注）筆者撮影（平成14年）

写真 5-4　P中学校　教科研修センター
注）パーテーション越しに生徒と会話する教員。
　　筆者撮影（平成14年）

写真 5-5　P中学校　教科研修センター
注）早朝の始業前の写真である。教員が個人的に出入り口にロープを設置しており，帰宅の際にはロープを張る。筆者撮影（平成14年）

ことが教員の心理的解放に繋がることを裏付けているといえる。しかしながら一方，質問（7）＜学校を生活する場と考えた場合の一番強い希望＞（図5-15）では，休憩室の希望(4名)が最も多く，さらに，質問（3）にも休憩室を希望する回答がみられることから，職員室とは別に他教員の視線から遮断された休憩室の設置を要望していることが確認される。

　次に，質問（2）＜職員室・教科研修センターの問題点＞（図5-11）では，職員室に関しては机の引き出しに関する要望のみであるのに対して，教科研修センターについては，寒暑・通風などの環境面の改善の要望の他に，オープンな空間であるため，セキュリティに対する不安が指摘されている(写真5-5)。小規模校であるP中学校は，学校運営上から全教員の連絡が必要になると考えられるが[16]，執務空間が職員室と教科ごとの教科研修センターに分れているため校務分掌の実施に加えて，休み時間の生徒の情報交換など，教員間，とくに学年教員間の連絡や連携に支障があることが示されている。すなわち，各学年2学級のP中学校においても，学年の島型机配置からも推測でき

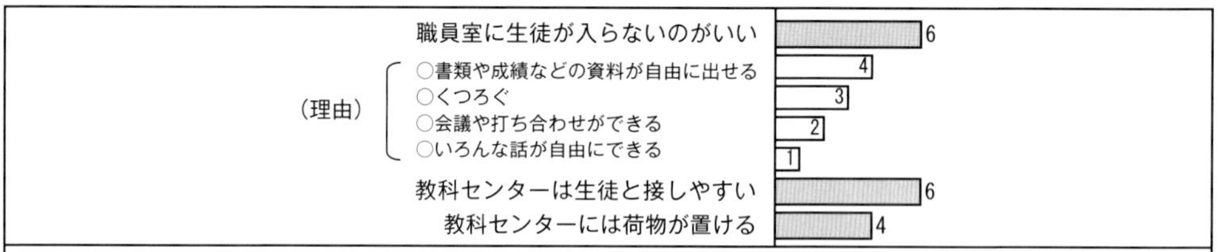

（理由）	職員室に生徒が入らないのがいい	6
	○書類や成績などの資料が自由に出せる	4
	○くつろぐ	3
	○会議や打ち合わせができる	2
	○いろんな話が自由にできる	1
	教科センターは生徒と接しやすい	6
	教科センターには荷物が置ける	4

[その他の回答]
教科教室型は，子どもが荒れたらとんでもないことになる(2)，教科センターは仕事がしやすい(1)，教科センターは提出物の返却がしやすい(1)，教科センターは生徒の動きがよくわかる(1)，職員室と教科センターが分かれているのがいい(1)，職員室に空調がある(1)，職員室はタバコを吸う時ぐらいしか行かない(1)，先生と子どもが近くにいる(1)，職員室から飛び出した先生は勇気がある(1)，建築家の趣旨に向っていくしかない(1)

図5-10　ヒアリング調査結果（1）＜職員室・教科研修センターのよい点＞

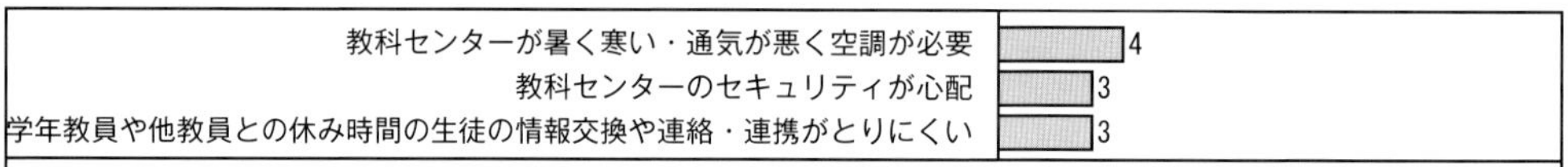

教科センターが暑く寒い・通気が悪く空調が必要	4
教科センターのセキュリティが心配	3
学年教員や他教員との休み時間の生徒の情報交換や連絡・連携がとりにくい	3

[その他の回答]
問題はない(2)，保健室が遠く連絡がとりにくい(2)，手洗い場のシンクや蛇口(2)，職員室は使いやすいので問題はない(1)，教科センターは使いやすいので問題はない(1)，職員室には引き出しが必要(1)，教科センターは自習や個別指導の場になっている(1)，保健室の掲示板(1)，整理整頓(1)，ハト対策(1)，移動が多い(1)

図5-11　ヒアリング調査結果（2）＜職員室・教科研修センターの問題点＞

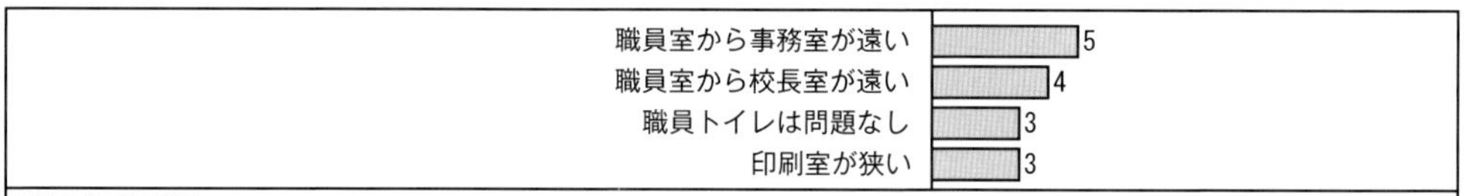

職員室から事務室が遠い	5
職員室から校長室が遠い	4
職員トイレは問題なし	3
印刷室が狭い	3

[その他の回答]
休憩室や畳の部屋がほしい(2)，どこも使いやすい(2)，更衣室はいい(1)，校長室の金庫は便利(1)

図5-12　ヒアリング調査結果（3）＜校長室・事務室・印刷室・更衣室・職員トイレに関する意見＞

多目的ホール	4
職員からグランドが見える	3

[その他の回答]
子どもと接する場と時間がある(2)，教室がすっきりして使いやすい(2)，とても満足(2)，個人のスペースが広い(1)，パソコン室(1)，LL教室(1)，生徒の居場所がいろいろある(1)，職員室と体育館が近い(1)，ランチルーム(1)，ロッカールーム(1)，廊下が広い(1)，校舎が'広場'でつながっている(1)

図5-13　ヒアリング調査結果（4）＜職員室以外の施設のよい点＞

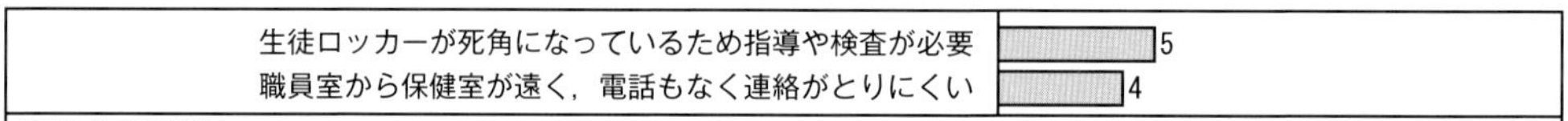

生徒ロッカーが死角になっているため指導や検査が必要	5
職員室から保健室が遠く，電話もなく連絡がとりにくい	4

[その他の回答]
教科センターが暑くて寒い(2)，生徒ロッカーが狭い(2)，花壇がない(2)，休憩室がない(1)，職員室から事務室が遠い(1)，保健室のドアのガラスは透明の方がいい(1)，生徒用更衣室が別に必要(1)，生徒がくつろぐ場がない(1)，北側教室は寒い(1)，図書館が寒い(1)，体育館が古い(1)，ガラスが多く掲示できるスペースが少ない(1)，木を使ってほしい(1)，教室に工夫が必要(1)，倉庫が少ない(1)，二階建てにすべき(1)，自転車置場から傘なしで校舎に入れるように(1)，時間を守る必要あり(1)

図5-14　ヒアリング調査結果（5）＜職員室以外の施設の問題点＞

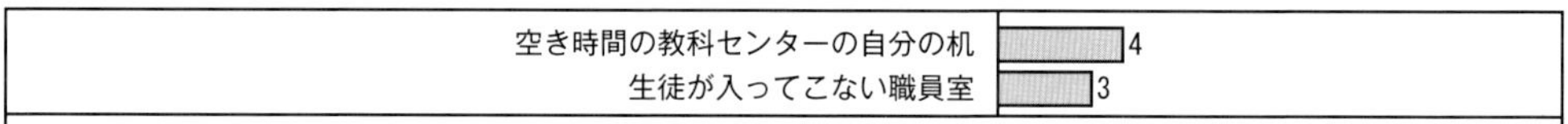

空き時間の教科センターの自分の机	4
生徒が入ってこない職員室	3

[その他の回答]
校長室(2)，職員室のパソコンコーナー・タバココーナー(1)，生徒のいない保健室(1)，昼休み時間（「場」ではない）(1)，学校内すべて(1)

図5-15　ヒアリング調査結果（6）＜学校内で一番落ち着く場＞

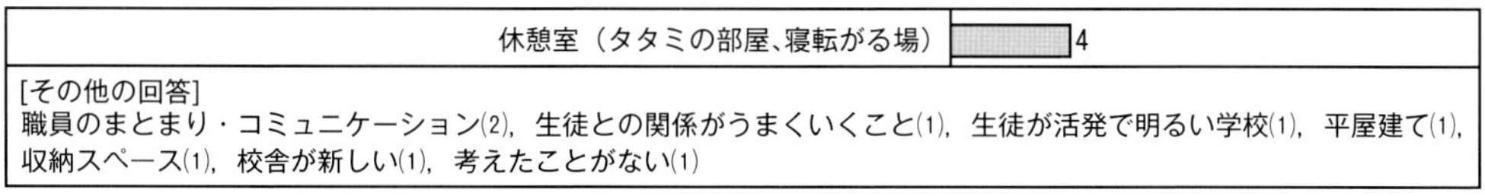

| 休憩室（タタミの部屋、寝転がる場） | 4 |

[その他の回答]
職員のまとまり・コミュニケーション(2), 生徒との関係がうまくいくこと(1), 生徒が活発で明るい学校(1), 平屋建て(1), 収納スペース(1), 校舎が新しい(1), 考えたことがない(1)

図5-16　ヒアリング調査結果（7）＜学校を生活する場と考えた場合の一番強い希望＞

注）図表（図5-10～図5-16）の数値は，回答した教員数を示す。

るが，学年経営が生徒指導の基盤になっていることが確認される。なお，P中学校では2名の教員がいる国語科以外は教科担当教員が1名であることから，教科研修センターは教科経営の場としては機能していないといえる。現実的には，質問（1）および質問（2）の回答にみるように，教科研修センターは教員個人の執務の場，教材置場（収納），生徒の指導や生徒との交流の場としての評価が高いことが確認された[17]。

次いで，質問（3）の＜校長室・事務室・印刷室・更衣室・職員トイレに関する意見＞（図5-12）では，'どこも使いやすい'（2名）という回答もあるが，'職員室から事務室が遠い'（5名），'職員室から校長室が遠い'（4名）と回答しており，通常，職員室に隣接して設置される校長室や事務室[18]が，2階の職員室から離れた1階にあることの不便さが指摘されており，教員の執務上からも学校運営上からも問題があるといえる。

5.3　教科教室型運営と教員空間

P中学校では，執務机が設置されている教科研修センターが主たる執務空間として計画されたことは明らかであるが，O中学校においても職員室が当初，資料や学校要覧の教室配置図に「職員スペース」と記述されていたことからも推察される通り，設計者側からは統合型職員室の設置は計画されておらず，執務机を設置した教科教室と教科学習センター・教師コーナーがある学年フロアを主たる執務場所とする提案がなされた[19]。すなわち，両校ともに，設計者側からは，オープンな空間に設置された教科ごとの分離型職員室に加えて，会議・休息スペースが提案され，教員空間の分散化とオープン化が意図されていたと考えられる。しかしながら，教員は成績処理など生徒に秘匿の必要がある執務があることを理由に統合型の職員室の設置を要望し，O中学校では執務机が学年の島型に配置された職員室が設置され，P中学校でも会議用机が学年の島型に配置されて生徒入室禁止の職員室が設置された。両校ともに職員室には教頭が常駐し，印刷室，更衣室，湯沸し室も隣接していることから，教員からは学校経営や個人の執務や生活に加えて，学年教員同士の連絡・打ち合わせが可能な学年経営の場が意図されたと判断される。

さらに，O中学校の学年フロアの多目的オープンスペースは，当初，学校要覧では教科学習コーナーと記載され，設計者側からは主たる使用目的を教科指導にすることが意図されていたと考えられる[20]。しかしながら，ヒアリング調査の結果にみるように，学年集会が実施され，教員からは生徒指導上および学年経営上の評価が高いことが確認された。さらに，平成18年以降は学校要覧にも

学年オープンスペースと記述されていることから，主として学年用のスペースとして使用されていると考えられる[21]。一方，P中学校の教科研修センターは，生徒指導面における教員の評価は高い一方，学年教員間の連絡や連携など学年経営上の問題があると考えられており，さらに，教科経営の場としての機能は極めて乏しいことが明らかになった。

ここで，O中学校のヒアリング調査の結果をみると，教員は職員スペースを統合型職員室として評価していることが確認される。またその後，学校が作成した平成15年以降の校舎配置図，および，平成18年以降の学校要覧の校舎配置図では「職員室」と記述されている。

さらに，教員の生活行為についてみると，両校ともに職員室に隣接して湯沸し室が設置されており，ラウンジで喫茶・飲食ができるO中学校，生徒入室禁止の職員室で喫茶・飲食が可能なP中学校，ともにそれらに関する要望はない[22]。しかしながら，他教員の視線から遮断されたラウンジが設置されたO中学校では休息スペースに関する要望はない一方，P中学校においては，生徒が入室しない職員室をくつろぐと評価しながらも，別に，休憩室の設置を希望している。

以上のように，当初，設計者側からは教科経営を軸とした教員空間およびその分散化やオープン化が提案された。一方，学年経営を重要視している教員は，教科教室型運営においても学年経営の場が必要であると判断し，統合型職員室の設置を要望した。なかでも，O中学校の統合型職員室は執務・作業上の利便性，学年経営および学校経営上の機能に加えて，教員の生活や休息への配慮がなされており，教員の行動特性との適合度が極めて高い職員室であると判断される。なお，質問（1）（図5-3）の，'独立型引き出しで机の移動がしやすい'という回答は，執務机の天板部分と引き出し部分が独立しており，引き出し部分のみの移動で机の移動が可能であり，通常，新学期に実施される学年配属決定後の大規模な机移動の煩雑さを考慮した設備であると考えられ，教員ならこその着眼点であるといえる。

5.4 小　結

教員が学校の建築計画に関わった結果，統合型職員室を設置して教科教室型運営を実施した中学校において，観察調査やヒアリング調査などから，教員が要望する職員室や教員空間のあり方について以下の3つの知見を得た。

1）教員が協議に加わって設置された教員空間は，教科教室型運営においても学年経営の場が確保されており，さらに，学校運営上の機能や収納・休息など教員の個人の執務や生活上の利便性を備えた，教員の行動特性に適合した統合型職員室が設置された。

　　なお，当初，設計者側からはオープンな空間に教科ごとの分離型職員室として計画され，さらに別途，会議・休息空間を設置することにより教員空間の分散配置と教科経営を軸とした教員空間が提案されていたことが確認された。

2）標準規模校の学年教科教室型運営における学年フロアは，生徒指導および学年経営上の利点が大きく，教員からは高い評価が得られている。一方，小規模校の教科教室型運営における

教科研修センターは，生徒指導面の利点は評価されているが教科経営の場としての機能は乏しく，学年教員間の連携が困難なため学年経営上の問題点があるといえる。
3）生徒の視線が制限された職員室は教員の執務上，生活上の利便性に加え，心理面の安定が得られることから高く評価されているが，別途，他教員の視線から遮断された休憩室設置の要望も強いことが確認された。

注
1）平成5年3月から同年9月に実施された計8回の打ち合わせの議事録によると，参加者数は12名から29名と回によって異なるが，そのうち，設計側の参加者は4～6名，学校代表は各回とも1名（校長，教頭）で，他は教育委員会や市の建設課，施設課のメンバーである。なお，第2回の打ち合わせは都市計画的な内容であり，学校側の参加者はない。また，第3回の議事録では，施設課が学校に質問項目を出してその回答があったこと，および，第5回の議事録には，校長が学校内での意見について発言していることから，校外の打ち合わせと並行して校内でも打ち合わせが実施されていたことが確認できる。

さらに，計画に関わった元校長の電話取材によると，その後の校内での職員研修会は設計者を招聘したものも含めて，数十回に及んでいる。
2）第1回の議事録では，校長の発言として，O中学校の計画が市内の中学校のモデル校として捉えられており，校長会でも検討しているとの記述があり，8つの検討項目が示されている。
3）学年内で教科教室型の運営を実施する方式で，通常は，国語，社会，英語，数学などの普通教科の教科教室と各学年の学級教室を兼用する。

なお，第1回の議事録では，設計者からの教科教室型についての質問に対して，校長は校長会で検討中と回答しており，さらに，第3回の議事録には，教育委員会から教科教室型にも特別教室型にも対応できるようにとの意見があり，この時点では，運営方式は決定していなかったことが確認できる。また，参考文献［1］には「普通教室は，学級の教室であると同時に，教科教室（国語・社会・数学・英語）として位置づけられ，効率的な教室移動を行うことにより，施設全体の利用密度も高まる。また，教科の特質を生かしその教科の雰囲気がただよう教室で主体的な学習活動が展開できる(括弧，下線：原文のまま)」とあり，さらに，教育推進の方針として「心のつながりを大切にした学年・学級経営と教科指導，生徒指導の充実」とあることから，その後の打ち合わせの過程で，教科経営と学級・学年経営の両立を目標に，「学年教科教室型運営」が採用されたと判断される。
4）参考文献［1］の説明文では，学級教室がある階の多目的オープンスペースは，それぞれ，「1年（2年，3年）学年フロア（教科，学習コーナー）」と記述され，教科指導や教科経営と学年ごとの教育活動を併用できる空間として学年フロアと呼称されており，教員や教育委員会は教科指導に加えて学年用オープンスペースとして捉えていたと考えられる。一方，参考文献［2］には学年フロアの記述はなく，同文献のp.131 図面には，教科学習コーナーとして，国語コーナー，社会コーナー，数学コーナー，英語コーナーの4つの説明があり，設計者側は教科用オープンスペースとして計画したことが確認できる。なお，社会（教室）コーナーの使用目的の中に学年集会が記載されている。
5）第1回の打ち合わせの議事録によると，設計者からは，セミオープンの教室が提案されているが，教育委員会側は結論には至っていないと回答している。しかしながら，第5回の議事録によると，設計側の説明から，出入口側にも壁がある教室に決定したことが確認できる。また，校内の検討委員会のメンバーであった教員のヒアリング調査では，オープンな教室に関しては教員が全員反対したとのコメントが得られたことから，予定が変更されて閉じた教室が設置されたことが確認された。

6）第3回および第5回の打ち合わせの議事録からは，設計者側が教科学習コーナーを教員の作業の場および生徒との交流の場として計画していることが確認される。

7）第6回の議事録からは，主たる執務空間を教科教室にするのか職員室にするのかの検討がなされたことが確認できる。さらに，最終の第8回の打ち合わせで学校側からは，畳のある休憩室と職員室内の収納に関する意見が出されており，教育委員会は職員室の機能面については，学校と教育委員会とで詰めると回答し，設計者側も職員室をについては今後の研究課題としておきたいと回答している。

一方，先述した元校長の取材によると，設計者からは，学年フロア(教師コーナー・学級兼教科教室)を教員の居場所や執務空間とし，職員室は休息空間と事務空間として従来型の職員室は設けないという提案がなされたが，教員は職員室の設置を強く希望し，全教員の知恵を集めてつくった職員室であるとのコメントが得られた。

以上のことから，その後，校内や教育委員会などで検討され，さらに，注3で先述したように，教育委員会からの教科教室型および特別教室型のどちらにも対応するという方針も考慮して，統合型の職員室が設置されたと考えられる。

8）学年の「島」の周囲のパーテーションは高さが100cmであるが，ラウンジとの境のパーテーションは150cmである。

9）本書の第4章の調査結果(図4-13，図4-14，図4-15)を参照。

10）教員1人当たり，(縦)40cm ×(横)80cm ×(高)100cmの収納棚(引き出し3段)を持つ。一般的に，中学校教員の1人当たりの収納スペースはO中学校の引き出し，1段程度の容量である。

11）第7回の打ち合わせの議事録で，教育委員会からは設計者に対して職員室内の柱の位置についての質問がされているが，設計者側は柱は邪魔にならないと回答しており，基本設計時には休息・作業スペースとして計画されていたことからの回答であると推察できる。

12）第5回の打ち合わせで，教育委員会からは，生徒の動きが見えないので教科学習コーナーに近い2階に職員室を設置してはどうかという意見が出ているが，設計者側は，プラン上のバランスが悪くなること，1階の方が職員の移動がしやすいこと，学校開放時の管理面では有利であること，中庭に面すること，以上の利点があるとして1階に設置することを主張している。しかしながら，第6回の打ち合わせでは，職員室のブロックプラン上の位置について検討されたことがわかる。なお，会議室の位置は，職員スペースが当初，休息・作業スペースとして計画されていたことによると推察される。

13）参考文献［3］によると，O中学校と同様に，教室を教員の執務空間として学年経営による生徒指導を基盤とし，さらに教科指導にも注力して，学年教科教室型運営を42年間継続した事例がある。

14）ヒアリング調査実施時(平成13年度)の学校要覧によると，担当教科が国語，社会，数学，英語以外の学級担任教員は，1年生の5名の学級担任教員のうち保健体育1名，理科1名，2年生の5名の学級担任教員のうち，技術兼数学1名，3年生の5名の学級担任教員のうち，理科1名，音楽1名であり，計15名の学級担任教員(特別クラスは除く)のうち，技術・数学の2教科担当の2年生の1名の教員も加えて，計5名（33%）である。

15）開校前に，教育委員会，学校や地域の代表者がM中学校の見学を実施しており，M中学校の120cmより20cm高くして140cmとした。

16）本書第3章，'3.3.3 校務分掌と学校経営'を参照。

17）平成11年3月発行のパンフレット(M町立P中学校)には「教科研修センターという生徒と教師がフリーアクセスできる場」と記述され，参考文献［4］のp.3の教室配置図でも「教科研修センター」と記述されている。しかしながら，同参考文献［4］のp.4には，「教科学習センターという生徒と教師がフリーアクセスできる場」と記述されている。以上のように，当初から，教員と生徒との交流や指導が目的のスペースであったことが確認できる。なお，開校当初の教頭のヒアリング調査からも「子ども

たちとのふれ合い」がスペースの設置の目的であったことが確認された。
18) 参考文献［5］によると，F市の中学校65校（平成12年：小規模校など3校を除く）のうち，2階に職員室が設置された1校以外のすべての学校では職員室・校長室・事務室の3室が1階にあり隣接もしくは近接している。
19) 注6，注7で述べたように，教科学習コーナーや職員室に対する設計者側と教員側の意見や認識は異なり，参考文献［1］の図面，参考文献［2］の図面および平成8年の学校要覧では'職員スペース'と記述されていることから，設計者側は従来型の職員室ではないとの認識であると推察され，開校時の元校長の取材からも設計者側は，学年フロアの教師コーナーと教科教室を執務空間として計画していたことが確認された。
20) 注4参照。また，注2で先述した校長会での意見として，3つの学年集会を同時に開きたいという要望が出ており，学校・教員サイドは学年経営を重要視していたことが確認できる。一方，第5回の議事録では，教育委員会からのグループ作業スペースを学年集会の場所にしたらどうかという意見に対して，設計者からは学年集会を開ける場所は3ヶ所とってあるので，グループ作業スペースでは学年集会を開くことは考えていないとの回答があり，この時点では，設計者側は学年フロアを学年集会用のスペースとして設定していなかったと考えられる。また，参考文献［1］および平成8年から平成17年までの学校要覧では，教科学習コーナーと記載されている。
21) 平成15年から20年の校舎配置図，および，平成18年，19年の学校要覧の校舎配置図には1年（2年，3年）オープンスペースと記述されており，時期は特定できないが，学年用オープンスペースとして使用されていたことが確認できる。
22) 通常，従来型の職員室の場合は湯沸し室がスペースとしては設置されておらず，喫茶・飲食スペースも確保されていない事例が多いことから，喫茶・飲食に関する要望は強い。本書の第4章の調査結果（図4-13，図4-14）を参照。

参考文献
［1］ K市教育委員会，O中学校：K市立O中学校新校舎　建築概要　豊かで個性的な学習空間の創造をめざして，K市教育委員会，O中学校，1996
［2］ 新建築社：K市立O中学校，新建築，pp.123-132，1997.12
［3］ 藤原直子：長期間教科教室型運営を継続したIh中学校の実施経過　教科教室型中学校の検証研究 ── その2 ──，日本建築学会大会学術講演梗概集，E-1分冊，pp.345-346，2006.9
［4］ P中学校：平成17年度学校経営案，P中学校，2005
［5］ 藤原直子，竹下輝和：「校長室」の成立とその機能，日本建築学会大会学術講演梗概集，E-1分冊，pp.487-488

第6章

終　章

6.1 結　論

　本研究では，職員室の史的考察とともに，教員空間の改変についての事例検証，および学校施設での教員の行動実態調査やアンケート調査，インタビュー調査，ヒアリング調査ならびに，教員空間の使われ方調査によって，わが国の中学校教員の行動特性を明らかにし，教員の視点から中学校職員室に関する考察を行った。

　序章は，研究の背景，教員空間の定義，研究の目的，および研究の方法について述べた。

　第1章では，明治5年の学制の公布以降，わが国の近代教育制度の成立とともに確立されてきた教育システム，それに連動して変化した教員の呼称，および教員空間の名称や設置状況の変遷から職員室の定型化の歴史的過程を考察した。学制当初は休息の場であった教員空間は，明治後期には休息機能に加えて事務や校務の場，会議の場，情報交換の場としての機能が統合化された，いわゆる統合型職員室が定型化されたことを論証した。また，建築家が設計に関わり，分離型職員室が設置されて建設された小学校では，教員空間の改変が実施され，統合型職員室が設置されたケースがあることを明らかにした。

　次いで，第2章では第二次世界大戦後，旧文部省の要請を受けた建築計画学の分野から，新制中学校におけるプラツーン型運営や教科教室型運営が提案され，教員空間については欧米諸国を模した休憩室の設置と，機能による分離が提唱されたことを明らかにした。また，当初は，静謐な学級教室が重要視され，運営方式の決定は学校に任せるべきとされていたことが確認された。次いで，昭和40年代中期には建築計画学が主導して，アメリカやイギリスを範としたオープンプランスクールの提案に続いて，昭和50年代後半には教科センター方式の教科教室型運営が提案され，中学校では学級教室は不要であるとして生徒の生活拠点としてのホームベースの設置が提案されて，教科経営を軸とした教科教室型運営が強力に推奨されたことが確認された。その結果，教員空間としては教科職員室とそのオープン化が提案され，さらに，教務室，会議室，休憩室の設置による教員空間の分散配置が提案されたことを明らかにした。一方，建築家や建築計画学の研究者の中には，閉じた学級教室を設計した事例や学級教室を重要視した研究がみられることが確認された。また，こうしたなかで，中学校教員からは，当初からプラツーン型運営や教科教室型運営の問題点が指摘されており，一方，特別教室型運営，および統合型職員室が支持されていた歴史的事実を示した。さらに，わが国の中学校では，教科教室型運営においても学級経営，学年経営による生徒指導が学校運営の基盤であること，および生徒指導の基盤である学級教室の必要性が重ねて指摘されていることを明らかにした。

　第3章では，第2章で述べた建築計画学からの提案が実施に移され，教科職員室が設置されてプラツーン型運営，教科教室型運営や教科センター方式の専用校舎で運営が開始された中学校において，施設の使用過程のなかで，運営方式の変更や教員空間の改変が実施された事例について，詳細な検証研究を行った。教科教室型運営においては，生徒の教室移動と生活拠点としての学級教室の

喪失が生徒の学習・生活両面の活動に支障をきたし，問題行動の要因になる一方，指導空間としての学級教室を失った学級担任教員の生徒指導や学級経営が不充分になったため，専用の学級教室を学年ごとにまとめて再配置して特別教室型運営に変更され，学級経営や学年経営に注力して安定した学校運営が図られたことを明らかにした。さらに，教科教員集団ごとの分離型職員室は，教科経営上の利点は認められるが教科指導上の問題点も確認され，学年経営の場がなくなることから，学年教員間の連絡・連携が不充分になり生徒指導問題の対処が困難になったため，学年教員が常時集合した体制，すなわち，学年職員室もしくは統合型職員室が設置されたことを明らかにした。またさらに，校務分掌などの学校運営上の総合的な観点からは全教員の集合が必要となることを示し，加えて，印刷など個人の執務遂行上の利便性が高い統合型職員室が優位的であること，加えて，オープンな教員空間は教員の執務を妨げることを明らかにした。

　第4章では，統合型職員室が設置された中学校と分離型職員室が設置された中学校における教員の行動記録調査，アンケート調査，インタビュー調査，並びに，教員空間の使われ方調査から中学校教員の行動特性を分析し中学校職員室のあり方について考察した。教科担任と学級担任を兼務している中学校の教員は時間の制約が極めて大きく，休み時間や放課後が執務時間になっていること，なかでも，10分休み時間には教室移動や生活行為に加えて，生徒指導や学年教員同士の打ち合わせが実施され，極めて過密な執務時間になっていることを明らかにした。そのため，分離型職員室においては，生活行為や執務行為のためのスペース間の移動が必要になり，10分休み時間の生活行為や執務行為が困難になるとともに教員の移動距離が極めて大きくなることを実証した。さらに加えて，学年職員室は教員の移動距離・時間の短縮や生徒指導上の利点がある一方，教科職員室では学年経営の場が喪失することから，学年教員同士の日常的な情報交換に支障がみられ，生徒指導問題が発生した際には学年教員への連絡や学年会の開催のために教員の移動距離が大きくなることを明らかにした。さらに，オープンな職員室は教員の心理的な安定が得られないことに加えて，日常的な執務の遂行や生徒指導が困難になることを示した。また，中学校の教員からは休憩室設置の要望が強いことを示した。

　一方，統合型職員室については，教員の休息やコミュニケーションを図る場であるとともに，個人の生活行為や執務行為の場，学年経営，学校経営の場として安定的に機能しており，分離型職員室に対比して教員の行動特性に適合した教員空間であることを明らかにした[1]。

　第5章では，教員が学校の建設計画に関わった結果，統合型職員室が設置されて教科教室型運営が開始された中学校において観察調査やヒアリング調査を実施し，事後の評価を検証した。実現された統合型職員室は，校長室，事務室に隣接していること，会議室および3ヵ所の会議・接客コーナーの設置によって打ち合わせなどが円滑に実施できること，学年ごとの机配置によって学年内の打ち合わせ，および学年間の連絡・連携が容易であること，さらに，充分な収納が確保されており効率的に作業ができること，また，更衣室，湯沸し室やラウンジが隣接しており生活行為もスムースであることから，執務や生活上の利便性を備えた教員の満足度が極めて高い教員空間であることを明らかにした。また，学年教科教室型運営における学年フロアは生徒指導および学年経営上の利

点が大きいことが確認された。一方，小規模校の教科教室型運営における教科研修センターは，生徒指導上の利点はあるが教科経営上の機能は乏しく，学年教員の連携が不充分になるため学年経営上の問題性があることを明らかにした。さらに，生徒の視線が制限された職員室は教員の執務上，生活上の利便性に加え，心理面の安定が得られることから高く評価されているが，別途，視覚的に遮断された休憩室が必要であることを示した。また，当初，設計者側からは，オープンな空間に教科ごとの分離型職員室と会議・休憩室の設置による教員空間の分散配置が提案されていたことを明らかにした。

以上，本研究から，次の4つの結論を得た。

1）中学校の職員室は教員の個人の執務の場であるとともに生活行為の場である。

中学校の教員は時間の制約が極めて大きく，そのため，職員室では10分休み時間に喫茶，更衣などの生活行為や事務作業，生徒指導などの執務行為が円滑に実施できること，さらにそれらが同時進行的に実施できる必要がある。

そのため，職員室は収納などの施設整備の充実とともに，印刷室，校長室，事務室，会議室などの執務空間，さらに，更衣室，湯沸し室やラウンジ・休憩室などの生活空間と隣接・近接する必要がある。また，生徒に秘匿の必要がある執務や教員同士の打ち合わせや生徒の個人指導が実施され，加えて，教員の休息空間でもあることから生徒の視線を制限できる空間である必要がある。

2）中学校の職員室は学年経営の場である。

わが国の中学校の運営においては，教科・学習指導とともに生徒・生活指導が重要視されており，学校規模，運営方式に関わらず，学級経営に加えて，学年教員による学年経営が軸となっている。そのため，中学校では10分休み時間中にも学年教員同士の連絡や情報交換，打ち合わせが実施されており，さらに，突発的な生徒指導問題の迅速な対処が必要となるため，職員室は学年の教員が常時集合し，随時，情報交換や打ち合わせが円滑に実施できる必要がある。

3）中学校の職員室は学校経営の場である。

中学校では学年経営に加えて，教科経営，校務分掌上の執務の円滑な実施，随時の職員会議の開催，校長や教頭による一般教員の把握や指導，学年間の連絡や調整などが必要となるため，学校経営上の総合的観点からは，学校規模や運営方式に関わらず，全教員が集合できる職員室が必要になる。

4）中学校の職員室は以上1）～3）の全てを満たす空間である必要がある。

以上をまとめると，中学校の職員室は印刷室，校長室，事務室，会議室などの執務空間，および更衣室，ラウンジ・休憩室，湯沸し室などの生活空間が隣接・近接した統合型職員室が最も適しているといえる。さらに，「島」型の机配置などによって，学年教員が常時集合している必要がある。

筆者は昭和45年4月から平成10年3月までの28年間，高等学校の教員として勤務した。勤務校は特別教室型運営であり，学級経営，学年経営を基盤として学校運営がなされており，学年教員集団ごとの机配置の統合型職員室が設置されていた。筆者は理科の教員であったことから準備室も設置されていたが，同学年および他学年教員との情報交換や連絡などは空き時間，昼休み時間や10分休み時間にも間断なく頻繁に実施されるため，28年の大半を学級担任として勤務していた筆者は職員室に常駐して執務していた。また，学級増によって教員数が増え，第2職員室が設置された年には，副担任教員の一部が第2職員室で執務していたため，教員間の連絡や連携に支障をきたしていた。さらに，職員室に隣接して設置されていた休憩室における，喫茶や食事をしながらのインフォーマルな会話の大半は生徒に関するものではあったが，緊急を要する生徒指導問題に対する対処などの打ち合わせや会議は，生徒の個人情報の保護なども考慮に入れて，生徒の立入りを制限した職員室で実施されていた。そのため，緊急な生徒問題が発生した際，職員室に常駐していない教員への連絡には苦慮していた経験がある。また，それらの教員の担任学級の生徒は，担任教員の居場所がわからず，同学年の他の教員の指示や指導を受ける場面もみられた。

　以上のことから，建築計画学から提案された中学校における教科ごとの「分離型職員室」に疑問を抱き，研究の仮説として設定した中学校の運営における「統合型職員室の有用性」は実証されたといえる。さらに，オープンな職員室は執務空間には適さないという仮説も同時に立証された。

　しかしながら，片廊下型校舎に設置された従来型の統合型職員室は，第4章のK中学校，L中学校にみられるように，1)から3)の機能をすべて満たすには不充分な空間であると考えられる。

　まず，専用の休憩室やラウンジが設置されていない事例が大半を占めること，さらに，湯沸し設備，流し台やコンロが後付けのケースも多いことから，その設置場所の問題点とともに，飲食用のスペースが確保されていない事例が多いことである。またさらに，教員用の収納スペースの容量が不足していること，保護者や業者などとの懇談・接客スペース，生徒の指導や相談用のスペースが設置されていないことである。以上，教員個人の生活空間，執務空間としての問題点が考えられる。

　次いで，片廊下に沿った縦長のスペースであることから，机間の通路が狭く室内の移動が困難であること，さらに，3つの学年の島を設置するための机のレイアウトが困難であることに加えて，学年黒板の設置位置の決定が難しく，学年朝礼が実施しにくいことが考えられる。またさらに，全教員による会議の際は声が届きにくいこと，校務分掌や教科経営，生徒指導などの打ち合わせスペースが確保されていないことなど，学年経営上，教科経営上，学校経営上の問題点が考えられる。加えて，隣接可能な教員空間の数が限定され，通常，出入り口も2ヵ所に限定される。

　以上は，職員室として設けられた空間のスペース不足と，片廊下型校舎において2教室分程度のスペースを充当して職員室が設置されたことに起因する空間の形態の問題点であるといえる。

　今後の職員室の計画においては，パソコンなどの機器類の設置スペースの確保や共用・私用の収納スペースの確保，個人用の執務机のサイズの見直しなども視野に入れ，学校の規模や地域開放の有無などの学校の実情に応じて，1)～3)の機能を併せ持った統合型職員室の計画が必要になると考えられる。なお，第5章に示したO中学校の職員室は，ブロックプラン上の問題点を除けば，今

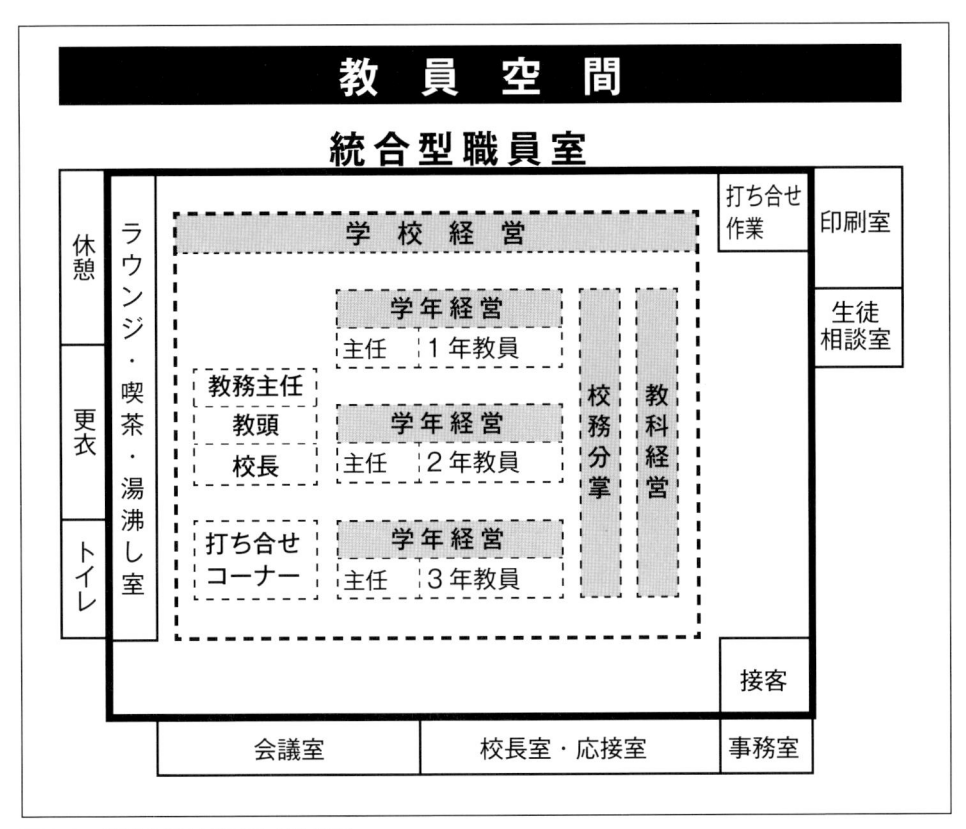

図 6-1 教員空間と職員室（模式図）
注）図表は筆者が作成した。

後の中学校職員室の計画に大きな示唆を与える事例であると考えられている。

図 6-1 は以上の結論をもとに作成した職員室および教員空間の模式図である。

6.2 今後の課題

第3章で論述した教員空間の改変に関しては，本研究では昭和30年代以降昭和60年代以前に教科教室型運営を開始し，平成の初期までに取り止めた事例の検証に留めた。しかしながら，最近の報告によれば[2]，平成11年以降に10校の中学校が教科教室型運営を取り止めている。また同論文では，教科教室型運営を実施している52校のうち，教員の執務空間として職員室のみを設置した中学校は13校（25％）に過ぎない一方，最も長く執務する場所として8割の教員が職員室をあげていることが報告されており，教科教室型運営においては，通常，教科職員室が主たる執務場所として設置される事例が大半を占めることから考えると，計画の意図と利用実態が異なると考えられる。

以上のことから，教科教室型運営取り止め校の最近の事例，および，教科教室型運営の実施校における教員空間の改変の有無や教員空間の利用実態の検証が必要であると考えられる。

次いで，第5章の調査結果から，教員の参画によって設置された職員室や教員空間は教員の満足度が極めて高く，執務遂行上の利便性が高いことが確認された。したがって，学校校舎の建築に際しては教員の要望を最大限に反映できる参画の時期や参画方法を総括する必要があると考えられる。

最後に，教室は教員にとって極めて重要な指導空間，すなわち，執務空間である。なかでも，時間の制約が大きい中学校教員にとって，効果的，効率的に授業や学級経営を実施するための教科教室や学級教室を設計，計画，配置する必要性は大きいと考えられるが，中学校の教室について教員の視点で設計された事例や考察した研究は極めて少ない。さらに，学級教室に代わる生徒の生活用スペースとして提案され，教科教室型運営の中学校に設置されたホームベースは使用されずに放置されている事例や他の用途に転用されている事例も少なくないことから，ホームベースについての検証は，学級教室の研究においては不可欠であると考えられる。以上が今後の課題であると考える。

注
1）参考文献［1］では，わが国の中学校の職員室は，学校の'心臓'であると記述されている。
2）参考文献［2］を参照。

参考文献
［1］ Steven Gump：*Getting to the Heat of Public Junior High Schools in Japan*, Phi Delta Kappan, 83(10) pp.788-791, 2002
［2］ 屋敷和佳，山口勝巳：国公立中学校における教科教室制の実施状況と校舎の利用の実態・評価，日本建築学会計画系論文集，No.634, pp.2583-2590, 2008.12

謝　　辞

　修士課程入学から10年。九州大学大学院人間環境学研究院教授の竹下輝和先生には，入研をお認め頂き，さらに，研究を進めるにあたりましては，その構想から，調査，論文の執筆に至るまで，文字通り手取り足取りのきめ細かいご指導，ご助言と絶えざる温かい励ましのお言葉を賜り，適当なお礼の言葉が見つかりません。ご指導の際に頂きましたメモには，同じお言葉が何度も何度も登場いたします。先生のご熱意をあらためて感じまして，感謝の気持ちで一杯でございます。誠にありがとうございました。心よりお礼を申し上げます。

　また，論文調査会の副査の菊地成朋先生，堀　賀貴先生，元兼正浩先生には懇切丁寧なご指導と貴重なご助言を賜りました。謹んで感謝申し上げます。

　さらに，教育学の中留武昭先生には，ゼミでのご指導に加えて研究の端緒となった調査校の依頼にご尽力頂き，さらに，新谷恭明先生には，教育史に関して貴重なご助言とご指導を頂きました。心から感謝申し上げます。そして，なにより，お忙しい中に調査にご協力頂きました中学校，小学校の教員，元教員，生徒の皆さまには心から感謝いたします。調査をさせて頂くなかで，学校という場の重要性を再確認させて頂きました。

　また，国立教育政策研究所の屋敷和佳先生，福岡教育大学の油布佐和子先生(現，早稲田大学)には，時々に貴重なご助言やご指導を頂き，励ましのお言葉までも頂戴しました。心から感謝申し上げます。

　そして，右も左もわからない研究室で親身なご指導でお導き頂きました志賀　勉先生，鶴崎直樹先生，さらに，池添昌幸先生(現，福岡大学)には幅広く相談に乗って頂き，丁寧なご指導とご助言を頂きました。心からお礼を申し上げます。また，建築図書室の吉村照代様には，いつも気に掛けて頂き，さらに，優しい励ましのお言葉と一方ならぬご配慮を頂き，誠にありがとうございました。辛くなったときには図書室に伺って癒され，元気を頂いておりました。

　さらに，研究室の菊川綾子様，王　麗嵐様，小野美直子様には，事務手続きなどあれこれとお手数やご面倒をお掛けいたしました。誠にありがとうございました。また，研究室の院生，学部生の皆様方には，調査へのご協力をはじめさまざまにお世話になり，心から感謝いたしております。なかでも，機器類の操作など数々の場面でご助力を頂きました友枝竜一様，図面の作成にご助力を頂きました古屋進太郎様には心からお礼を申し上げます。研究室の皆様方の研究にかける姿勢にいつも励まされ，力づけられておりました。

　最後に，研究室の祖である青木正夫先生に巡り合わせて下さった運命に感謝します。研究の方向に迷い，自分を見失いそうになったとき，背中を一押しして頂きたくて，ご自宅や病院にまで伺いました。そんなある日，「藤原さんを弟子と呼んでいいかね」とのお言葉を賜りました。私にとっては身に余る，そして，終生の宝物です。青木先生は空間の使われ方に関して徹底した調査をすることを研究の信条とされ，学校の調査研究では，校長・教頭先生ばかりでなく，一般の先生方や事務員，用務員さんにいたるまで幅広く数多くの意見を聴くこと，そして，計画・設計においては，「建築が先走るな」が口癖だったとお聞きしています。

　貴重なご助言やご指導に加えて，終始，温かく力強く，叱咤激励を送り続けて下さった，天国の青木正夫先生にこの論文を捧げます。

先生，やっと書き上げることができました。

平成21年7月

後　　記

　北海道の中学校で学んだ３年間が，私を教員に導いてくれました。山の中腹にある社宅からの通学は片道45分。全校生徒100名足らずの山の麓にある中学校は，家族のような心地よさを持っていました。その後，高校１年の時には自宅から離れた町で下宿生活をして，小学生の家庭教師をしていました。そんな私は迷うことなく教員を目指しました。

　そして，昭和45年，大学を卒業して教員になった私を待っていたのは，家出・非行などのさまざまな教育病理現象でした。しかし，人の成長に立ち会える仕事は楽しく，結婚後も，夢の中に登場するのはわが子より生徒の方が多くても，忙しいことは気にも苦にもなりませんでした。その私の教師観を変えたのは，背負い過ぎた校務に押しつぶされ，過労で倒れた時でした。運び込まれた病院で意識が薄れていくなかで，担当の医師が慌てていたことを覚えています。時を同じくして，教員の裁量の幅は狭くなり，生徒と接することができる時間は年々減少して雑務に追われながらストレスを溜め，もう一度大学で学びたいとの夢の実現を大儀名分に，平成10年３月，28年の教員生活に終止符を打ちました。

　立場を変えて，学ぶ喜びに浸りながら，教育の世界から逃げ出してきた自分を否定することはできませんでした。教員の視点で中学校の職員室の研究をする決心をして，あらためて，教育や学校を見直したとき，まだまだ，日本の教育は，学校は生きていると感じました。調査をさせて頂いた中学校で，６時半に先生が出勤されたのには驚きました。その女性の先生はコーヒーの準備をした後，校内の開錠に廻られました。また，貴重な資料を借用書もなしに貸して下さった学校，観察調査の後に駅まで送って下さった先生，教育委員会まで出向いて資料を収集して送って下さった先生もありました。しかし，なんと言っても，終日の行動調査やインタビュー調査などに快くご協力いただきました学校および先生方なしには，この研究はまとまりませんでした。深く深く感謝いたします。生徒や教員が活動しやすい校舎をという熱いエールがこの研究の完成を後押ししてくれました。

　また，研究者として初心者の私に，資料の提供や研究方法のアドバイスをお与え下さった各方面の先輩の研究者の皆さま方には物心両面で力づけて頂きました。ご助力とご支援に心から感謝いたします。

　そして，研究の厳しさを初めてお教え下さったのは，大学４年の卒論の指導教官であった福岡教育大学教授の北原重登先生でした。研究室でご指導頂いた１年間がその後の28年間の教員生活の支えとなり，今般の研究生活の精神的な基盤になりました。分野は違っても，時間と身体を惜しまず，地道な実験や調査を積み上げるという研究姿勢は共通でした。

　さらに，多くの方々のご助力，ご支援を頂きました。なかでも，図面の作成を手伝って下さった馬場小葉紅様(現姓，河本様)，さらに，英語文献の日本語訳，テープ起こし，校正などを手伝って下さったウェルハイト恵子先生，関岡加代子様，さらに長男の藤原康之・由紀夫妻，誠にありがとうございました。皆さまのご協力に心から感謝いたします。

　最後に，学生に戻ってからの14年間を物心ともに支え続けてくれた，夫をはじめ家族に感謝するとともに，その家族の一員であることを誇りに思い，心から幸せを感じています。

　なんとかゴールに辿り着きました。皆さま，ほんとうにありがとう。

　本書は，平成21年九州大学大学院の学位論文「教員の行動特性からみた中学校職員室に関する建築計画的研究」に加筆・修正を加え，「九州大学教育研究プログラム・研究拠点形成プロジェクト」の出版助成に

よって刊行されました。関係各位のご助力に心から感謝いたします。

　また，刊行に際しましては，九州大学出版会の永山俊二様には，出稿や校正に手間取りお手数とご心配をおかけいたしました。一方ならぬ，ご配慮とご尽力に心から感謝申し上げます。

平成 24 年 2 月

索　引

〈ア行〉
空き時間　119
アルコーブ　54
異学年(間)の交流　92
一文字型校舎型　47
一斉指導　48, 51, 57
一斉授業　45, 46, 47, 50, 51, 52, 56
移動距離　116, 123, 136, 144, 148
移動時間　136, 144, 148
インタビュー調査　4, 7, 113, 127, 136, 146, 147, 173, 174
インターホン　76
インフォーマルエデュケーション　43, 52, 56
インフォーマルスクール　47
インフォーマルな情報交換　46, 47, 49
運営方式の変更　71, 72, 73, 88, 97, 98, 173
エスノグラフィ　4
オフィス(空間)　46, 56, 60, 132
オープン化　42, 43, 45, 50, 52, 58, 60, 173
オープンスペース　46, 47, 48, 54, 156
オープンな教科教室　7, 58, 84
オープン(な)教室　51, 53, 57, 84, 91, 154
オープンな職員室　46, 50, 99, 174, 176
オープン(プラン)スクール　42, 44, 47, 51, 52, 58, 59, 60, 173

〈カ行〉
改正教育令　15
学制　13, 14
学童監護人　15
学年会・学年会議　94, 98, 122, 144, 148, 161
学年教員が常時集合　174, 175
学年教員間の連絡・連携　92, 93, 99, 136, 144, 148, 163, 166, 174, 175
学年教員(集団)による生徒・生活指導　35, 44, 99
学年教員(同士)の情報交換　92, 96, 116, 132, 148
学年経営　46, 53, 54, 56, 57, 78, 88, 93, 94, 99, 136, 144, 148, 166, 173, 174, 176
学年経営の場　99, 131, 144, 148, 165, 166, 174

学年(内)教科教室型運営　54-55, 156, 162, 168, 176
学年主任　93
学年職員室　5, 44, 46, 47, 73, 78, 79, 84, 93, 94, 96, 97, 99, 113, 128, 144, 148, 174
学年進級制　15
学年セクト　161
学年のオープン化　45
学年(のオープン)スペース　53, 54, 55, 56, 154, 167
学年の島　131, 154, 161
学年配置　57
学年(の)ブロック　79, 84
学年ハウス　58
学年フォーラム　58
学年フロア　156, 160, 162, 163, 167, 168, 176
学務委員　15
学級　15
学級王国　43, 45, 47, 50, 56, 57, 60
学級・学年の解体　48
学級帰属意識　90, 91
学級教室　39, 42, 43, 50, 59, 60, 79, 91, 92, 173
学級教室兼教科教室　158
学級経営　13, 46, 53, 56, 57, 60, 78, 88, 91, 93, 99, 173, 174, 175, 176, 178
学級事務　40, 44
学級制　16, 17, 26
学級担任教員　111, 113, 116, 123
学級担任制　43, 148
学級編制等ニ関スル規則　15
学級崩壊　5
学区取締　15
学校運営(経営)　17, 53, 54, 56, 57, 59, 88, 93, 94, 99, 130, 148, 173, 174, 176
学校建築研究会　36
学校建築図説明及設計大要　20, 24
学校世話掛　15
学校日誌　13, 14, 25
過密な時間　148

過密な執務時間　174
科(課)目選択制　14
唐津小学校　20
企画・運営委員会　93
北浜小学校　14
機能(による)分化　40, 41, 51
休憩コーナー　132
休憩時間　132
休憩・会議室　40, 73
休憩室　132, 146, 148, 161, 163, 166, 167, 176
休憩室兼会議室　13
給食指導　121
休息機能　173
教育改革　3, 45, 56, 57
教育刷新委員会　35
教育(学校)病理現象　43, 45, 55, 56, 60
教員休憩室　145
教員空間の改変　7, 71, 72, 73, 88, 97, 98, 173, 177
教員空間の分散配置(化)　45, 165, 173, 175
教員住宅　17
教員の意思疎通　92, 144, 148
教員の異動　98
教員の移動　95
教員の移動距離　96, 174
教員の行動特性　5, 6, 7, 44, 111, 113, 116, 127, 148, 166, 174
教員の視点　4, 173
教員の評価　160
教員の満足度　158, 174, 178
教員控所・教員詰所　16, 17, 20, 24, 25
教科会　94, 95, 96, 121, 122
教科学習コーナー　154, 165
教科・学習指導　13, 15, 35, 93, 124, 175
教科教室　78, 89, 180
教科教室型運営　6, 35, 36, 38, 39, 41, 43, 45, 47, 48, 49, 53, 54, 55, 56, 58, 60, 71, 73, 75, 76, 84, 89, 93, 98, 166, 173, 177
教科経営(運営)　45, 46, 53, 56, 58, 60, 89, 94, 165, 166, 175, 176, 177
教科研究センター　113, 134, 144, 147
教科研修センター　161, 163, 166, 167, 175
教科職員室　5, 7, 40, 44, 46, 47, 56, 58, 60, 71, 72, 75, 76, 78, 88, 92, 94, 98, 153, 173, 174, 177
教科セクト　88
教科センター　7
教科センター方式　6, 7, 36, 52, 55, 56, 58, 71, 72, 78, 84, 98, 173
教科多目的ホール　84

教科担任制　14, 35, 43, 46, 53, 148
教科ブロック　54, 58
教科メディアスペース　55
教科メディアセンター　53, 54, 56
教科用オープンスペース　7
教師　14, 48
教師コーナー　165
教室移動　56, 57, 75, 89, 92-93, 98, 173
教室のオープン化　45
教室の利用効率　41
教師文化　4
教場　16, 20
協働・協働性　13
教務黒板　130, 134
教務室　45, 76
教務センター　5, 56, 60, 113, 134, 144
区長　15
クラス経営　53
クローズドシステム　56
クローズドな教室　39
訓導　14
掲示・掲示物・掲示活動　91
系列教科教官室　5
欠勤教員の自習指導(補講)　75, 95, 119
「建築雑誌」　36
行為数　122, 123
校長心得　16
行動記録調査　111, 113, 148
校内滞在時間　116
校務センター　5, 47, 49, 50, 56, 60
校務分掌・校務分掌組織　17, 40, 88, 98, 99, 176
校務分掌表　93
戸長　15

〈サ行〉
三教師　14
時間の制約　111, 124, 147, 175, 178
時制　111, 119
「島」型　94, 131, 175
就学率　14
収納スペース　132, 160, 176
首座教員　15
首席教員　15
首長　15
10分休み時間　91, 92, 96, 122, 123, 124, 126, 131, 134, 136, 144, 147, 148, 160, 175, 176
小学校教員心得　14
小学校教員免許状授与方心得　14
小学校教師心得　14
小学校設備準則改正　20

索　引

小学校設備上ノ注意　20
小学校長及教員職務及服務規則　16
職員会議　16, 17, 40, 89, 94, 98, 99, 121, 130, 148
職員室の機能分化　44
職員室の定型化　173
職員朝礼　130
職員ラウンジ　154
事例検証　173
進級制　14
新制中学校　35, 60
心理的な安定(感)　148, 174
スペース間の移動　144, 148, 174
生徒が主役　38, 45
生徒管理　55
生徒指導体制　148
生徒指導問題　92, 147, 148
生徒・生活指導　13, 15, 35, 45, 48, 93, 124, 175
生徒入室禁止　161, 166
生徒の視線　134, 147, 148, 161, 166, 175
生徒の視点　54
生徒の生活拠点　38, 48, 60, 93, 173
生徒控所　16
静謐な学級教室　60, 173
静謐な空間　39, 42
関野 貞　21
セキュリティ　134, 136, 163
接客コーナー　158
全科担任制　14
全教員の集合　174
先生の頭時計　124

〈タ行〉
第一次小学校令　17
滞在時間　144
第三次小学校礼令　14
第二次小学校礼令　14
(他)教員の視線　163, 167
多重機能　26, 50
辰野金吾　20
タテ割　56, 75, 94
多目的オープンスペース　165
短学活　91
単級学校　15
チーム・ティーチング, ティーム・ティーチング　48, 51
使われ方調査　111, 113, 147
適合度　166
デン　54
転用　71
同学年学級　15

等級制　14, 17, 26
統合型職員室　5, 7, 24, 26, 35, 40, 41, 49, 50, 56, 60, 73, 84, 93, 94, 96, 99, 111, 113, 161, 166, 173, 176
同時進行的(性)　5, 123, 148, 177
特別教室型運営　6, 36, 39, 40, 41, 49, 54, 56, 57, 60, 71, 73, 78, 79, 84, 90, 91
トータル・インスティテューション(全制的施設)　54
突発的な生徒指導(問題)　94, 119, 122, 128, 130, 144, 148, 175

〈ナ行〉
日常的な執務の遂行　174
入室指導　84
ノン・グレーティング(無学年制)　51

〈ハ行〉
ハウス集団・ハウス制　56
パーテーション　134, 154, 161
半年進級制　15
ヒアリング調査　7, 71, 153, 158, 166, 173
秘匿　134, 167, 177
標準規模校　71, 113, 166
フィンガープラン　20
複線性　123, 128
二人担任制　35
プラツーン型(プラトーン型)運営　6, 7, 36, 39, 41, 58, 60, 71, 98, 173
プラトーン＝学級教室型運営　75, 92
プラトーン＝教科教室型運営　75, 91
プランのオープン化　45
フレキシビリティ　43, 46, 47
ブロックプラン　94, 176
分散化・分散配置　52, 58
分掌事務　40, 44, 93
分離型職員室　5, 6, 7, 17, 20, 24, 44, 52, 56, 71, 94, 111, 113, 134, 148, 153, 173, 176
ホームベイ　154, 161
ホームベース　46, 48, 51, 52, 53, 54, 55, 57, 58, 60, 173, 178
ホームルーム教室　49, 55, 57

〈マ行〉
明治専門学校　24
明治尋常小学校　24
メディア・スタジオ　56
メディアセンター　46
モデルプラン　73

〈ヤ行〉
U + V 型　　39, 46
用途変更　　71, 73, 178

〈ラ行〉
ラウンジ　　44, 49, 56, 60, 126, 134, 158, 161, 166, 176
ラーニングセンター　　46

ランチルーム　　79, 84
6・3 制　　6, 35, 60
ロンドン教育委員会　　24

E.R.Robson　　24
G.H.Q. - C.I.E.　　36
T.Roger Smith　　24
SCHOOL　Architecture　　21

<著者略歴>
藤原直子（ふじわら・なおこ）

1948 年　福岡県嘉穂郡で生まれる。
　　　　 飯塚，東京，北海道に移り住み，1963 年大滝中学校を卒業し，北海道立伊達高等学校入学，1 年終了後，飯塚に戻る。
1966 年　福岡県立嘉穂高等学校卒業
1970 年　福岡教育大学 特別教科教員養成課程（高校理科課程）卒業
1970 年　高等学校理科教員として 28 年間勤務し，1998 年退職
1998 年　京都大学，九州大学，九州芸術工科大学（現：九州大学）で 2 年間，科目等履修生
2000 年　九州大学大学院人間環境学府 空間システム専攻 修士課程入学
2003 年　同上　修了
2004 年　九州大学大学院人間環境学府 空間システム専攻 博士後期課程入学
2005 年　高等学校非常勤講師（3 年間）
2009 年　同上　修了　博士号取得（人間環境学）
2009 年　九州大学大学院人間環境学研究院 都市・建築学部門 学術協力研究員，現在に至る。
＊日本建築学会，日本教育学会，日本教育社会学会，日本教育経営学会，教育史学会会員
　・1995 年　「500 円のバラ」（エッセイ集）出版
　・2002 年　「『夢』の設計図」（エッセイ集）出版

中学校職員室の建築計画
教員の教育活動を支える学校・校舎

2012 年 4 月 26 日　初版発行

著　者　藤　原　直　子

発行者　五十川　直　行

発行所　（財）九州大学出版会
　　　　〒812-0053 福岡市東区箱崎 7-1-146
　　　　　　　　　　九州大学構内
　　　　電話　092-641-0515（直通）
　　　　振替　0170-6-3677
　　　　印刷　城島印刷㈱／製本　篠原製本㈱

© Naoko Fujiwara, 2012　　　　ISBN 978-4-7985-0072-0